図説

一冊で学び直せる
戦国史の本

オールカラー

JN228253

後藤武士　監修

実はわかりにくい戦国時代――まえがきにかえて

本書は広義の戦国時代を一冊で体系的に学ぶことを目的として編まれた書である。思うに戦国時代ほど日本人に愛され馴染《なじ》みのある時代はない。昨今の空前の城郭《じょうかく》ブームなどはその象徴といってもよいだろう。

そんな戦国時代と並んで人気があるのは幕末《ばくまつ》・維新《いしん》期。この2つの時代の人気があまりにも高いためにNHKの大河ドラマなどは戦国と幕末のヘビーローテーションと化してさえいる。このように甲乙《こうおつ》つけがたい人気を誇《ほこ》る2つのピリオドだが、あえてどちらの時代のほうがより日本人に認知されているかといえば、それはやはり戦国時代に分《ぶ》があるだろう。信《のぶ》長《なが》・秀吉《ひでよし》・家康《いえやす》の名を聞いたことのない日本人は稀有《けう》な存在だろうが、一橋慶喜《ひとつばしよしのぶ》や松平容保《まつだいらかたもり》、島津斉彬《しまづなりあきら》などという名に聞き覚えを持たぬ人はあちこちにいる。関ケ原《せきがはら》や川中島《かわなかじま》に代表される著名な合戦《かっせん》や、姫路城《ひめじじょう》に代表されるような城郭も、馴染み深さに一役買っているようだ。

しかし、それほど日本人の多くに興味を持たれている戦国時代だが、専門家も唸《うな》るようなマニアックな知識を誇る戦国ファンですら、意外に体系だった説明はできなかったりする。それもそのはず、戦国期というのは、中央集権制が維持できなかった時代であるがゆえ、各地方の歴史に独立性が強い。初心者が歴史を学ぶ上で大きな障害になるのが、テーマ別の表記ゆえの時系列の前後なのだが、戦国時代はそもそも各地域の時系列の独自性が強いゆえに、年代順の表記と説明が難しい。また本音と建前、制度と実情の差異も大きな時代であることも理解を阻害《そがい》する一因となっている。

本書ではそれらの障害を取り除くべく、極力《きょくりょく》年代順の表記が心がけられている。またそれぞれが独自に進行している地域と地域の歴史をどこでリンクさせるかにおいても考慮《こうりょ》がなされている。

この手の本には往々にして「どのページから読んでも構わない」という特徴があるが、本書はできれば一度は前から順にページをめくっていただきたい。それによって時代の大きな流れが包含《ほうがん》できるとともに、活字タイムトラベルもより楽しめることだろう。

本書を読み終えたあとで、贔屓《ひいき》の武将、城郭、気になる合戦地などが一つでもできたなら、そのゆかりの地に実際に足を運んでみてほしい。そこにはまた新たな発見があるだろう。

監修　後藤武士《ごとうたけし》

Contents

図説 一冊で学び直せる戦国史の本

目次

実はわかりにくい戦国時代――まえがきにかえて　2
戦国時代国名地図　10
足利氏略系図　12
戦国史略年表　14

第1章 戦国時代をつかむ　23

全国の猛者たちが争い合った時代
「戦国時代」はいつからいつまでか　24
戦国時代の京都の権力構造は？
室町幕府の中央政権　26
守護代に領国を任せ、守護は京都に常駐
室町時代の地方政治　28
東国の戦国時代を理解するためのカギ
将軍家と鎌倉府　30
東国の実権を握っていた名門
関東管領と上杉氏　32
信仰の力だけでなく武力をも備えていた
寺社勢力の展開　34
COLUMN 1 室町時代の武士たち　36

第2章 関東騒乱と応仁の乱　37

関東は全国に先駆けて戦乱に突入
永享の乱と結城合戦　38
復活した鎌倉公方は上杉氏に刃を向けた
享徳の乱の勃発　40
幕府の敵・足利成氏と、幕府の傀儡・足利政知
古河公方と堀越公方　42
管領を輩出する家に将軍義政が介入
畠山氏と斯波氏の家督争い　44
将軍家後継者問題は大乱の原因になるのか
足利義視と文正の政変　46

山名宗全が細川勝元の権力に牙をむく
応仁の乱の勃発 48
ある者は敵軍に走り、ある者は奇策を弄する
裏切りと策略 50
不毛な応仁の乱は戦国時代の扉を開いた
戦いの果てに 52
太田道灌と伊勢宗瑞が東国に登場
今川氏の家督争い 54
古河公方がついに幕府と和解する
享徳の乱の終結 56
COLUMN 2 「戦国武将」の先駆け 58

第3章 群雄割拠の時代の始まり 59

戦いをやめない両畠山を駆逐した
前代未聞の自治 山城国一揆 60
権威回復をめざした若き将軍の末路
足利義尚の六角征伐 62
本願寺門徒を中心とした民衆の自治
加賀の一向一揆 64
東国では山内上杉家と扇谷上杉家が激突
長享の乱の勃発 66
義尹・義稙と名を変えつつ浮き沈みする将軍
足利義材の登場 68
将軍権威を失墜させた中央政権での下剋上
真のクーデター 明応の政変 70
勢力拡大のために足利義尹を受け入れた
西国の大内義興 72
堀越公方を滅ぼし、小田原城を攻略
伊勢宗瑞の快進撃 74
COLUMN 3 日野富子は「悪女」だったのか？ 76

第4章 瓦解に向かう室町幕府 77

政元の遺した権力をめぐる両細川の乱が勃発
永正の錯乱と足利義尹の上洛 78
義尹・高国・義興の三頭政治はいつまで続くか
連立政権と阿波の反対派 80
細川政元の後継者はこの男にしぼられた
細川高国の驕り 82

細川晴元が堺を拠点にして細川高国を打倒
両細川の乱に幕が下りる …… 84

大内と尼子の間でいかに生き残るか
中国地方 毛利元就の登場 …… 86

大友・少弐のほかに島津・龍造寺が台頭
九州の覇権争い 田手畷の戦い …… 88

細川・三好タッグの生まれた土地
四国の情勢はどうなっていたか …… 90

上杉氏どうしの対立を制したのは?
立河原の戦いと両上杉家の和解 …… 92

越後の下剋上から関東が揺れた
相模の永正の乱 …… 94

北条氏・武田氏・松平氏などが表舞台に
東国の実力者たち …… 96

COLUMN 4 室町後期の東アジア …… 98

第5章 近畿と西国の猛者たち 99

細川晴元が三好元長と足利義維を排除
堺幕府の崩壊 …… 100

一向宗、法華宗、延暦寺の実力を利用
細川晴元と寺社勢力 …… 102

細川晴元を脅かす三好元長の遺児
三好長慶の台頭 …… 104

三好長慶が父・元長の復讐を果たす
細川晴元政権の崩壊 …… 106

将軍足利義輝を傀儡にするのに苦心した
三好長慶政権のゆくえ …… 108

16世紀半ばの九州を席巻
台頭する龍造寺氏 …… 110

九州最大となるも新興勢力に押される
大友宗麟と今山の戦い …… 112

大友氏と龍造寺氏を破り九州統一をめざす
新たなる覇者 島津氏 …… 114

尼子と大内に頼らない生き残り方を模索
毛利氏の自立への道 …… 116

陶晴賢が乗っ取った大内氏を毛利元就が倒す
大寧寺の変と厳島の戦い …… 118

最後まで戦乱を駆け抜けた覇者
毛利元就の中国地方統一 …… 120

土佐の滅びかけていた一族が下剋上を起こす
四国統一をめざす長宗我部　122
COLUMN 5 鉄砲とキリスト教の伝来　124

第6章 東の戦国武将たち　125

同盟と対立のからみ合い
駿相同盟 v.s. 扇谷上杉・武田　126
北条氏綱は孤立しつつも東西に力を示す
甲駿同盟と第1次河東一乱　128
第1次国府台合戦で小弓公方を滅亡させた
北条氏綱と古河公方　130
再起をはかった扇谷上杉家が滅ぼされる
第2次河東一乱と河越夜戦　132
信長、そして家康が産声を上げる
織田氏と松平氏　134
三河の支配権はどちらの手に？
織田氏と今川氏の争い　136
松平氏と織田氏は転換期を迎える
人質の交換と信長の登場　138
強敵を越後へと駆逐し、宿敵を呼び起こす
武田晴信の信濃進出　140
上杉憲政も村上義清も越後のこの男を頼った
長尾景虎 戦いの中へ　142
甲斐の武田と越後の長尾がにらみ合う
川中島の戦い　144
戦国最大のスターも足場固めには苦労した
信長の尾張統一　146
東国の情勢はこの戦いを機に一変する
桶狭間の戦い　148
COLUMN 6 織田信長の内政政策　150

第7章 革命児 織田信長の夢　151

強豪ひしめく東国の主要勢力
信長のライバルたち　152
対外進出の第一歩で斎藤氏を駆逐
信長の美濃制覇　154
義輝の次の将軍は足利義栄か足利義昭か
永禄の変とふたりの将軍候補　156

信長の上洛と将軍・足利義昭 158
織田信長の武力で室町最後の将軍が生まれる

武田信玄の駿河侵攻 160
今川氏の領国は武田の手に渡った

浅井長政の裏切り 162
越前の朝倉を討とうとするも思わぬ危機に

迫りくる危機　信長包囲網 164
浅井・朝倉、三好三人衆、本願寺、延暦寺

武田信玄の西上作戦 166
強大な力をもつ武将の最後の戦い

室町幕府が滅んだ日 168
将軍は追放され、朝倉・浅井も絶えた

長篠の戦いの真実 170
武田信玄の後継者を打ち破った

安土城の信長 172
交通の要衝を押さえて各方面軍を編成

石山戦争の終結 174
第3次信長包囲網を各個撃破

上杉謙信の死と御館の乱 176
信長のライバルが消えて家督争いに

本能寺の変 178
天下統一を見ずに革命児は散った

COLUMN 7 **織田信長と「裏切り」** 180

第8章 豊臣秀吉の光と影 181

豊臣秀吉とは何者か 182
史上最大の出世を遂げた「人たらし」

中国大返しと山崎の戦い 184
羽柴秀吉、驚異的スピードで明智光秀を討つ

清洲会議と賤ヶ岳の戦い 186
羽柴秀吉が柴田勝家と織田信孝を排除する

秀吉 v.s. 家康　小牧・長久手の戦い 188
戦闘で敗北しながらも有利な条件で講和

関白になった男 190
紀州と四国を平定しつつ最高の官職に就く

太政大臣　豊臣秀吉 192
徳川家康も臣従させて頂点に立つ

九州・島津氏の平定 194
脅威となる勢力を天皇の名のもとに叩く

刀狩や検地などの政策で中央集権をめざす
聚楽第の支配者 …… 196
東国に名を馳せた北条氏を滅ぼす
小田原攻め　東国の平定 …… 198
東北から九州までをその手に収めた秀吉
ついに天下が統一される …… 200
孤独な太閤は朝鮮に兵を送った
朝鮮出兵　文禄の役 …… 202
秀吉は息子の秀頼にすべてを遺そうとした
後継者をめぐる悲劇 …… 204
大きな傷を残して権力者は世を去った
慶長の役と秀吉の死 …… 206
COLUMN 8 なぜ将軍ではなく関白なのか …… 208

第9章 戦いの時代に幕が下りる 209

秀吉の死後に対立や専横が表面化
豊臣政権の分裂 …… 210
反対派は次々に抑え込まれていった
天下を狙う徳川家康 …… 212
徳川家康は会津へ向けて出陣した
直江状と上杉攻め …… 214
打倒家康の蜂起に家康の反応は？
三成の挙兵と小山評定 …… 216
決戦の舞台・美濃へ両軍が集結
東軍と西軍 …… 218
明暗を分けたのは裏切りと保身だった
関ヶ原　天下分け目の戦い …… 220
東軍と西軍は日本各地で衝突する
戦いは関ヶ原だけではなかった …… 222
東と西の二大権力は共存できるのか
江戸幕府と大坂城 …… 224
方広寺の鐘が、徳川と豊臣の戦いの引き金に
大坂冬の陣 …… 226
戦乱の時代から、新しい時代へ
大坂夏の陣　そして元和偃武 …… 228
令和の人々はなぜこうまで戦国に惹かれるのか　230
索　引　232

戦国時代国名地図

Map of the Warring States Period

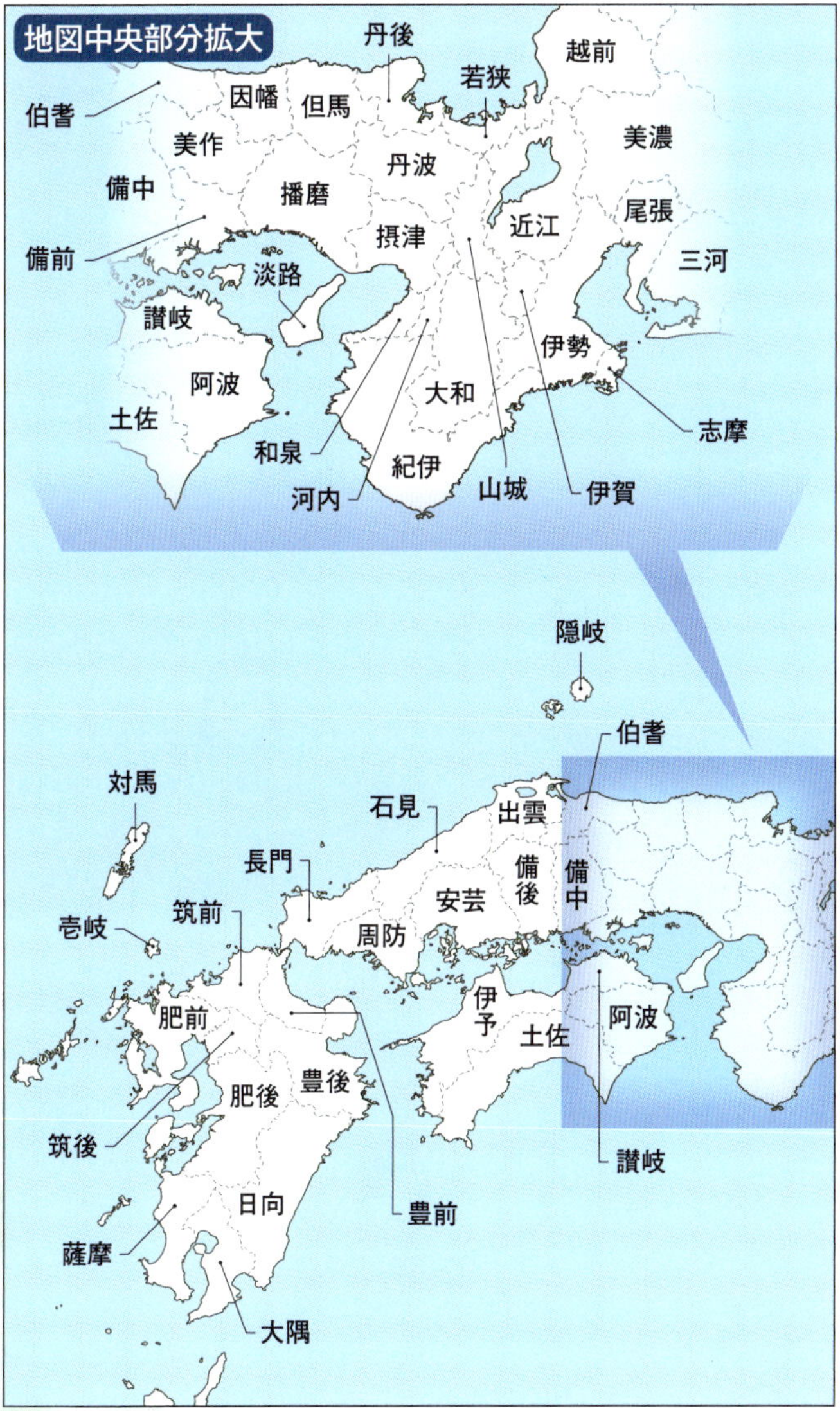
地図中央部分拡大
丹後
越前
若狭
伯耆
因幡
但馬
美濃
美作
丹波
備中
播磨
尾張
近江
摂津
備前
三河
淡路
讃岐
伊勢
阿波
大和
土佐
志摩
和泉
紀伊
山城
伊賀
河内
隠岐
伯耆
対馬
石見
出雲
長門
備後
備中
安芸
筑前
壱岐
周防
伊予
肥前
阿波
土佐
肥後
豊後
筑後
讃岐
日向
豊前
薩摩
大隅

足利氏略系図

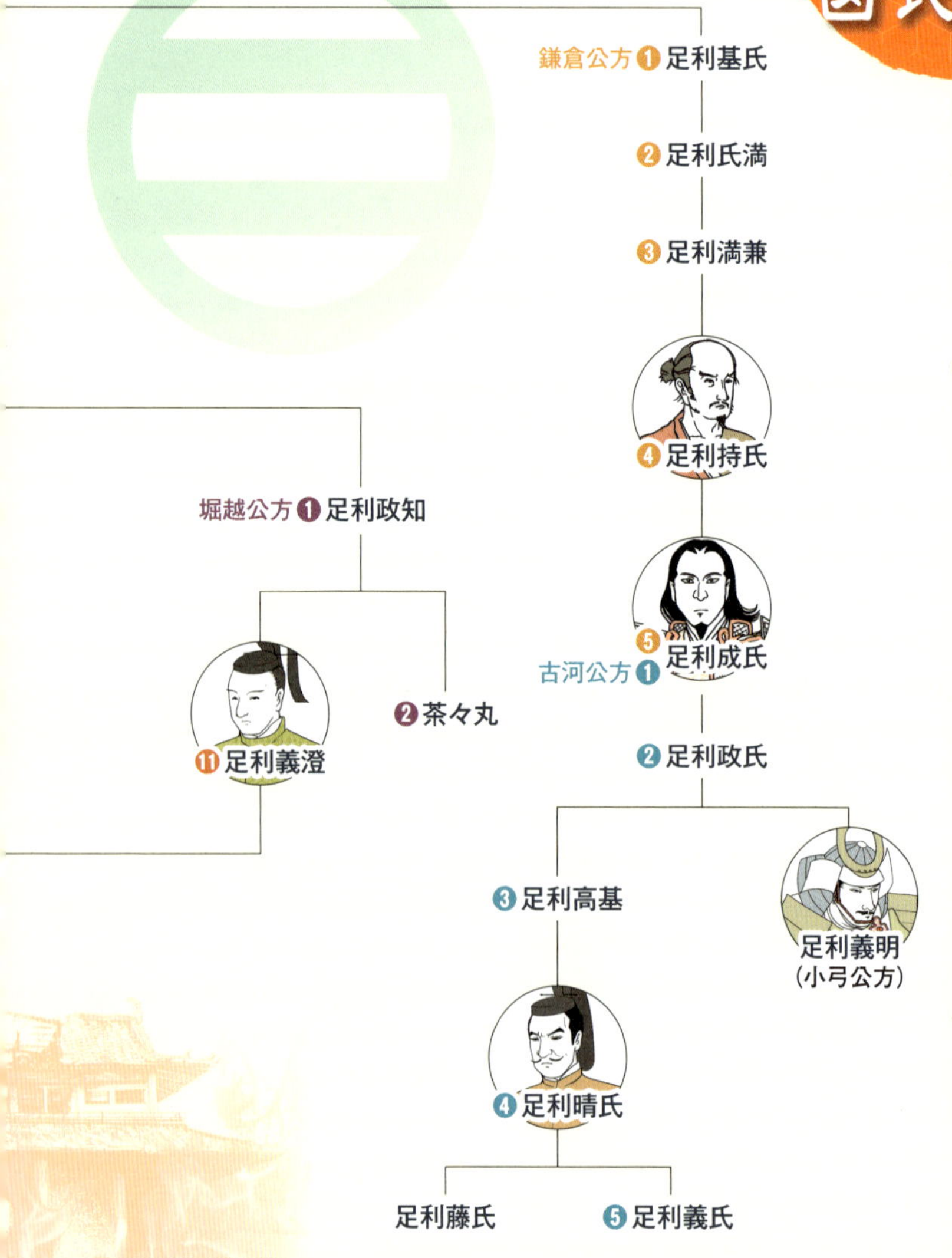
鎌倉公方 1 足利基氏
2 足利氏満
3 足利満兼
4 足利持氏
5 足利成氏
古河公方 1
2 足利政氏
3 足利高基
足利義明（小弓公方）
4 足利晴氏
足利藤氏
5 足利義氏
堀越公方 1 足利政知
11 足利義澄
2 茶々丸

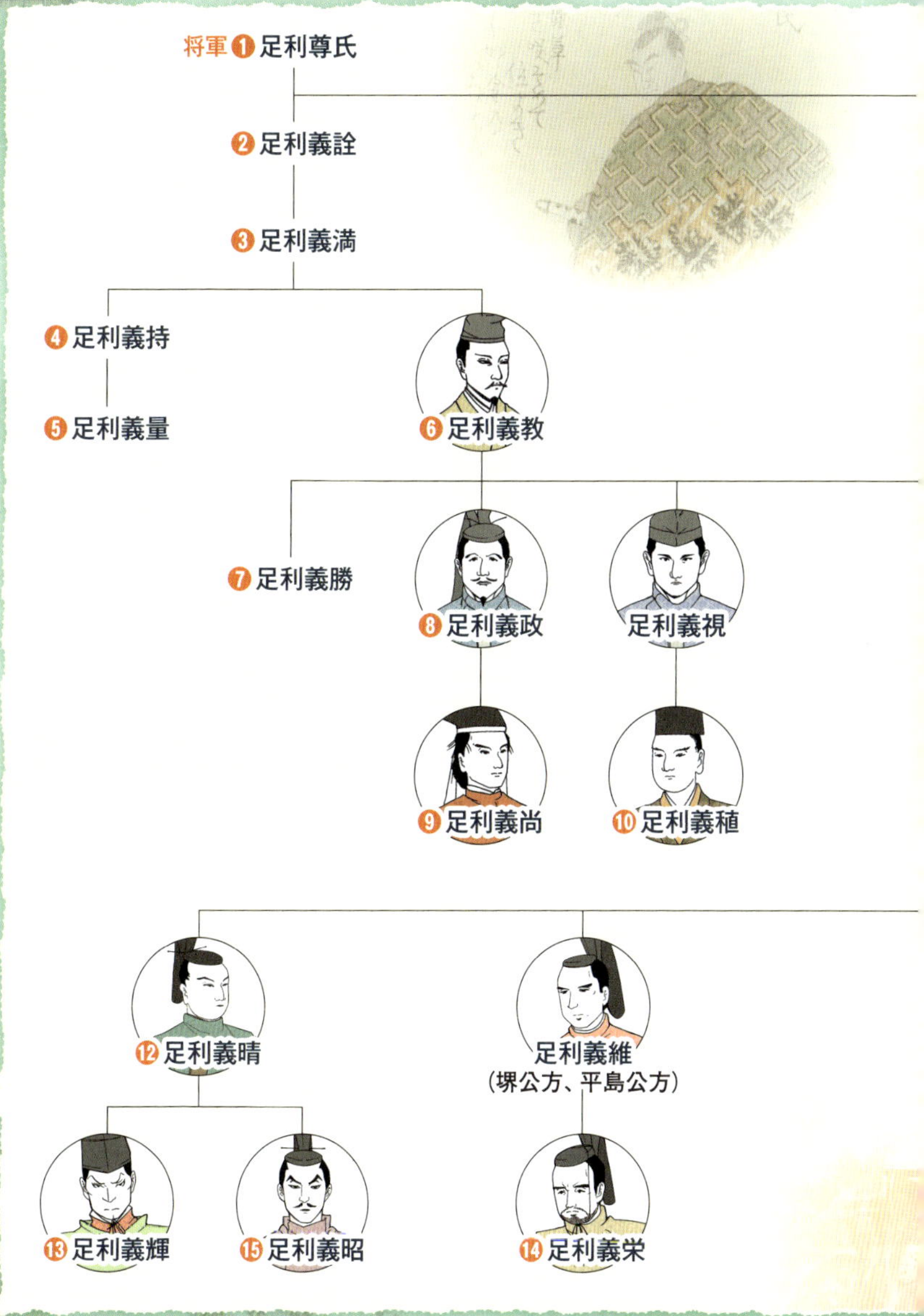
将軍
❶足利尊氏
❷足利義詮
❸足利義満
❹足利義持
❺足利義量
❻足利義教
❼足利義勝
❽足利義政
足利義視
❾足利義尚
❿足利義稙
⓬足利義晴
足利義維
（堺公方、平島公方）
⓭足利義輝
⓯足利義昭
⓮足利義栄

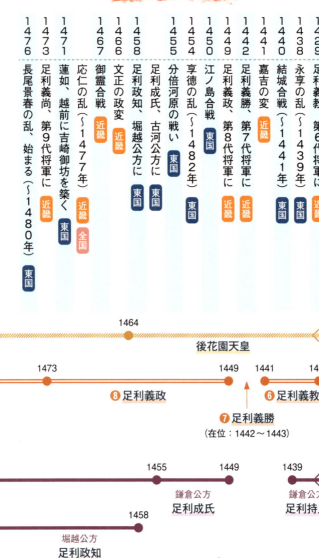

戦国史略年表

年代	出来事	
1429	足利義教、第6代将軍に	近畿
1438	永享の乱（～1439年）	東国
1440	結城合戦（～1441年）	東国
1441	嘉吉の変	近畿
1442	足利義勝、第7代将軍に	近畿
1449	足利義政、第8代将軍に	近畿
1450	江ノ島合戦	東国
1454	享徳の乱（～1482年）	東国
1455	分倍河原の戦い	東国
	足利成氏、古河公方に	東国
1458	足利政知、堀越公方に	東国
1466	文正の政変	近畿
1467	御霊合戦	近畿
	応仁の乱（～1477年）	近畿 全国
1471	蓮如、越前に吉崎御坊を築く	東国
1473	足利義尚、第9代将軍に	近畿
1476	長尾景春の乱、始まる（～1480年）	東国

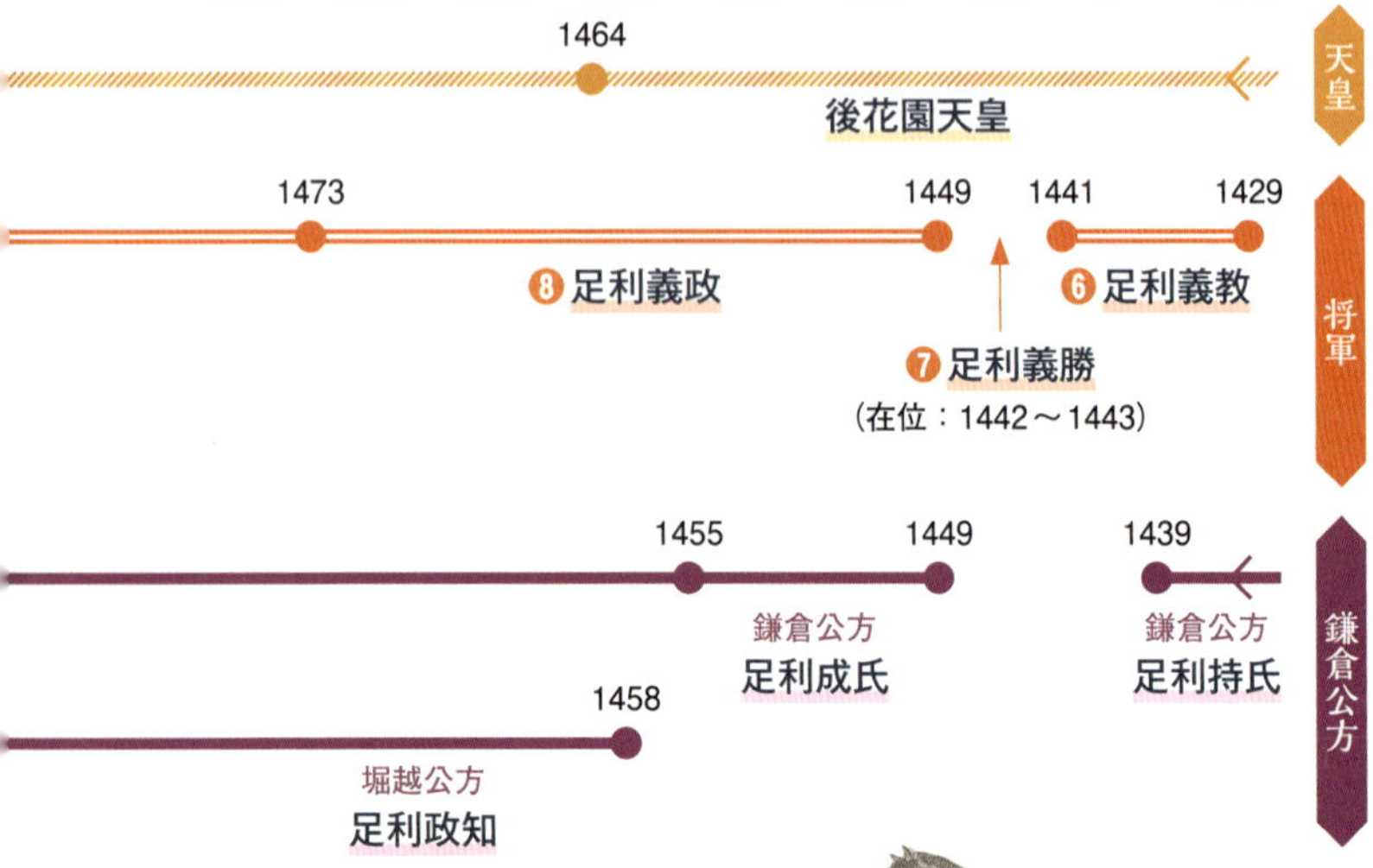

天皇
1464
後花園天皇
将軍
1429
1441
1449
1473
❻足利義教
❼足利義勝
（在位：1442～1443）
❽足利義政
鎌倉公方
1439
鎌倉公方
足利持氏
1449
1455
鎌倉公方
足利成氏
1458
堀越公方
足利政知

1477 伊勢宗瑞、今川氏の家督争いに介入 東国
応仁の乱、終結 全国
1478 蓮如、山科本願寺建立に着手 近畿
1482 享徳の乱、終結（都鄙合体） 東国
1485 山城国一揆（〜1493年） 近畿
1486 太田道灌、暗殺される 東国
1487 足利義尚、六角征伐に出陣 近畿
長享の乱、始まる（〜1505年） 東国
1488 加賀の一向一揆（〜1580年） 東国
1489 足利義尚、鈎の陣にて没 近畿
1490 足利義材（義稙）、第10代将軍に 近畿
1491 足利茶々丸、事実上の堀越公方に 東国
1493 明応の政変。足利義材（義稙）、京を追われる 近畿
伊勢宗瑞、伊豆の足利茶々丸を攻める 東国
1494 足利義澄、第11代将軍に 近畿
1495 この頃、伊勢宗瑞が小田原城を攻略 東国
1496 蓮如、大坂に石山御坊を築く 近畿
1497 大内義興、九州の少弐氏を攻める 西国

後土御門天皇

1494 1490 1489

⑪足利義澄 ⑩足利義稙（義材） ⑨足利義尚

1497

古河公方
足利成氏

1493 1491

（足利茶々丸）

1500 足利義尹（義材）、大内義興のもとへ 西国
1504 立河原の戦い 東国
1505 長享の乱、終結 東国
1507 永正の錯乱 近畿
長尾為景、上杉房能を攻め自害させる 東国
1508 大内義興、足利義尹を奉じて入京 近畿
足利義尹（義稙）、将軍職に復帰 近畿
両細川の乱（～1532年） 近畿
1509 如意ヶ嶽の戦い 近畿
1510 三浦の乱 全国
長尾為景、上杉顕定を攻め自害させる 東国
1511 船岡山合戦 近畿
1516 伊勢宗瑞、相模をほぼ攻略 東国
1517 今川氏親、遠江を統一 東国
有田中井手の戦い 西国
1518 大内義興、周防へ帰国 近畿
この頃、足利義明が小弓公方を自称 東国
武田信虎、甲斐を統一 東国

1500
後柏原天皇

1508
⑪足利義澄
復帰⑩足利義稙（義尹）

1512 1516
古河公方
足利政氏

1518

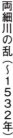

1521	足利義晴、第12代将軍に	近畿
1522	伊達稙宗、陸奥守護に	東国
1523	寧波の乱	全国
	毛利元就、尼子経久に服属	西国
1524	北条氏綱、江戸城を奪う	東国
1527	桂川原の戦い。足利義晴、京から逃亡	近畿
	堺幕府の成立	近畿
1529	松平清康、三河を統一	東国
1530	田手畷の戦い	西国
1531	大物崩れ	近畿
1532	堺幕府、崩壊	近畿
	法華一揆	近畿
1533	石山御坊、石山本願寺となる	近畿
	陶興房、北九州で少弐・大友勢と戦う	西国
1534	足利義晴、上洛	近畿
1535	山中の戦い	東国
	守山崩れ。織田信秀、三河に進出	東国
1536	花倉の乱	東国

1526
後奈良天皇

1521
⑫足利義晴

1532 1527
堺公方
足利義維

1535
古河公方
足利高基

小弓公方
足利義明

年	出来事	地域
1536	天文法華の乱	近畿
	陶興房、少弐資元を攻め自害させる	西国
1537	甲駿同盟、第1次河東一乱	東国
	毛利元就、大内義隆に服属	西国
1538	第1次国府台合戦。小弓公方、滅亡	東国
1539	三好長慶、河内十七箇所の代官職を要求	近畿
	島津貴久、薩摩を統一	西国
1541	武田信玄、父の信虎から家督を奪う	東国
	木沢長政、細川晴元に対して反乱	近畿
1542	太平寺の戦い	近畿
1543	第1次月山富田城の戦い	西国
	細川氏綱、細川晴元に対して挙兵	近畿
	種子島に鉄砲伝来	西国
1545	第2次河東一乱	東国
1546	河越夜戦。扇谷上杉家、滅亡	東国
	足利義輝（義藤）、第13代将軍に	近畿
1547	舎利寺の戦い	近畿
	松平竹千代（徳川家康）、織田氏の人質に	東国

1546

⑫ 足利義晴

古河公方
足利晴氏

1538

小弓公方
足利義明

1548 上田原の戦い 東国
第2次小豆坂の戦い 東国
塩尻峠の戦い 東国
織田信長、斎藤道三の娘を娶る 東国
1549 松平竹千代(徳川家康)、今川氏の人質に 東国
江口の戦い。三好長慶、入京 近畿
鹿児島にキリスト教伝来 西国
1550 砥石崩れ 東国
二階崩れの変 西国
1551 大寧寺の変 西国
長尾景虎(上杉謙信)、越後を統一 東国
1552 三好長慶、足利義輝を京に迎える 近畿
足利義輝、三好長慶との和睦を破棄 近畿
霊山城の戦い 近畿
斎藤道三、美濃を統一 東国
1553 第1次川中島の戦い 東国
1554 甲相駿三国同盟 東国
1555 織田信長、織田家を統一 東国

後奈良天皇

⑬足利義輝(義藤)

1552

古河公方
足利義氏

1555	第2次川中島の戦い	東国
	厳島の戦い	西国
1556	長良川の戦い	東国
	稲生の戦い	東国
1557	島津貴久、西大隅を攻略	西国
	第3次川中島の戦い	東国
	正親町天皇、践祚	近畿
1558	小早川隆景、門司城を攻略	西国
	足利義輝、三好長慶と和睦し入京	近畿
1559	龍造寺隆信、少弐冬尚を攻め自害させる	西国
	織田信長、上洛し将軍・足利義輝に拝謁	近畿
1560	桶狭間の戦い	東国
1561	長尾景虎、上杉氏の家督を継ぎ関東管領に	東国
	第4次川中島の戦い	東国
1562	清洲同盟	東国
1565	第2次月山富田城の戦い（～1566年）	西国
	永禄の変	近畿
1567	織田信長、美濃を攻略	東国

後奈良天皇

1557

正親町天皇

1565

⑬足利義輝（義藤）

古河公方

足利義氏

1561

足利藤氏が

一時古河公方に

1568	毛利元就、中国地方を統一	西国
	足利義栄、第14代将軍に	近畿
	織田信長、足利義昭を奉じて上洛	近畿
	足利義昭、第15代将軍に	近畿
	武田信玄、駿河に侵攻	東国
1569	徳川家康、遠江を併合	東国
	三増峠の戦い	東国
1570	第1次信長包囲網	全国
	姉川の戦い	近畿
	今山の戦い	西国
	石山戦争（〜1570年）	近畿
1571	織田信長、比叡山延暦寺を焼き討ち	近畿
	第2次信長包囲網	全国
1572	武田信玄の西上作戦（〜1573年）	東国
	三方ヶ原の戦い	東国
1573	足利義昭、織田信長に対して挙兵	近畿
	室町幕府、滅亡	近畿
1575	長篠の戦い	東国

1573 — 1568

⑮足利義昭

⑭足利義栄
（在位：1568）

古河公方
足利義氏

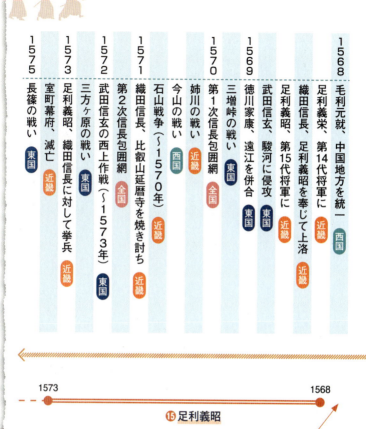

年	出来事	地域
1575	島津義久、大隅を統一	西国
	四万十川の戦い	西国
1576	織田信長、安土城の築城を開始	近畿
1578	島津義久、日向を統一	西国
	耳川の戦い	西国
1582	本能寺の変	近畿
	山崎の戦い	近畿
	清洲会議	東国
1583	賤ヶ岳の戦い	東国
1584	沖田畷の戦い	西国
	小牧・長久手の戦い	東国
1585	豊臣秀吉、関白に	近畿
1590	豊臣秀吉、天下統一	全国
1592	文禄の役（〜1593年）	全国
1597	慶長の役（〜1598年）	全国
1600	関ヶ原の戦い	東国 全国
1614	大坂冬の陣	近畿
1615	大坂夏の陣	近畿

正親町天皇 ← 1586 → 後陽成天皇 ← 1611 → 後水尾天皇

古河公方 足利義氏 ← 1583

第1章

戦国時代をつかむ

「戦国時代」はいつからいつまでか

全国の猛者たちが争い合った時代

1467年 応仁の乱、始まる
1493年 明応の政変
1615年 大坂夏の陣

戦国時代の始まり

日本の**中世**《ちゅうせい》後期、全国の武家《ぶけ》たちが激しく争《あらそ》い、覇《は》を競《きそ》い合った時代を、**戦国時代**という。

戦国時代は、15世紀後半から16世紀にかけてだとされている。

厳密《げんみつ》にいつ始まったのかは意見が分かれるが、多くの研究者は、各地に混乱が広がった**応仁**《おうにん》**の乱**（1467〜1477年）か、**室町幕府**《むろまちばくふ》の弱体化《じゃくたいか》が明らかになった**明応**《めいおう》**の政変**《せいへん》（1493年）を、戦国時代の始まりを告《つ》げる出来事とみなしている。

戦国時代の終わり

では、戦国時代の終わりはいつなのだろうか。これについても諸説《しょせつ》ある。

第一に、**織田信長**《おだのぶなが》が室町幕府最後の将軍となる**足利義昭**《あしかがよしあき》を奉《ほう》じて京《きょう》の都に上《のぼ》り、全国規模の権力を握《にぎ》った1568年。第二に、足利義昭が織田信長に追われて京から逃げ出し、室町幕府が滅《ほろ》んだ1573年。第三に、**関ケ原**《せきがはら》**の戦い**が行われた1600年までを戦国時代とする説もある。本書ではさらに先、**豊臣秀吉**《とよとみひでよし》の一族が滅ぼされる**大坂**《おおさか》**の陣**《じん》までを扱《あつか》う。

Point 戦国時代は、「応仁の乱」や「明応の政変」から始まり、織田信長・豊臣秀吉の政権あたりで終わる。

戦国史「超」略年表

章	西国	近畿	東国
第2章		1467 応仁の乱（～1477）	1438 永享の乱 1454 享徳の乱（～1482） 1487 長享の乱（～1505）
第3章	尼子経久 大内義興	1493 明応の政変 細川政元	伊勢宗瑞
第4章	毛利元就	1507 永正の錯乱 細川高国 堺幕府	相模の永正の乱
第5章	龍造寺隆信 大友宗麟 島津義久 長宗我部元親	細川晴元 三好長慶	
第6章			北条氏康 今川義元 武田信玄 上杉謙信 1560 桶狭間の戦い 織田信長
第7章		1568 織田信長の上洛 1573 室町幕府滅亡 1582 本能寺の変	
第8章		1583 賤ヶ岳の戦い 1590 豊臣秀吉の全国統一	豊臣秀吉
第9章		1600 関ヶ原の戦い 1615 大坂夏の陣	徳川家康

▲狭義《きょうぎ》の「戦国時代」は、室町幕府の権威失墜《けんいしっつい》が明らかになった時点から、次の統一的政権（織田信長の政権）が登場するまでの期間を指す。戦国時代の次の時代は、織田信長・豊臣秀吉が全国規模の支配を実現していった「織豊《しょくほう》時代」（織田の「織」と豊臣の「豊」で「織豊」）であり、その次の時代は江戸時代である。

室町幕府の中央政権

戦国時代の京都の権力構造は？

1338年　足利尊氏、征夷大将軍に
1360年代　管領職の誕生
1398年　三管領と四職が定められる

室町幕府とは

戦国時代は、じつはほとんどが、名目《めいもく》的にではあれ**室町時代**に含まれる。「**戦国時代とは、室町時代の後期**（**衰退《すいたい》・滅亡《めつぼう》期**）**である**」ととらえると、戦国史をつかみやすくなる。そして、室町幕府《ばくふ》の仕組みについての知識は、戦国時代の理解を大きく助けてくれるだろう。

室町幕府は、14世紀に成立した、**足利氏《あしかがし》**を中心とする武家政権である。**朝廷《ちょうてい》**（**天皇**を中心とした統治機構《とうちきこう》）や**公家《くげ》**（朝廷に仕《つか》える貴族・官《かん》僚《りょう》）も監視下《かんしか》に置き、強い権力を誇《ほこ》っていた。

将軍・管領・侍所所司

京（現・京都府）に置かれた室町幕府の頂点に立つのは、**将軍《しょうぐん》**（**征夷大将軍《せいいたいしょうぐん》**）である。これは「**武家の棟梁《とうりょう》**」すなわち武士たちのトップとされる。足利氏の本家筋《ほんけすじ》の人間が将軍に就任《しゅうにん》し、権力・権威をもった。将軍には、**奉公衆《ほうこうしゅう》**と呼ばれる親衛隊《しんえいたい》のような直属《ちょくぞく》の軍事力もあった。

将軍を補佐《ほさ》するナンバー2的な役職が、**管領《かんれい》**である。この管領職はある時期から、足利氏と同じ**源氏《げんじ》の系統**である**斯波氏《しばし》**、**畠山氏《はたけやまし》**、**細川氏《ほそかわし》**から選出されるようになった。これらの家柄を

Point 室町幕府の中央の幕政は、足利氏から選出される「将軍」と、「管領」「侍所所司」などを中心に行われた。

室町幕府の統治システム

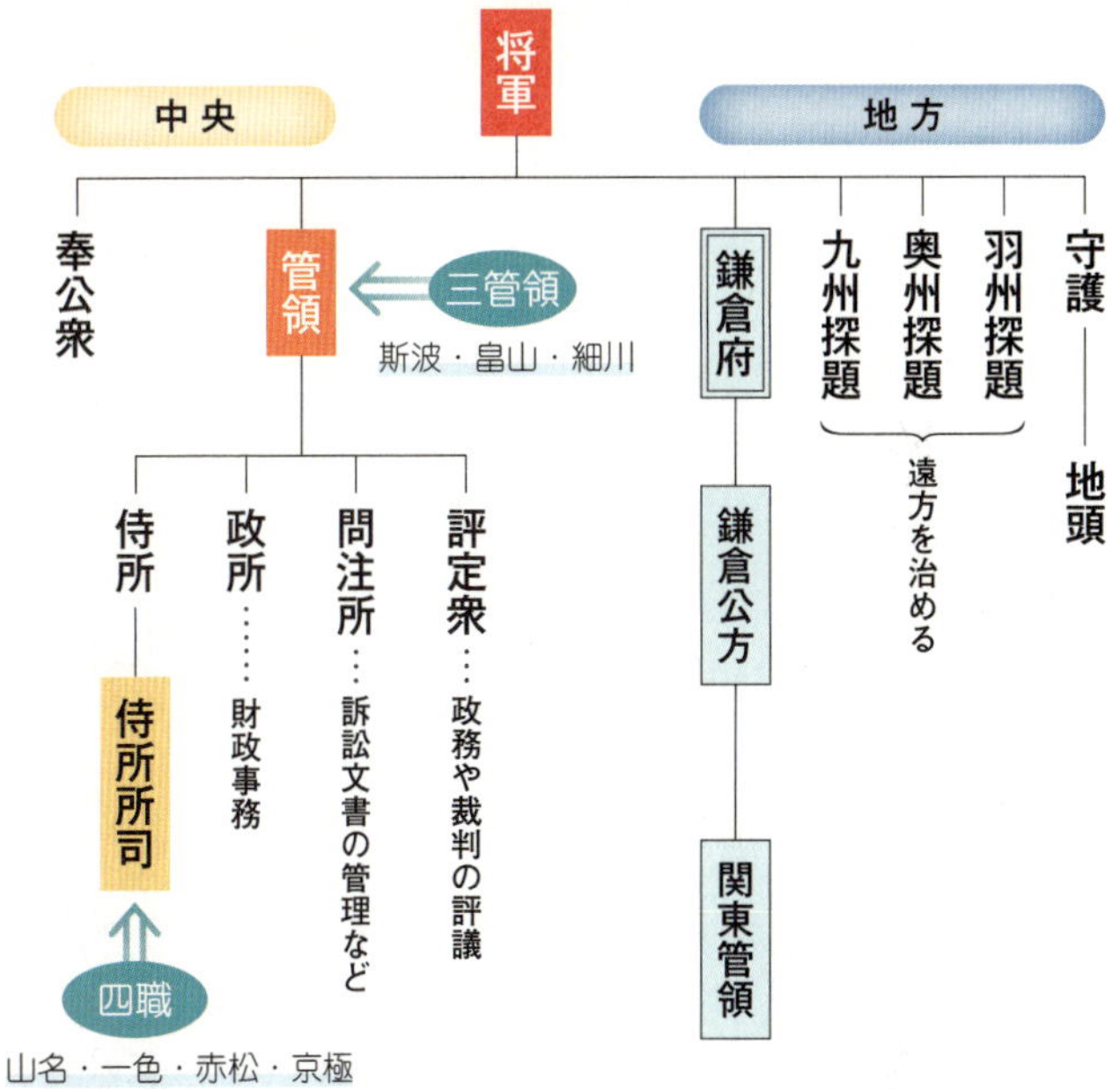

▲特に将軍と管領の動きを注意して追っていくと、戦国時代の幕府周辺の動きがつかみやすくなる。

三管領《さんかんれい》という。

大きな権限をもつ役職なので、管領職をめぐる争いも起こった。また、**応仁の乱**ののちは細川氏が管領職と幕府での権力を独占しようとし、細川氏内部での抗争が続く。

管領以外では、軍事・警察組織たる**侍所**《さむらいどころ》を統《とう》率《そっ》する**侍所所司**《しょし》も重要な役職だ。これに就任できるのは、室町幕府創設に貢献《こうけん》のあった**山名氏**《やまなし》、**一色氏**《いっしきし》、**赤松氏**《あかまつし》、**京極氏**《きょうごくし》(**四職**《ししき》)と定められた。

室町時代の地方政治

守護代に領国を任せ、守護は京都に常駐

守護と守護代

前項では、室町幕府の中央政権、すなわち京での統治システムを見たが、ここでは地方の統治システムを確認しよう。

鎌倉《かまくら》時代（12〜14世紀）以来、地方には、幕府が派遣《はけん》する武家の官僚として**守護《しゅご》**が置かれていた。当初は朝廷が派遣した役人である**国司《こくし》**と並立していたため、守護の職務《しょくむ》は軍事・警察的な事柄に限定されていたが、室町時代には国司の力が弱まり、守護が行政権をも掌握《しょうあく》していった。各地方において大きな権限と力を手にした守護たちは、**守護大名《しゅごだいみょう》**と呼ばれるようになる。

しかし、守護の人事裁量権《じんじさいりょうけん》は、京の幕府が握っている。つねに将軍らのご機嫌を伺《うかが》い、取り入っていなければ、不意《ふい》に地位を剥奪《はくだつ》されるかもしれない。そこで多くの守護たちは、基本的に京に住んでいた。では領国《りょうごく》の経営はどうするのか。守護が現地での代官《だいかん》を指名して、その一族に委託《いたく》するのだ。その代官を**守護代《しゅごだい》**という。

平安時代後期	守護の原型が現れる
鎌倉時代	国司と守護が並立
室町時代	守護の権力が強まる

地方の国人

守護や守護代のほかにも、それぞれの土地に

Point 各地には「守護」が置かれたが、実際の領国統治は「守護代」が行っていることも多かった。

守護と守護代

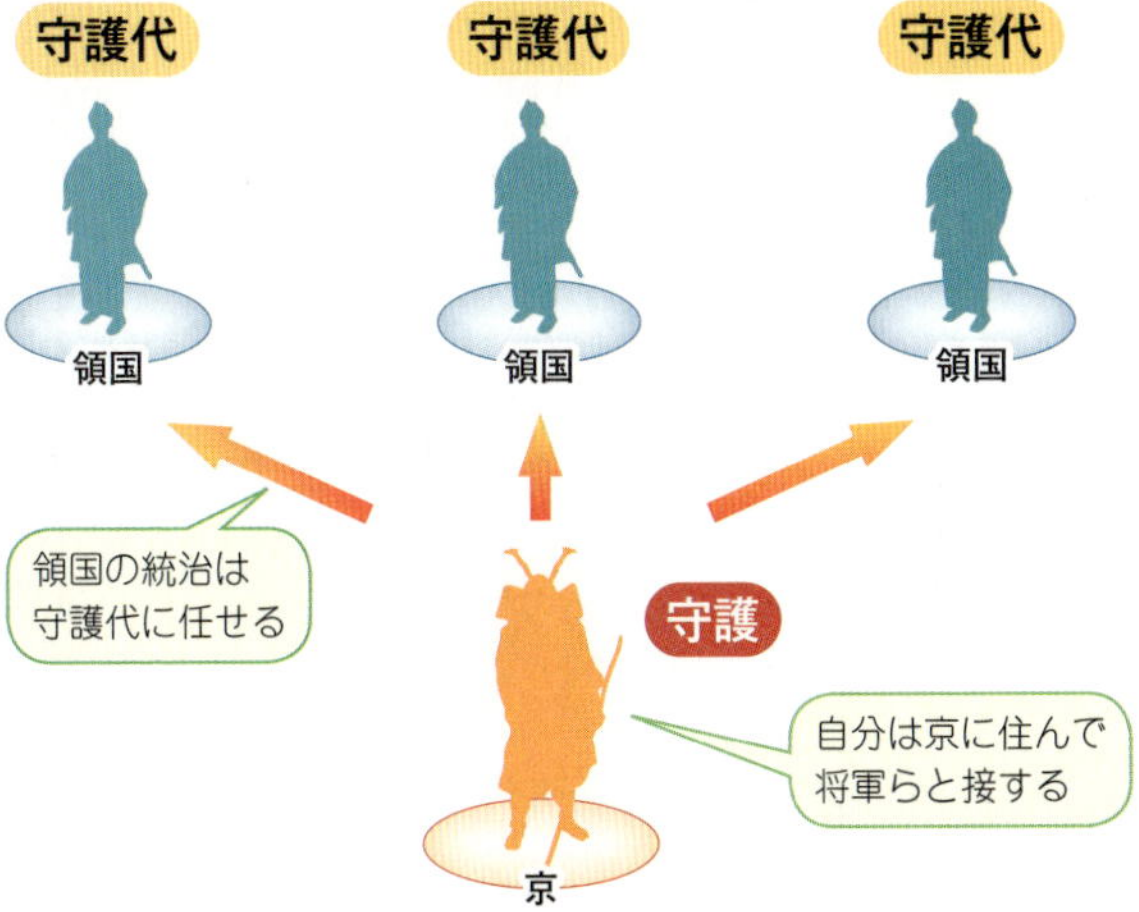

▲守護は自分の地位を守るため、京で幕府に対してロビー活動を行う必要があった。また、複数の国（地方）の守護を兼ねている者もあり、そうした事情から、領国の行政を守護代に任せていることが多かった。各地の守護と守護代を把握できれば、戦国時代を理解しやすくなる。

地元の武士たちがいる。これは**国人**《こくじん》と呼ばれる。

守護や守護代は、国人たちを屈服《くっぷく》させたり、契約《けいやく》のもとに主従関係を結んだりして、地方での支配権を確立した。

しかし、国人たちの自主独立の気質が強いことも多く、彼らを家臣《かしん》としてつなぎとめておくのは、必ずしも容易ではなかったようである。国人が地元の農民たちと手を結んで**国**《こく》**人一揆**《じんいっき》と呼ばれる一揆を結成し、地域的な政治権力を形作ることもあった（**一揆**とは、圧政に対する抵抗などを目的として結びついた人々の集団のことである）。

将軍家と鎌倉府

東国の戦国時代を理解するためのカギ

1349年	鎌倉公方が置かれる
1455年	古河公方の成立
1458年	堀越公方の成立

東国を統治する鎌倉公方

地方の中でも、特に**関東**は、室町幕府にとって要注意の土地だった。京から距離的に遠く、目が届きにくいだけでなく、前の時代（鎌倉時代）の武家の本拠地《ほんきょち》だった**鎌倉**がある。

ここをしっかりと押さえるため、幕府は鎌倉に〝出張所〟を置いた。それが**鎌倉府**《かまくらふ》である。鎌倉府のトップは**鎌倉公方**《かまくらくぼう》といい、足利氏から選任された。

もともと将軍家とつながりの深い鎌倉公方だが、荒々しい東国武士を束《たば》ねて力をつけていき、やがて、幕府と対立さえする別勢力となる。

鎌倉公方の分裂

鎌倉公方は、東国において重要な権威である。それゆえに、さまざまな争いの中心になったり、紛争に巻き込まれたりした。

1450年代には、鎌倉公方がふたつに分裂した。まず、幕府と対立した鎌倉公方の**足利成氏**《あしかがしげうじ》が、**古河**《こが》（現・茨城県古河市）に拠点を移して**古河公方**《こがくぼう》となった。そののち幕府から新たに派遣された**足利政知**《あしかがまさとも》は、東国武士の支持を得ら

Point 将軍家と深いつながりのある「鎌倉公方」は、分裂しながらも、ある時期まで東国での権威を保った。

鎌倉公方・古河公方・堀越公方・小弓公方

▲足利氏の流れをくむ鎌倉公方は、「古河公方」「堀越公方」「小弓公方」に分裂した。

れず鎌倉に入れなかったため、伊豆《いずの》国《くに》の**堀越**《ほりごえ》（現・静岡県伊豆の国市）にとどまり、**堀越公方**《ほりごえくぼう》となったのだ。

さらに1510年代頃には、古河公方家出身の**足利義明**《あしかがよしあき》が、上総国《かずさのくに》の有力者の力を借りて**小弓城**《おゆみじょう》（現・千葉県千葉市）を乗っ取り、**小弓公方**《おゆみくぼう》を自称した。

堀越公方は2代で15世紀終わりに滅び、小弓公方はたった1代で1538年に滅亡した。古河公方も、1583年に消滅する。しかし、これらの勢力が関東の戦国時代の要《かなめ》であることは確かだ。戦国時代をつかむとき、**「公方」が権威をもっていた**ことは、重要なポイントになる。

関東管領と上杉氏

東国の実権を握っていた名門

1349年	関東管領の原型が置かれる
1360年代	関東管領の誕生
15世紀前半	山内上杉家の世襲に

東国のナンバー2 関東管領

鎌倉府は、**鎌倉公方**だけが取り仕切っていたわけではない。幕府の中央政権で将軍が管領にサポートされていたように、鎌倉公方を補佐するナンバー2がいた。**関東管領**《かんとうかんれい》である。

関東の戦国史をつかむうえで重要なのは、**関東管領は必ずしも鎌倉公方のいいなりにはならない**ということだ。京から離れた東国で、鎌倉公方が好き勝手をしすぎないように、幕府に代わって監視する役割も、関東管領はもっていたのである。

両上杉家の微妙な関係

関東管領職は、任免権《にんめんけん》は幕府の将軍にあったが、代々、足利氏の**外戚**《がいせき》（母方《ははかた》の親戚）に当たる東国の名門**上杉氏**《うえすぎし》が就任していた。

上杉氏の内部にはいくつかの家系があるが、15世紀前半以降、関東管領職を世襲《せしゅう》したのは、宗家《そうけ》の**山内上杉家**《やまのうちうえすぎけ》だった。また15世紀後半、**扇谷上杉家**《おうぎがやつうえすぎけ》も力をつける。

これら**両上杉家**《りょううえすぎけ》は**戦国大名**《せんごくだいみょう》となり、同盟と対立をくり返しながら、複雑な戦国史の一角を占《し》めることになる。

Point 東国のナンバー２「関東管領」を世襲する山内上杉家と、扇谷上杉家は、同盟と対立をくり返した。

上杉氏略系図

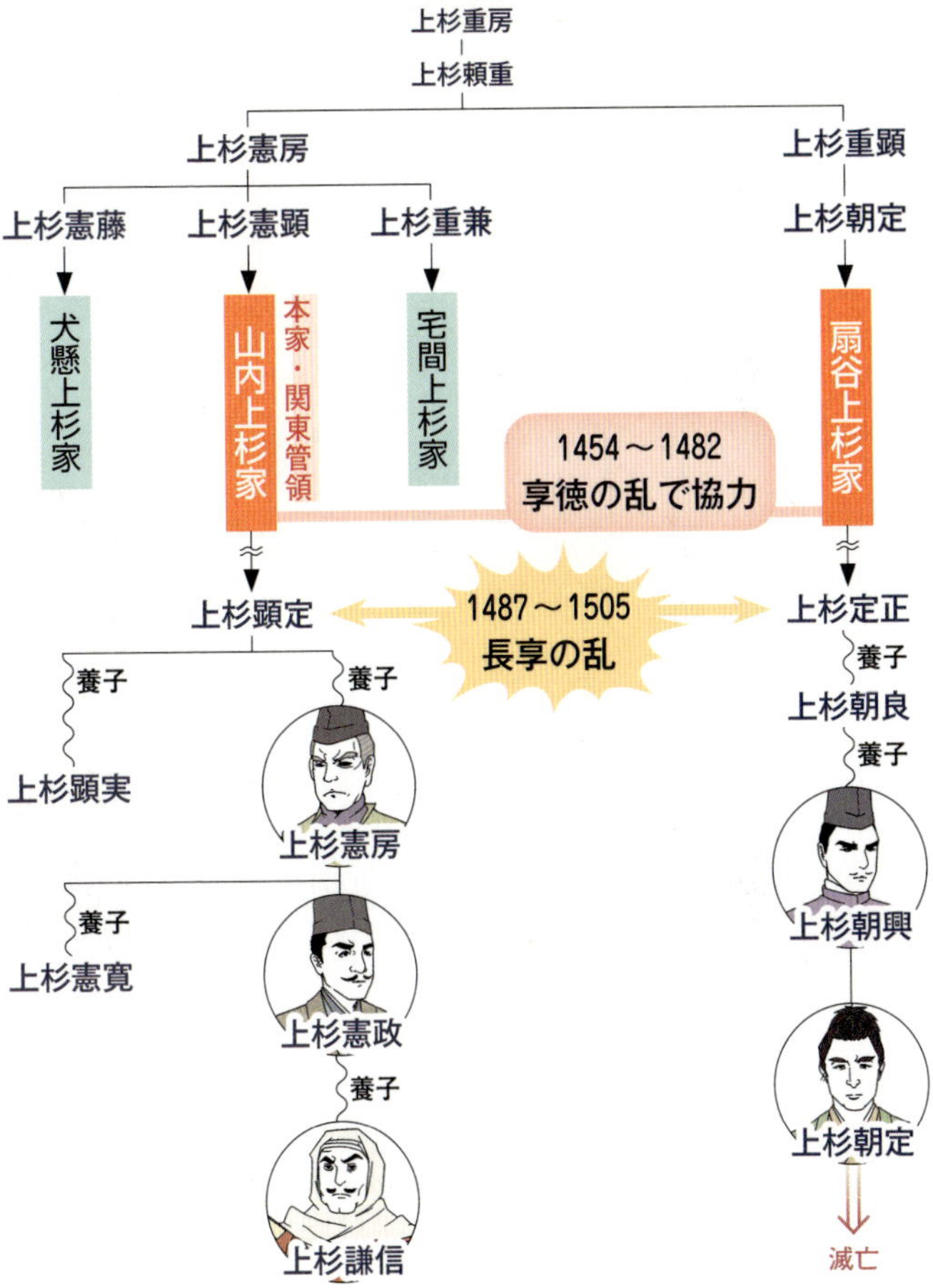

▲上杉氏は、鎌倉時代に公家の藤原氏《ふじわらし》から分かれた上杉重房《うえすぎしげふさ》を始祖《しそ》とする。14世紀後半から、初代関東管領・上杉憲顕《うえすぎのりあき》の子孫である「山内上杉家」と、憲顕の弟・上杉憲藤《うえすぎのりふじ》の子孫である「犬懸上杉家《いぬがけうえすぎけ》」が、ほぼ交互に関東管領を継承していたが、15世紀前半に犬懸上杉家が没落、山内上杉家が関東管領を世襲するようになった。

寺社勢力の展開

信仰の力だけでなく武力をも備えていた

戦国武将に匹敵する実力

戦国史をつかむときに無視できないのが、寺《じ》社勢力《しゃせいりょく》の動きである。「寺」は仏教の寺院、「社」は神社を指すが、当時は神仏習合《しんぶつしゅうごう》といって、日本古来の神への信仰《しんこう》と仏教が一体になっていたため、「寺社」とひとくくりでとらえられる。

中世の寺社はそれぞれ固有の領地や経済力をもち、また、武装した僧兵《そうへい》も多く抱《かか》えていた。戦国時代、彼らは乱世《らんせい》の中での自衛《じえい》のため、あるいは勢力拡大のために、戦国大名たちと争ったり、手を組んだりして活動した。

天台宗・法華宗・一向宗

天台宗	6世紀、中国の智顗が大成。802年、最澄（767～822年）が唐から伝えた。法華経を中心経典とする。総本山は比叡山延暦寺。
法華宗	開祖は日蓮（1222～1282年）。法華経を経典とし、「南無妙法蓮華経」と唱えることで、人は仏に、この世は浄土になると説いた。他宗と対立した。
一向宗	浄土真宗の本願寺教団が、外部の人間からこのように呼ばれた。浄土真宗の開祖は親鸞（1173～1262年）。阿弥陀仏を信じてすがれば救われるとした。

▲戦国時代に特に力をもった寺社勢力。

平安時代後期	比叡山延暦寺が武装化
13世紀半ば	日蓮、法華宗を開く
1321年	本願寺の成立

Point 比叡山延暦寺、法華宗、一向宗などの「寺社勢力」は、戦国時代、大名と同等かそれ以上の実力をもった。

寺社勢力関連略年表

1471年	本願寺の蓮如、京から越前に。吉崎御坊を築く。
1478年	蓮如、山科本願寺を築きはじめる。
1488年	加賀の一向一揆。以後約100年、加賀を支配。
1496年	蓮如、石山御坊を築きはじめる。
1532年	法華宗、山科本願寺を焼き討ち（法華一揆）。
1533年	本願寺、石山御坊に本拠地を移す（石山本願寺）。
	本願寺、細川晴元を攻める。
1536年	比叡山延暦寺、京の法華宗を攻撃（天文法華の乱）。
1570年	本願寺、織田信長を攻撃。
1571年	織田信長、比叡山延暦寺を焼き討ち。
1574年	織田信長、伊勢長島の一向一揆を鎮圧。
1575年	織田信長、越前の一向一揆を鎮圧。
1580年	本願寺、織田信長に降伏。

▲戦国時代の寺社勢力は、戦国大名にも匹敵《ひってき》する武力をもち、一揆などの活動も行った。もちろん、それらの勢力を現在の各宗派と同一視してはならない。

おもな寺社勢力

13世紀の僧**日蓮**《にちれん》を祖《そ》とする**法華宗**《ほっけしゅう》（**日蓮宗**《にちれんしゅう》）は、教義を確立するとともに、ほかの仏教諸派と対立するようになった。対立は、武力行使をともなうこともあった。

現在も滋賀県大津《おおつ》市にある**比叡山延暦寺**《ひえいざんえんりゃくじ》は、**天台宗**《てんだいしゅう》の総本山《そうほんざん》である。古代以来、中央政権に対して大きな影響力をもち、16世紀後半には**織田信長**とも激しく争うことになる。

その織田信長の最大の敵ともされるのが、**一《いっ》向宗《こうしゅう》**である。これは12〜13世紀の僧**親鸞**《しんらん》の流れをくむ**本願寺**《ほんがんじ》の勢力で、15世紀に**蓮如**《れんにょ》によって各地に広められ、戦国大名をも凌《しの》ぐほどの実力をもった。

COLUMN 1

室町時代の武士たち

室町時代の特徴は、**幕府が京にあった**ことである。この特徴のため、将軍や幕臣《ばくしん》（将軍直属の武士）をはじめとする武士たちは、朝廷や公家から強く影響を受けた。つまり、室町時代の武士は、**公家的な性格**をもっていったのである。「公家」というと、弱々しいイメージをもつ人もいるかもしれないが、むしろ逆だと考えたほうがよい。武力だけでなく、政治的なセンスと交渉力をも備《そな》えた、クレバーな豪傑《ごうけつ》――それが室町時代における畿内《きない》の武士なのだ。

このクレバーさゆえに、武士たちの間の駆け引きは高度にからみ合う。戦国史の複雑さの一因はここにあるともいえるかもしれない。本書では、錯綜《さくそう》するそれぞれの思惑《おもわく》の本質を思いきってつかみ出し、できるだけわかりやすく整理したい。

もうひとつ押さえておきたいのは、武家の相続制度である。この時代の**家督**《かとく》（家長権《かちょうけん》）は単独相続で、**惣領**《そうりょう》と呼ばれるひとりの人物が家長となってほかのメンバーを統率し、財産もすべて受け継いだ。しかし、その相続者は長子《ちょうし》でなくてもよかった。相続者になるための条件が厳しくなかったのだ。当然、「私にも家督を継ぐ権利がある」と主張する者が複数現れ（なにしろ家督を継げるかどうかで、生活の質が大きく変わるのだ）、争いが起こる。戦国時代に起きた多くの戦いの火種は、この家督争いであった。

第2章

関東騒乱と応仁の乱

永享の乱と結城合戦

関東は全国に先駆けて戦乱に突入

1429年	足利義教、第6代将軍に
1438年	永享の乱
1441年	嘉吉の変

関東騒乱の始まり　永享の乱

　前述したとおり、戦国時代の始まりは**応仁《おうにん》の乱**または**明応《めいおう》の政変**とされる（24ページ参照）。しかし、鎌倉時代から武士の本拠地とされ、荒々しい気風の残る関東では、ひと足早く戦乱が始まった。ことの起こりから見てみよう。

　1425年、第5代将軍**足利義量《あしかがよしかず》**が没し、政務を代行していた前将軍**足利義持《あしかがよしもち》**も、1428年に没した。このとき、**鎌倉公方《かまくらくぼう》**だった**足利持氏《あしかがもちうじ》**が、将軍位の継承を希望する。しかし幕臣たちはくじ引きにより、出家していた**義円《ぎえん》**を選び、**還俗《げんぞく》**（僧をやめ俗人《ぞくじん》に戻ること）させ、翌年将軍位に就かせた。第6代将軍**足利義教《あしかがよしのり》**である。

　足利持氏はこれを不服とし、将軍を軽《かろ》んじる行動を重ねた。**関東管領《かんとうかんれい》**の**上杉憲実《うえすぎのりざね》**がいさめても聞く耳をもたない。上杉憲実は逆に持氏から疎《うと》まれ、身の危険すら感じて、1438年に上野国《こうずけのくに》（現・群馬県）へ引っ込んだ。すると持氏は、憲実討伐の兵を挙げる。これを知った将軍義教は、**後花園《ごはなぞの》天皇**から持氏追討《ついとう》の**綸旨《りんじ》**（天皇の意を伝える文書）を受け、持氏を**朝敵《ちょうてき》**（朝廷の敵）に仕立て上げて滅ぼした。この戦乱を**永享《えいきょう》の乱**という。この事件で**一時**、**鎌倉公方は消滅**し、関東は将軍が直接治めることになった。

Point 15世紀前半、鎌倉公方・足利持氏の野心から、永享の乱や結城合戦が起こり、関東は戦乱に突入した。

永享の乱から嘉吉の変まで

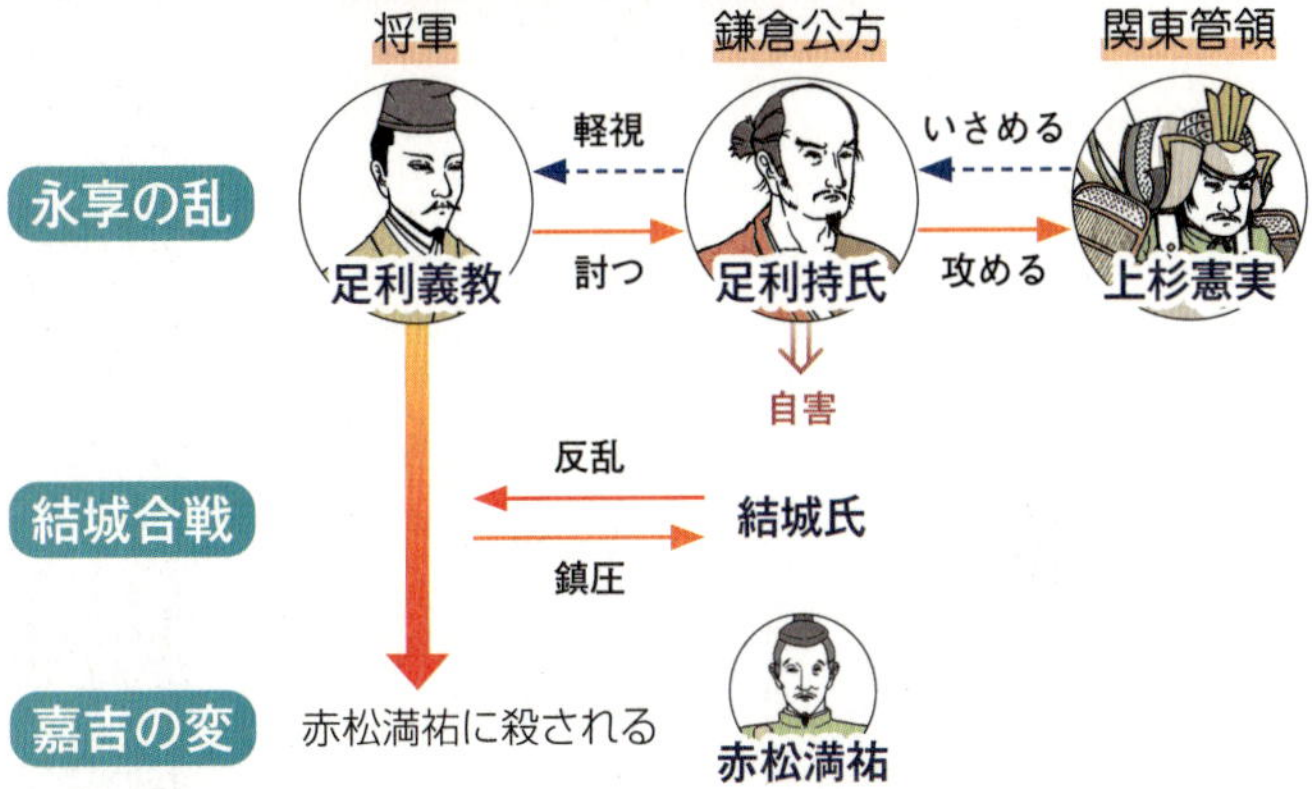
将軍
鎌倉公方
関東管領
永享の乱
軽視
いさめる
足利義教
討つ
足利持氏
攻める
上杉憲実
自害
結城合戦
反乱
結城氏
鎮圧
嘉吉の変
赤松満祐に殺される
赤松満祐

▲足利義教から疎まれていた赤松満祐は、足利義教を暗殺したのち、領国の播《はり》磨国《まのくに》（現・兵庫県）へと下ったが、山名宗全《やまなそうぜん》（当時は持豊《もちとよ》）らの討伐軍がそれを追う。赤松満祐を討った山名宗全は、そのまま播磨を手に入れ、さらに周辺を切り取ってしまった。ここに山名氏と赤松氏の確執《かくしつ》が生まれ、のちの応仁の乱でも、赤松氏は播磨を取り戻すために山名氏と戦うことになる。

血で血を洗う戦乱へ

これは果てしない戦乱の始まりだった。まず1440年、下総国《しもうさのくに》（現・千葉県北部など）の**結城氏朝**《ゆうきうじとも》らが、足利持氏の息子のひとりを擁立《ようりつ》し、幕府への反乱を起こす。**結城合戦**《ゆうきかっせん》である。将軍足利義教は駿河国《するがのくに》（現・静岡県）守護の**今川範忠**《いまがわのりただ》らを派遣して鎮圧、持氏の子も処刑させた。

しかし足利義教は、将軍権力を強化するために恐怖政治を行ったので、ほかでも恨《うら》みを買っていた。1441年、彼は家臣の**赤松満祐**《あかまつみつすけ》に殺される。将軍暗殺という大事件を起こした赤松満祐はやがて討伐《とうばつ》された。この事件を**嘉吉**《かきつ》**の変**という。

享徳の乱の勃発

復活した鎌倉公方は上杉氏に刃を向けた

1449年　足利成氏、第5代鎌倉公方に
1450年　江ノ島合戦
1454年　享徳の乱、勃発

関東の対立は下の世代に

嘉吉の変で殺された**足利義教**のあと、子の**足**《あし》**利義勝**《かがよしかつ》が1442年に第7代将軍となったが、幼少の彼もすぐに没してしまう。そんなゴタゴタの中、関東には幕府の力が行き届かなくなっていった。そこで、**鎌倉府の復活**がはかられる。

1447年、上杉憲実の息子**上杉憲忠**《うえすぎのりただ》が関東管領に就任。1449年には、足利持氏の息子**足利成氏**《あしかがしげうじ》が鎌倉公方となった。永享の乱で対立した関東管領と鎌倉公方の息子たちである。足利成氏は、上杉氏への強い恨みを抱《かか》えていた。

鎌倉公方と関東管領の対立

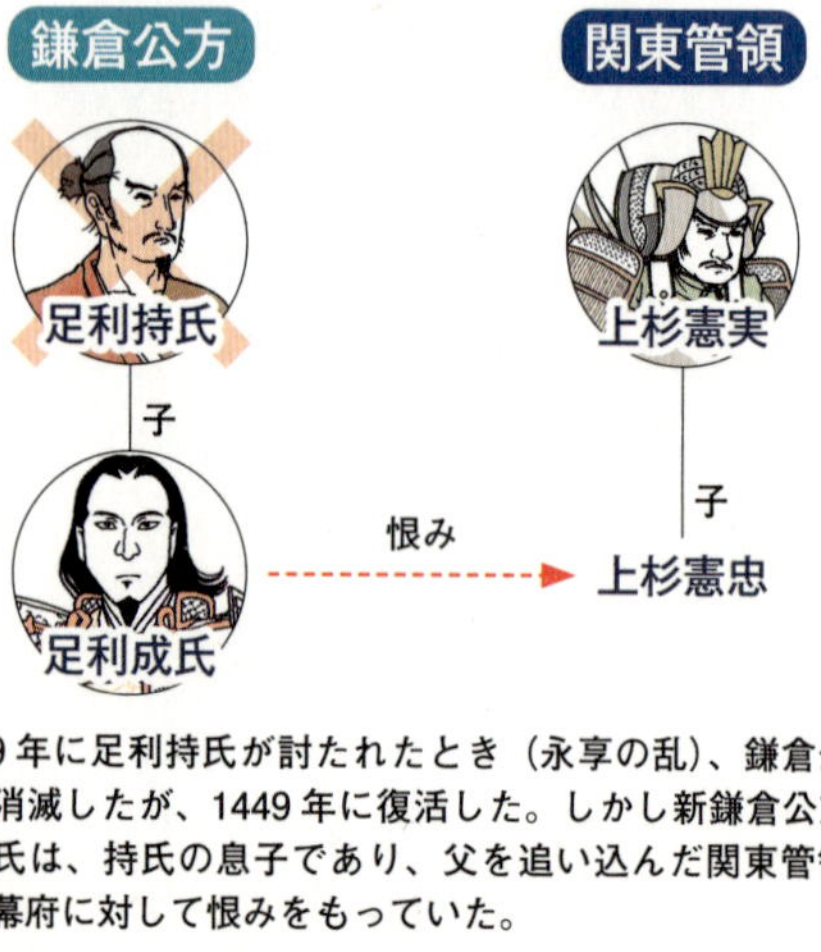

▲1439年に足利持氏が討たれたとき（永享の乱）、鎌倉公方は一時消滅したが、1449年に復活した。しかし新鎌倉公方の足利成氏は、持氏の息子であり、父を追い込んだ関東管領上杉氏や幕府に対して恨みをもっていた。

Point 鎌倉公方となった足利成氏は、父の仇である上杉氏と対立して上杉憲忠を誅殺、享徳の乱を引き起こした。

江ノ島合戦から享徳の乱へ

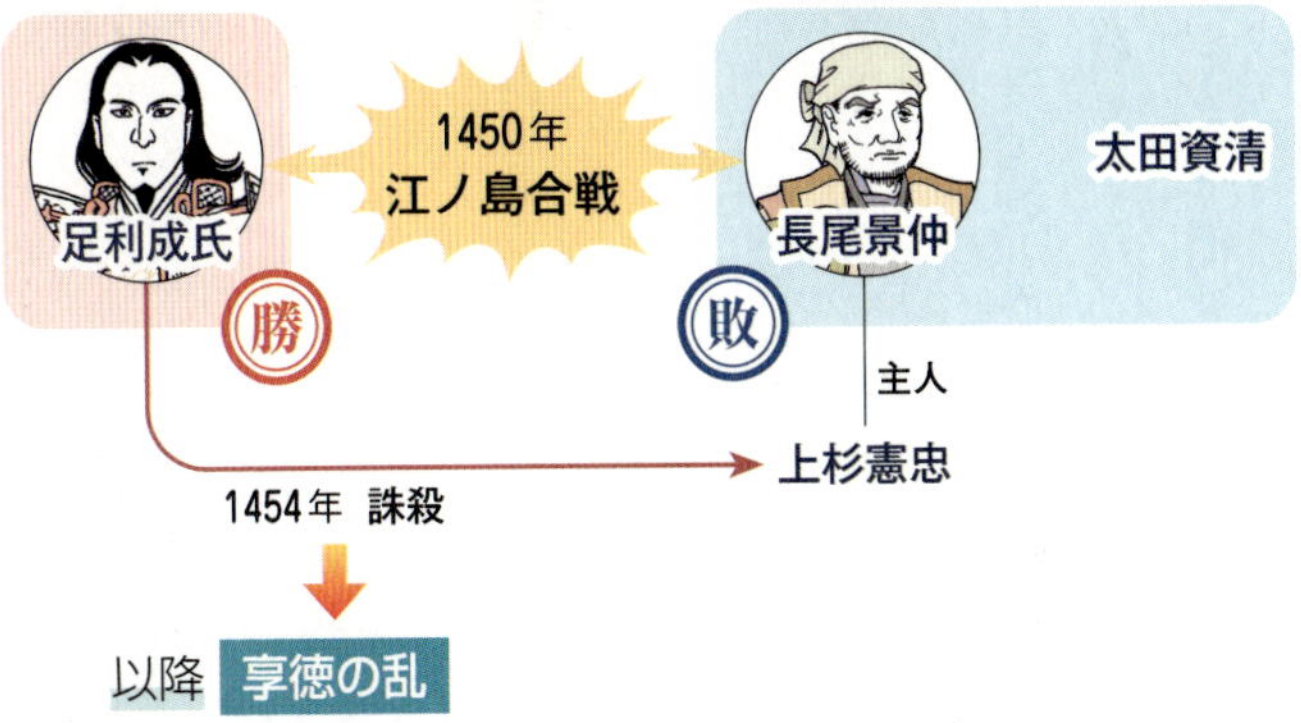

▲長尾景仲と太田資清が、鎌倉の足利成氏を討つために挙兵すると、その行動を察知した成氏は、いち早く鎌倉から江ノ島に脱出した。長尾景仲と太田資清はそれを追い、江ノ島で激突。これに勝利した足利成氏は、のちに山内上杉家当主の上杉憲忠をも殺害した。

足利成氏と両上杉家の戦い

足利成氏は、亡き父に味方してくれた**結城氏**を重用《ちょうよう》し、関東管領の上杉憲忠を軽んじた。これに怒《いか》ったのが、上杉氏の**家宰**《かさい》（筆頭《ひっとう》の重臣）たちである。1450年、**山内上杉家**《やまのうちうえすぎけ》の家宰**長尾景仲**《ながおかげなか》と、**扇谷上杉家**《おうぎがやつうえすぎけ》の家宰**太田資清**《おおたすけきよ》が挙兵し、江《え》ノ島《しま》で足利成氏と戦った。しかしこの**江《え》ノ島《しま》合戦**《かっせん》で勝利したのは、鎌倉公方足利成氏だった。

上杉憲忠は家臣らの挙兵に関与していなかったので、いったんは謹慎《きんしん》ですんだ。しかし、これで収まるはずがない。1454年、足利成氏は上杉憲忠を呼び出し、誅殺《ちゅうさつ》した。彼はさらに山内上杉家を攻める。こうして、足利成氏と上杉氏との間に、長い長い**享徳**《きょうとく》**の乱**が勃発した。

古河公方と堀越公方

幕府の敵・足利成氏と、幕府の傀儡・足利政知

１４５５年	分倍河原の戦い、古河公方の成立
１４５８年	堀越公方の成立
１４５９年	五十子の戦い、始まる

分倍河原の戦いと幕府の介入

直接の主君を討たれた山内上杉家の家宰**長尾景仲**は、**足利成氏**に復讐《ふくしゅう》するべく挙兵する。１４５５年、現・東京都府中《ふちゅう》市の分倍河原《ぶばいがわら》で、景仲軍と成氏軍は激突した（**分倍河原《ぶばいがわら》の戦い**）。

成氏軍はとにかく強く、またも圧勝した。しかし、幕府がここに介入する。**管領《かんれい》**の**細川勝元《ほそかわかつもと》**が上杉方を支持し、駿河国守護**今川範忠**らを成氏討伐に派遣。今川範忠は鎌倉を占拠した（彼は、結城合戦でも反幕府勢力の討伐に駆り出された武将である。39ページ参照）。

ふたりの公方

成氏追討の綸旨も出て、足利成氏は朝敵とされた。まるで**永享の乱**の再現である。しかし、父の足利持氏とは違い、成氏は討たれなかった。鎌倉から下総の**古河《こが》**へと移って抵抗を続け、政務も行う。以後、彼は**古河公方《こがくぼう》**と呼ばれた。

幕府からすれば、鎌倉公方がいなくなったので、代わりが必要である。１４５８年、**足利政知《あしかがまさとも》**が、次の正式な鎌倉公方として関東に送られた。彼はいわば、幕府の傀儡《かいらい》（操《あやつ》り人形）である。しかし、関東の武士たちが彼を受け入れな

Point 足利成氏は「古河公方」となり、上杉氏と幕府と「堀越公方」を敵に回して、長い享徳の乱を戦った。

享徳の乱と古河公方・堀越公方

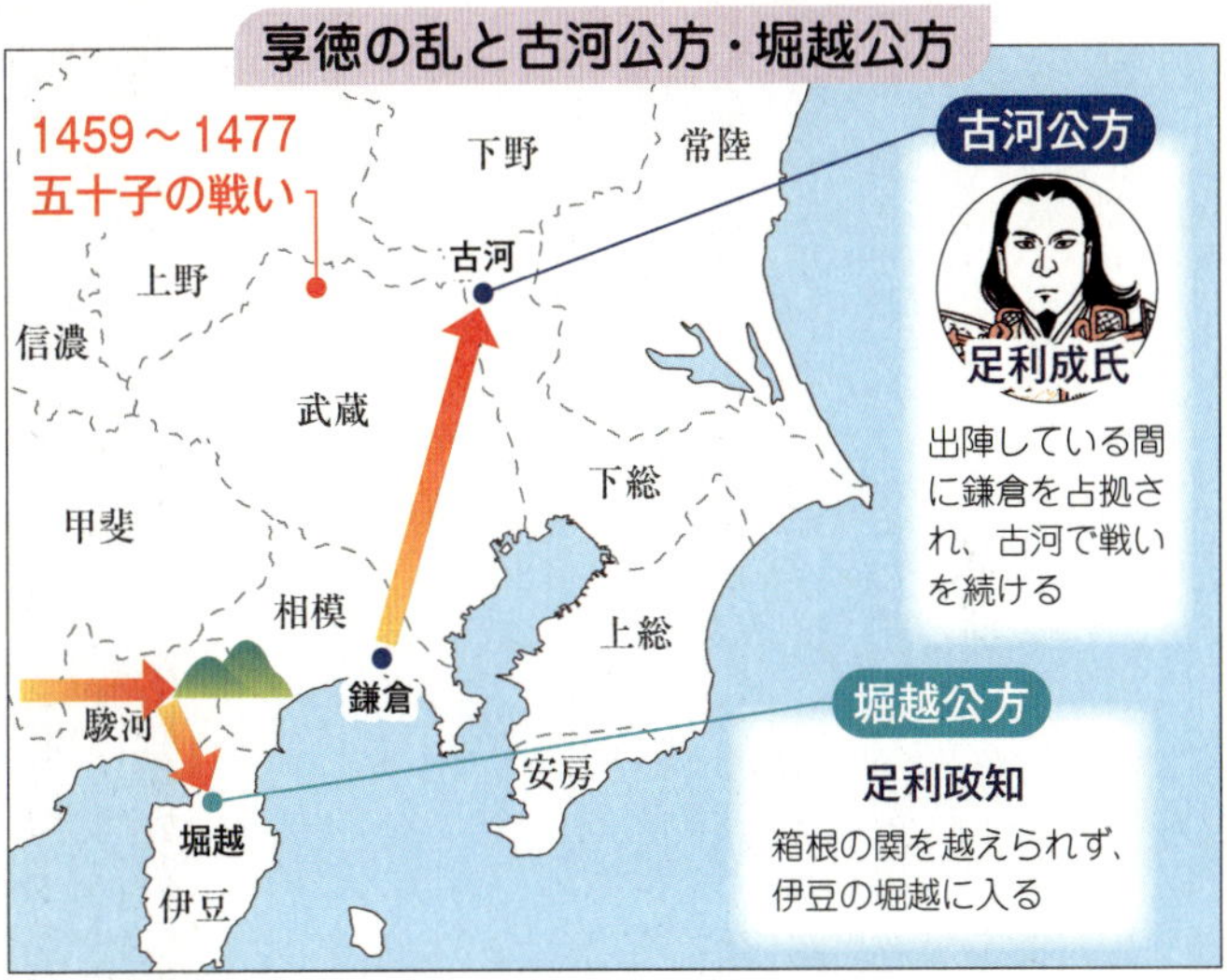
1459～1477
五十子の戦い
下野
常陸
古河公方
古河
上野
信濃
足利成氏
出陣している間に鎌倉を占拠され、古河で戦いを続ける
武蔵
下総
甲斐
相模
上総
鎌倉
堀越公方
駿河
安房
足利政知
箱根の関を越えられず、伊豆の堀越に入る
堀越
伊豆

▲享徳の乱の中で、鎌倉公方は「古河公方」と「堀越公方」に分裂した。

かったので、足利政知は鎌倉に入れなかった。伊豆《いず》の堀越《ほりごえ》にとどまって政務を行った彼は、**堀越《ほりごえ》公方《くぼう》**と呼ばれる。こうして鎌倉公方は分裂し、関東にふたりの公方が並び立つことになった。

同年、幕府から成氏追討を命じられた**斯波義敏《しばよしとし》**が、命令を無視して、自分の領国のトラブル解決のために兵を使うという事件が起きる（45ページ参照）。成氏追討はなかなか進展しなかった。

1459年、現・埼玉県本庄《ほんじょう》市の五《い》十《か》子《こ》で、古河公方足利成氏と、幕府および堀越公方に与《くみ》する両上杉家とのにらみ合いが始まる。それから1477年まで、断続的に戦闘が行われた（**五十子の戦い**）。享徳の乱はひたすら長引いたのだ。

畠山氏と斯波氏の家督争い

管領を輩出する家に将軍義政が介入

1448年	畠山持国、後継者を変更
1449年	足利義政、第8代将軍に
1458年	長禄合戦、始まる

畠山義就と畠山政長

一方、京では1449年、足利義政《あしかがよしまさ》が第8代将軍となっていた。その頃から、管領を輩出する名家のひとつ畠山氏《はたけやまし》で、家督争いが勃発する。後継者候補は、畠山義就《はたけやまよしひろ》（当時は義夏《よしなつ》）と畠山持富《はたけやまもちとみ》。家臣らは二派に分かれて争った。持富が没すると息子の畠山弥三郎《はたけやまやさぶろう》が、弥三郎が没すると弟の畠山政長《はたけやままさなが》が担ぎ出された。

管領の**細川勝元**は弥三郎・政長を支持。将軍足利義政は義就寄りだったが、態度を二転三転させて問題をこじらせた末、義就と敵対した。

畠山氏の家督争い

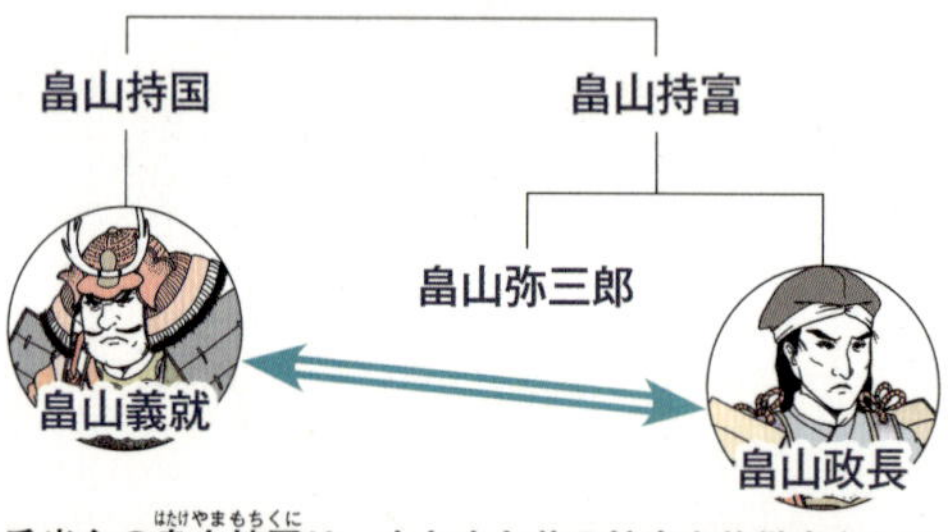
畠山持国
畠山持富
畠山弥三郎
畠山義就
畠山政長

▲畠山氏当主の畠山持国《はたけやまもちくに》は、もともと弟の持富を後継者としていたが、1448年、庶子の義就を後継者として指名し直した。ここから、畠山氏を二分し幕府を巻き込む争いが起こる。管領の細川勝元は、畠山持国のライバルだったので、義就ではなく持富の系統（弥三郎・政長）を支持した。一方、将軍の足利義政は、持国と親しかったため、最初は義就を支持。しかし1460年、義就の傍若無人なふるまいに怒り、足利義政は政長を畠山氏の家督とした。

Point 三管領のうち、畠山氏と斯波氏で家督争いが起こり、将軍や管領を巻き込む争いの火種が生まれた。

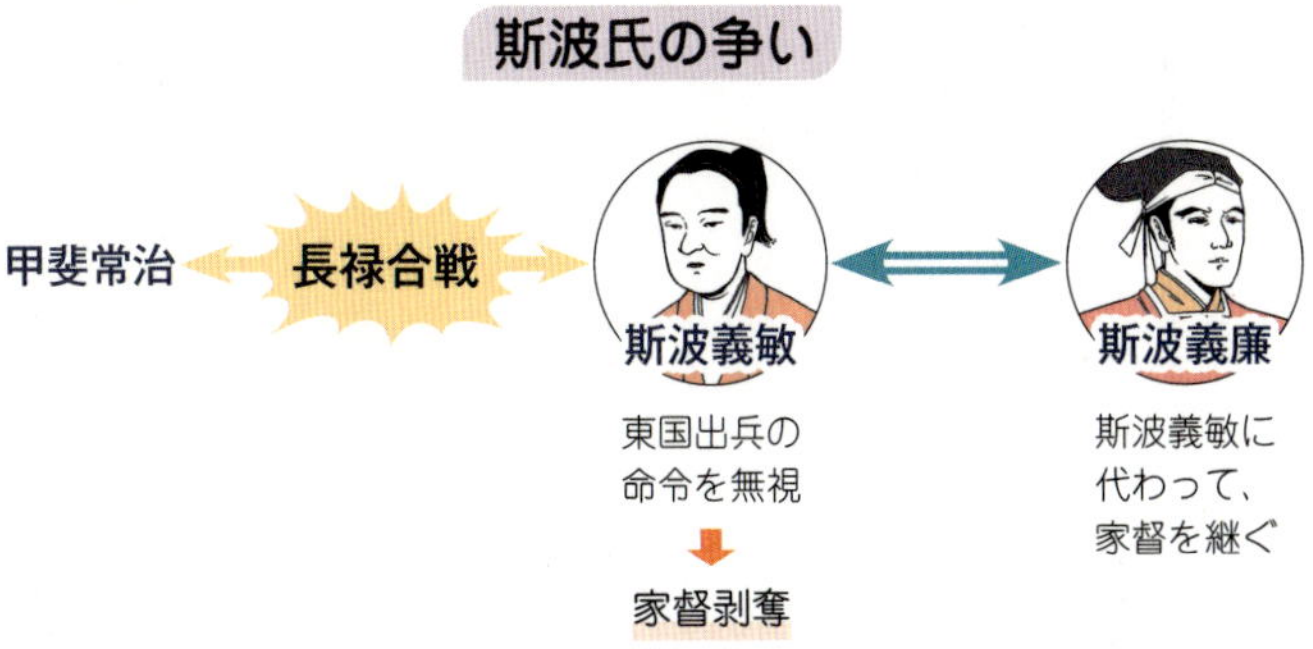
斯波氏の争い
甲斐常治
長禄合戦
斯波義敏
斯波義廉
東国出兵の命令を無視
家督剥奪
斯波義敏に代わって、家督を継ぐ

▲斯波氏はもともと足利一門であり、将軍家に次ぐ家柄だった。これを抑えるため、代々の将軍は、斯波氏の家臣である甲斐氏を直属の部下のように扱い、斯波氏を監視させていた。斯波義敏と甲斐常治の争いで、足利義政が常治を支持したことの裏には、そのような事情もあった。1459年、斯波義敏は甲斐常治に敗れ、周防国《すおうのくに》（現・山口県東部）の大内氏《おおうちし》のもとへ落ち延びる。家督は、足利一門の渋川氏《しぶかわし》出身の斯波義廉が継いだ。

斯波義敏と斯波義廉

同じく管領を出せる名門**斯波氏**《しばし》でも、家督をめぐるトラブルが起きた。

当主の**斯波義敏**《しばよしとし》は、越前《えちぜん》（現・福井県）など三国の守護だったが、１４５８年、越前守護代を任せていた**甲斐常治**《かいじょうち》の反発を受け、**長禄**《ちょうろく》**合戦**という戦いを始めた。ここで、将軍権力の強化をもくろむ足利義政が甲斐常治を支持したため、斯波義敏は将軍と対立する。そして、**足利成氏**追討のための関東出兵を幕府から命じられながら、無視して常治と戦ったのだ（43ページ参照）。

将軍義政はこれをとがめ、斯波義敏から家督を剥奪。１４６１年、足利氏系統の**斯波義廉**《しばよしかど》が家督を継いだが、これも争いの火種《ひだね》になる。

足利義視と文正の政変

将軍家後継者問題は大乱の原因になるのか

１４６４年	義尋、還俗。足利義視に
１４６５年	足利義尚、誕生
１４６６年	文正の政変

将軍家の後継者問題

将軍**足利義政**は、なかなか跡《あと》取りに恵まれなかった。そこで出家していた弟**義尋**《ぎじん》に頼み、後継者になってもらう。１４６４年、義尋は還俗し、**足利義視**《あしかがよしみ》と改名した。しかし翌年、足利義政の妻**日野富子**《ひのとみこ》が男子を出産する。のちの**足利**《あしかが》**義尚**《よしひさ》である。後継者候補がふたりになったのだ。

従来、「義尚を産んだ日野富子が義視を排除しようとし、その将軍家後継問題が、**応仁の乱**の原因になった」と考えられてきた。しかしこれは、近年の研究によって否定されている。足利義政も日野富子も、**「義政の次は義視、その次に義尚」**という路線で考えていたようである。管領職を**畠山政長**に譲ったが実権は握っていた**細川勝元**も、同じ考えだった。

文正の政変

一方、義政側近《そっきん》で義尚の養父である**伊勢貞親**《いせさだちか》は、「義尚を幼少のうちから将軍位に就かせ、政界復帰した**斯波義敏**を管領にしよう」ともくろんだ。１４６６年、伊勢貞親は将軍を動かし、斯波氏の家督と三国の守護職を、斯波義敏に戻

Point 将軍家の後継者問題と、斯波家からの管領人事問題がからみ合った「文正の政変」で、伊勢貞親が失脚した。

有力者たちの思惑

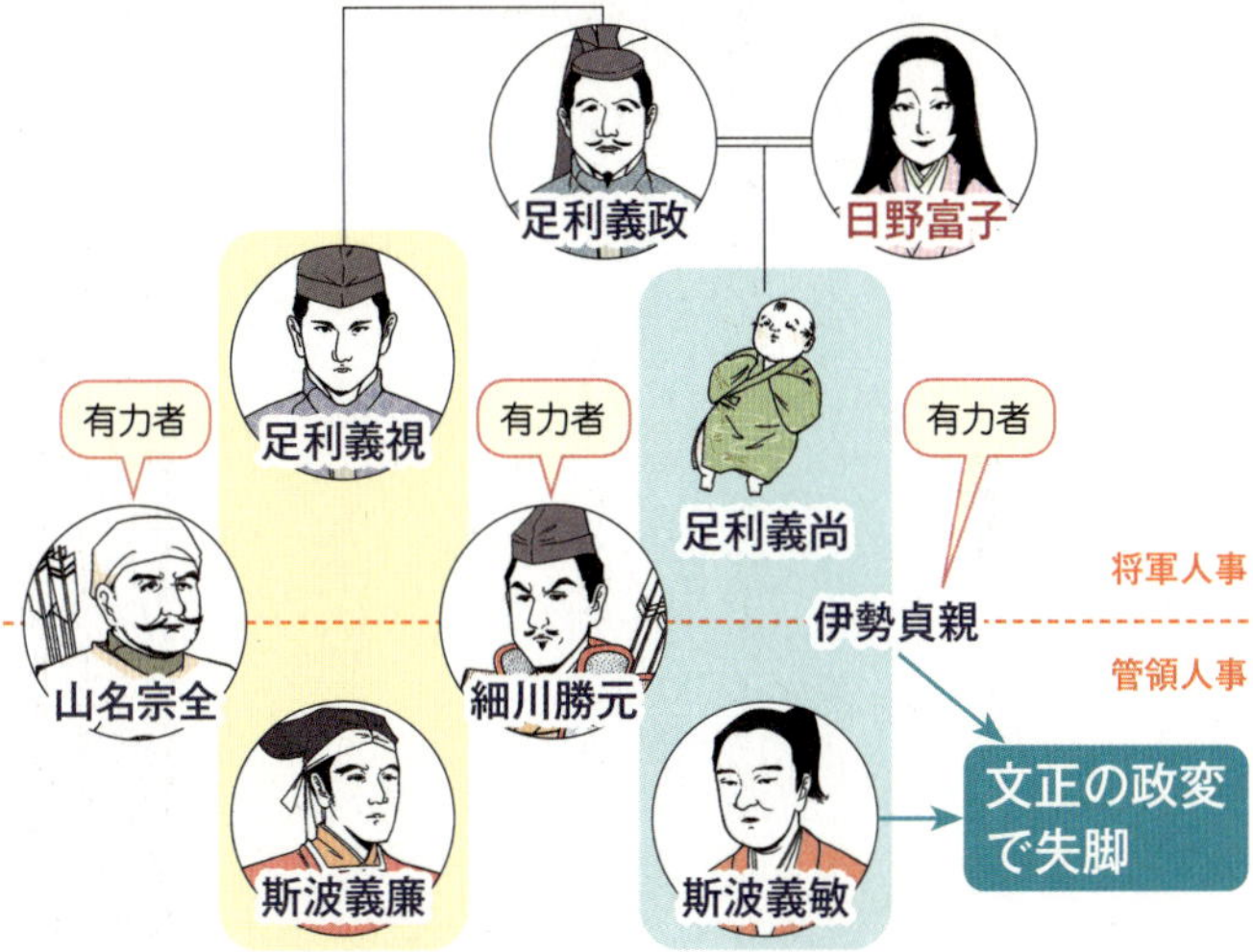

▲伊勢貞親は、足利義尚を将軍にするため、足利義視を排除しようとした。一方、山名宗全は、足利義政との関係が良好でなかったので、早く義政を引退させて足利義視を将軍にしたいと思っていた。細川勝元は、両者の中間で、「義政→義視→義尚」という穏当な流れを考えていた。

させる。さらに「義視が謀反《むほん》を企《くわだ》てている」とでっち上げ、足利義視を陥《おとしい》れようとしたのだった。

それを察知した足利義視は、有力者の**山名宗全《やまなそうぜん》**と細川勝元に助けを求めた。山名宗全は伊勢貞親とは逆に、足利義視を将軍に、自身の女婿《じょせい》（娘の夫）である斯波義廉を管領にしたいと考えていた。

山名宗全や細川勝元は、足利義視の無実を将軍義政に訴《うった》える。その結果、足利義政は義視を信じ、伊勢貞親は地位を追われた。この事件を**文正《ぶんしょう》の政変**という。斯波義敏も伊勢貞親とともに失脚《しっきゃく》し、斯波義廉が守護職を取り戻した。

応仁の乱の勃発

山名宗全が細川勝元の権力に牙をむく

１４６６年	山名宗全、畠山義就を京に呼ぶ
１４６７年	畠山家家督と管領が交代
	御霊合戦

山名宗全、畠山義就を召喚

細川勝元と**山名宗全**は、もともと盟友《めいゆう》だった。しかし、もうひとりの有力者**伊勢貞親**を追い落としたのち、対立が生まれる。新管領**畠山政長**を裏で操る細川勝元の権力がいよいよ大きくなり、山名宗全が危機感を抱いたのである。

山名宗全は突然、畠山政長の宿敵たる**畠山義就**を京に呼び寄せた。当時最強クラスの戦闘力をもつ義就は、河内《かわち》（現・大阪府）や大和《やまと》（現・奈良県）で暴れ回っていたが、宗全はその武力を味方につけ、クーデターを起こしたのだ。

御霊合戦 応仁の乱の始まり

このクーデターで、畠山氏の家督は畠山義就が、管領職は斯波義廉が手に入れた。地位を奪われた畠山政長は憤激《ふんげき》し、畠山義就らと戦うため、上御霊社《かみのごりょうしゃ》に戦陣をかまえた（**御霊合戦**《ごりょうかっせん》）。

足利義政は、山名宗全と細川勝元に「畠山氏の戦いに関与するな」と命じる。勝元は命令を守ったが、宗全と斯波義廉はかまわず兵を出し、畠山義就を勝利に導いた。細川勝元は敗れた畠山政長を匿《かくま》い、山名方に対抗するための味方を集める。１４６７年、**応仁の乱**が始まった。

Point 細川勝元の権力が強大になり、これに対して山名宗全が起こしたクーデターから、応仁の乱が始まった。

応仁の乱勃発時の対立構造

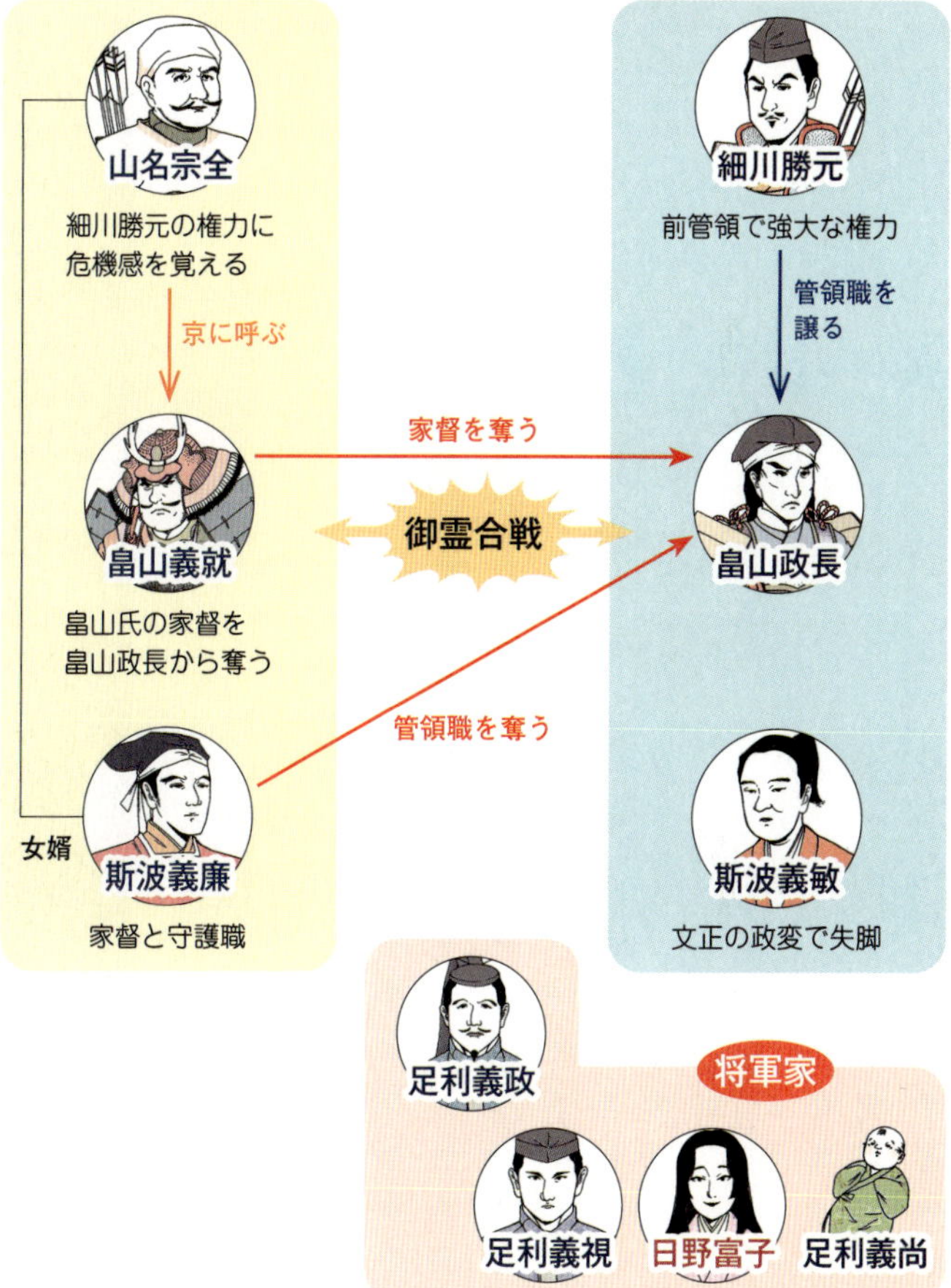

▲細川方が「東軍」、山名方が「西軍」となる。乱が勃発した時点では、「畠山氏の戦いに関与するな」という将軍の命令を守った細川勝元が大義名分をもち、幕府を占領したため、細川方に将軍家の面々が名を連ねることになる。また、当時の後花園上皇《ごはなぞのじょうこう》と後土御門天皇《ごつちみかど》は「花の御所《ごしょ》」（室町幕府の将軍の邸宅）に避難させられたので、やはり細川方だとみなすことができる。

裏切りと策略

ある者は敵軍に走り、ある者は奇策を弄する

１４６７年	東軍、幕府を押さえる
１４６８年	足利義視、西軍に寝返る
１４７１年	朝倉孝景、東軍に寝返る

足利義視、西軍へ

細川勝元の**東軍**は**花の御所《ごしょ》**を占拠し、将軍**足利義政**と足利義視、足利義尚らを押さえて幕府軍となる。これは圧倒的に有利だった。

一方、**山名宗全**の**西軍**は、細川勝元と対立していた西国の大名**大内政弘《おおうちまさひろ》**を味方につけた。大内が大軍を率いて上洛《じょうらく》（京に上ること）すると、西軍は勢いづく。さらに１４６８年、**足利義視**が東軍内で孤立し、京から逃げ出すという事件が起きた。西軍はこの義視を取り込んで総大将にし、戦う大義名分を手に入れた。

細川勝元の裏工作

旗色が悪くなってきた東軍の細川勝元は、強大な兵力をもつ大内政弘を追い返そうと、大内の領国にはたらきかけて反乱を起こさせたりしている。しかし大内氏の本領は、留守を任された重臣が守りきった。

１４７１年、細川勝元は、西軍の斯波義廉の家臣で越前出身の**朝倉孝景《あさくらたかかげ》**に、「東軍に来れば越前の守護に任じよう」ともちかける。朝倉孝景はこれを呑《の》み、東軍に寝返った。武勲赫々《ぶくんかくかく》たる朝倉孝景の合流に、東軍は力を取り戻す。

Point 細川勝元の東軍は幕府軍となったが、のちに足利義視が、山名宗全の西軍に移った。

応仁の乱中期の対立構造

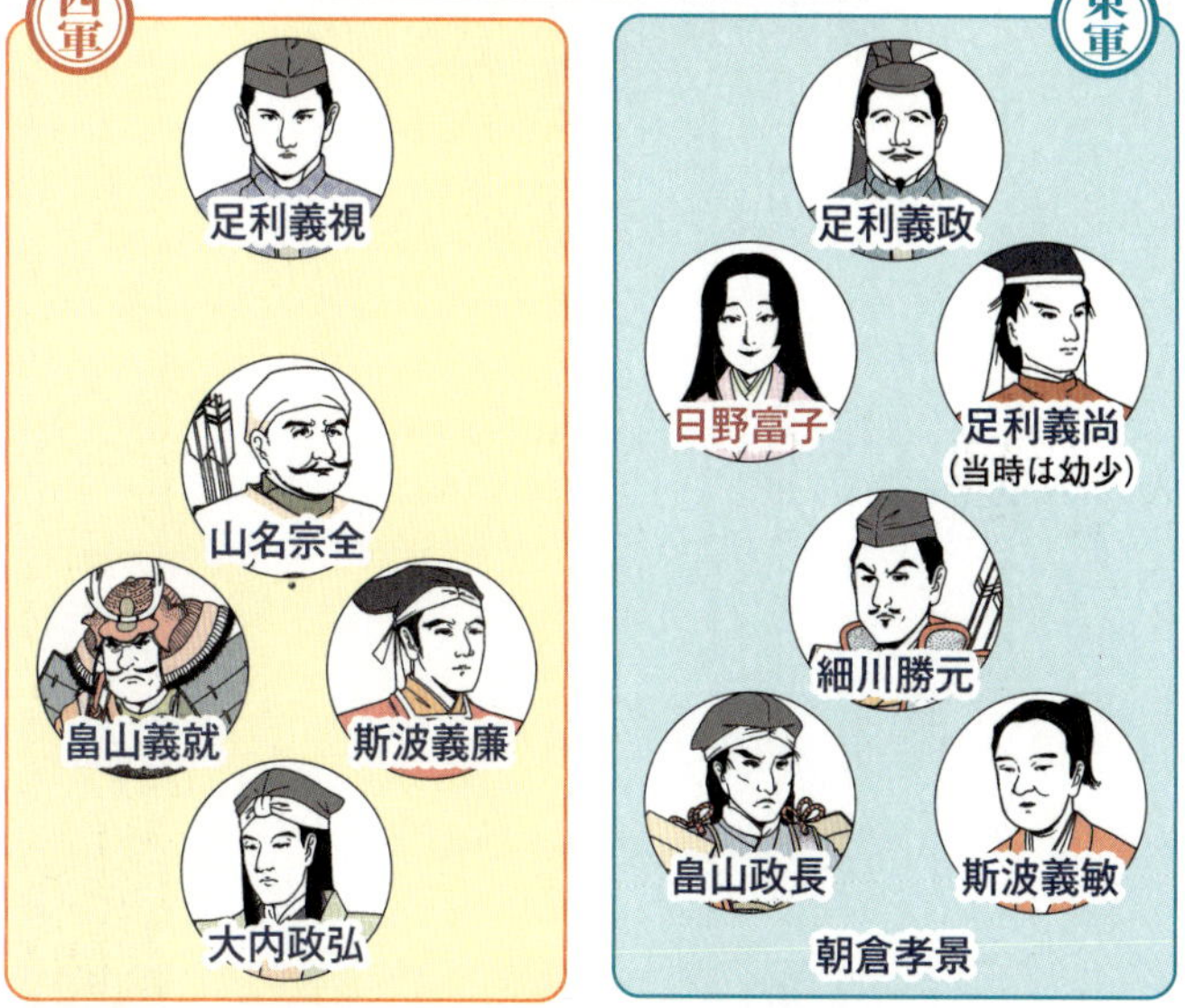

▲中期には、「足利義政・義尚親子の東軍」対「足利義視の西軍」という、ある意味わかりやすい構図になった。西軍は「西幕府」とも呼ばれる。

西陣南帝

再び劣勢になった西軍の山名宗全は、奇手《きしゅ》をくり出した。朝廷が分裂していた**南北朝《なんぼくちょう》時代**（14世紀）の**南朝《なんちょう》**の末裔《まつえい》を自称する人物を連れてきて、東軍の抱える**後土御門《ごつちみかど》天皇**や**後花園上皇《ごはなぞのじょうこう》**に対抗したのである。西軍の「錦《にしき》の御旗《みはた》」とされたこの人物を、**西陣南帝《にしじんなんてい》**という。

ただし、自分自身が西軍の権威であると考える足利義視には、これは面白くなかった。のちに山名宗全が没すると、西陣南帝はあっさり見捨てられることになる。

08 戦いの果てに

不毛な応仁の乱は戦国時代の扉を開いた

1473年	山名宗全と細川勝元、没 足利義尚、第9代将軍に
1477年	応仁の乱、終結

主役退場と将軍交代

京だけでなく各地で戦いが続く中、**山名宗全**と**細川勝元**は疲れ果てていたが、もはや彼らだけで和議をまとめることはできなかった。1473年、宗全と勝元は相次《あいつ》いで病死する。

その年の暮れ、**足利義政**は家督と将軍位を息子の**足利義尚**に譲った。翌年には花の御所を出て、**小川御所**《おがわのごしょ》という邸宅に移っている。もともと将軍位は弟の**足利義視**に譲るつもりだったわけだが、義視は敵方の西軍に移っていたため、たった9歳の義尚に譲ったのである。隠居したようにも見えるが、義政はこのあとも、実際の政務を手放さなかった。

ついに応仁の乱が終結

同じ1474年、細川勝元の跡を継いだ**細川**《ほそかわ》**政元**《まさもと》（当時は聡明丸《そうめいまる》）と、山名宗全の跡を継いだ**山名**《やまな》**政豊**《まさとよ》の間で、ようやく和解が成立した。しかし、乱自体が終わったわけではない。山名一族が東軍に移っただけで、戦いは続いた。

1476年、ついに前将軍足利義政が仲介に乗り出す。降参しても罪を追及しないことを条

Point 細川勝元と山名宗全は乱を終わらせられず、彼らの死後4年も経過してやっと、不毛な戦いは終結した。

応仁の乱年表

1464	足利義政、足利義視を後継者にする
1465	足利義尚、誕生
1466	文正の政変
	山名宗全、畠山義就を京へ呼び寄せる
1467	山名宗全のクーデター
	◆畠山政長、畠山氏の家督と管領職を奪われる
	◆畠山義就、畠山氏の家督を継ぐ
	◆斯波義廉、管領職を得る
	御霊合戦
	応仁の乱、始まる
1467	東軍、幕府を押さえる
	大内政弘、上洛して西軍につく
1468	足利義視が西軍に走り、東西幕府が対立
	全国に戦火が広がる
1471	朝倉孝景、東軍に寝返って越前守護に
1473	山名宗全と細川勝元、没
	足利義尚、第9代将軍に
1474	細川政元と山名政豊、和睦
1476	足利義政、西軍に和睦を勧告
1477	応仁の乱、終結

▲西軍の実質的なトップである山名が東軍に降《くだ》っても、なお数年、乱は続いた。

件に、西軍に和睦《わぼく》を勧告《かんこく》したのだ。**大内政弘**や**足利義視**はこれを受け入れ、諸大名が京から軍を引いていった。乱の最大の原因となった**畠山義就**と**畠山政長**も、終戦ムードの漂《ただよ》う京で戦いつづけられず、1477年、戦場を河内へ移す。こうして応仁の乱は終結した。

戦争の中心地となった京は破壊され、幕府の権威は弱まった。それまで京に住んでいた守護たちは、領国の乱れや**下剋上**《げこくじょう》への心配から、各地へ下ってそこを拠点とするようになった。不毛な戦いは、社会に大きな変化をもたらし、時代は戦国へと進んでいくのだった。

今川氏の家督争い

太田道灌と伊勢宗瑞が東国に登場

1476年 今川義忠、没
上杉政憲と太田道灌の介入
伊勢宗瑞、後継者問題を解決

小鹿範満と上杉政憲・太田道灌

さて、東に目を転じる。**応仁の乱**末期の1476年、駿河の**今川氏**にトラブルが起こっていた。かつて足利持氏・成氏討伐に起用された**今川範忠**の息子、**今川義忠**《いまがわよしただ》が当主となっていたのだが、その義忠が、応仁の乱から派生した戦いに出陣し、戦死してしまったのである。嫡子《ちゃくし》の**今川氏親**《いまがわうじちか》（当時は龍王丸《たつおうまる》）はまだ幼く、一部の重臣は、分家の**小鹿範満**《おしかのりみつ》を対立候補に立てた。

さらにここに、**堀越公方**（**足利政知**）の家臣**上杉政憲**《うえすぎまさのり》が介入し、小鹿範満に今川氏の家督を継がせようとする。小鹿範満の母は、上杉政憲の娘なのである。

今川氏を勢力下に入れることをもくろむ上杉政憲は、強力な切り札をちらつかせた。**扇谷上杉家**の家宰、**太田道灌**《おおたどうかん》（資長《すけなが》）の武力である。この太田道灌は、江ノ島合戦の**太田資清**（41ページ参照）の子で、強力な武将である。小鹿範満を推すこの圧力は大きかった。

今川氏親と伊勢宗瑞

しかしここに、もうひとりの男が現れる。今

Point 応仁の乱末期、駿河今川家の家督争いの場に、太田道灌と伊勢宗瑞というふたりの名将が現れた。

今川氏の家督問題

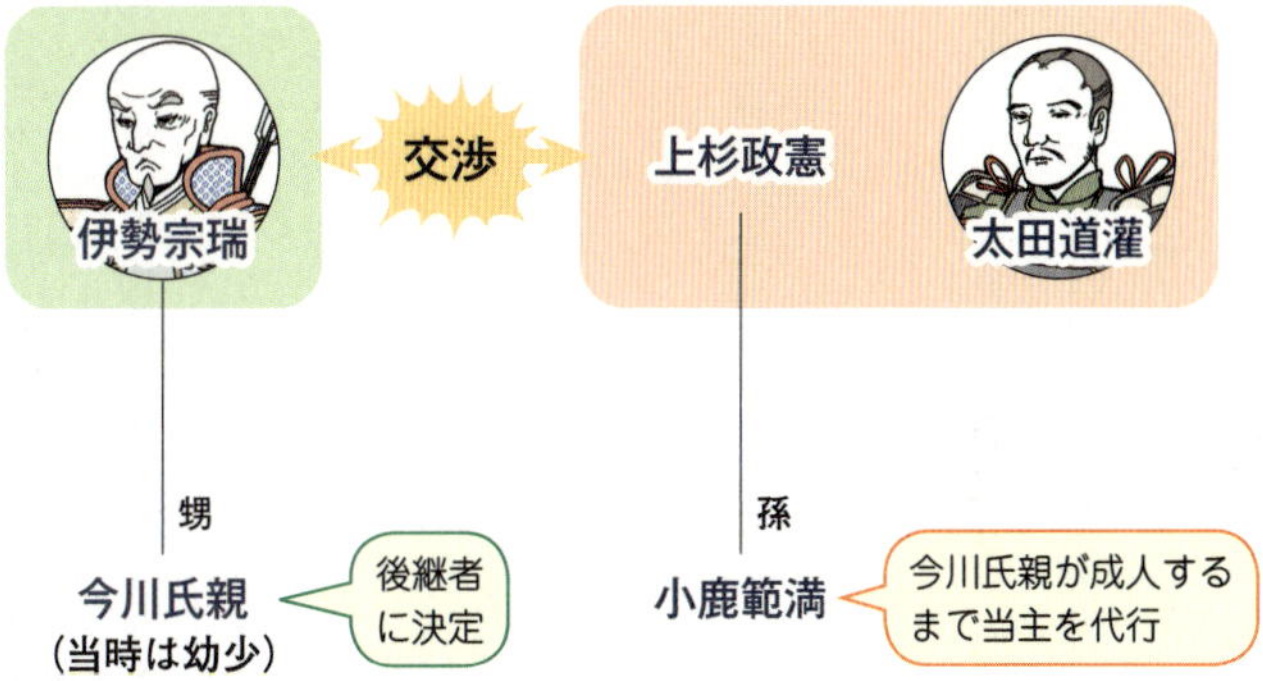
伊勢宗瑞
交渉
上杉政憲
太田道灌
甥
孫
今川氏親
（当時は幼少）
後継者に決定
小鹿範満
今川氏親が成人するまで当主を代行

▲伊勢宗瑞は、京からやってきて、駿河の今川家の家督問題に介入した。このことが10年後、伊勢宗瑞の関東進出の足がかりとなる。74ページ参照。

川氏親の母の兄弟、**伊勢宗瑞**《いせそうずい》。のちに**北条早雲**《ほうじょうそううん》とも呼ばれる武将である（ほかにも名は多いが以下、伊勢宗瑞で統一）。彼は「後継者は今川氏親だが、氏親が成人するまで、小鹿範満が当主を代行する」という折衷案《せっちゅうあん》を出し、見事に争いをまとめた。こうして伊勢宗瑞は、今川氏と東国に対して存在感を示したのである。

　これから戦国武将として活躍するこの伊勢宗瑞については、「正体不明の無名の武士が一代で成り上がった、**下剋上**の代名詞」といった伝説があったが、近年の研究で、もともと高い身分の出身であることがわかっている。**伊勢氏**《いせし》の宗家は、**政所執事**《まんどころしつじ》という幕府の行政機関の長官を輩出する家柄であり、宗瑞はその分家筋の出なのである。彼自身、幕府とのパイプをもっていたと考えられている。

享徳の乱の終結

古河公方がついに幕府と和解する

1476年	長尾景春の乱、始まる
1480年	長尾景春、武蔵国を追われる
1482年	都鄙合体

◉長尾景春の乱と太田道灌の反撃

さて東国といえば、じつはまだ**享徳《きょうとく》の乱**（40～43ページ参照）が続いていた。11年続いた**応仁の乱**も長い戦争だったといわれるが、より早く始まった享徳の乱が、応仁の乱のあともまだ継続しているのだ。さすがに**古河公方**の**足利成氏**もうんざりしてきたところで、動きがあった。

江ノ島合戦や**分倍河原の戦い**で、**山内上杉家**の家宰として足利成氏と戦った**長尾景仲**（41～42ページ参照）の孫の**長《なが》尾《お》景春《かげはる》**が、家宰職を継承できなかったことを不服とし、1476年、上杉に対して反乱を起こしたのである。この**長尾景春の乱**に、上杉方は弱りきった。

しかしここで、**扇谷上杉家**の家宰**太田道灌**が、目覚ましい活躍を見せる。長尾景春に奪われた城を、次々に奪い返していったのだ。

◉都鄙合体

さらに太田道灌は、戦いに疲れた足利成氏と、両上杉家との和解を取りもった。こうして1482年、両者は和解する。

享徳の乱は、足利成氏と上杉氏の戦いである

Point 太田道灌が長尾景春の乱を鎮圧したのち、1454年以来東国で続いてきた享徳の乱が終結した。

享徳の乱と長尾景春の乱

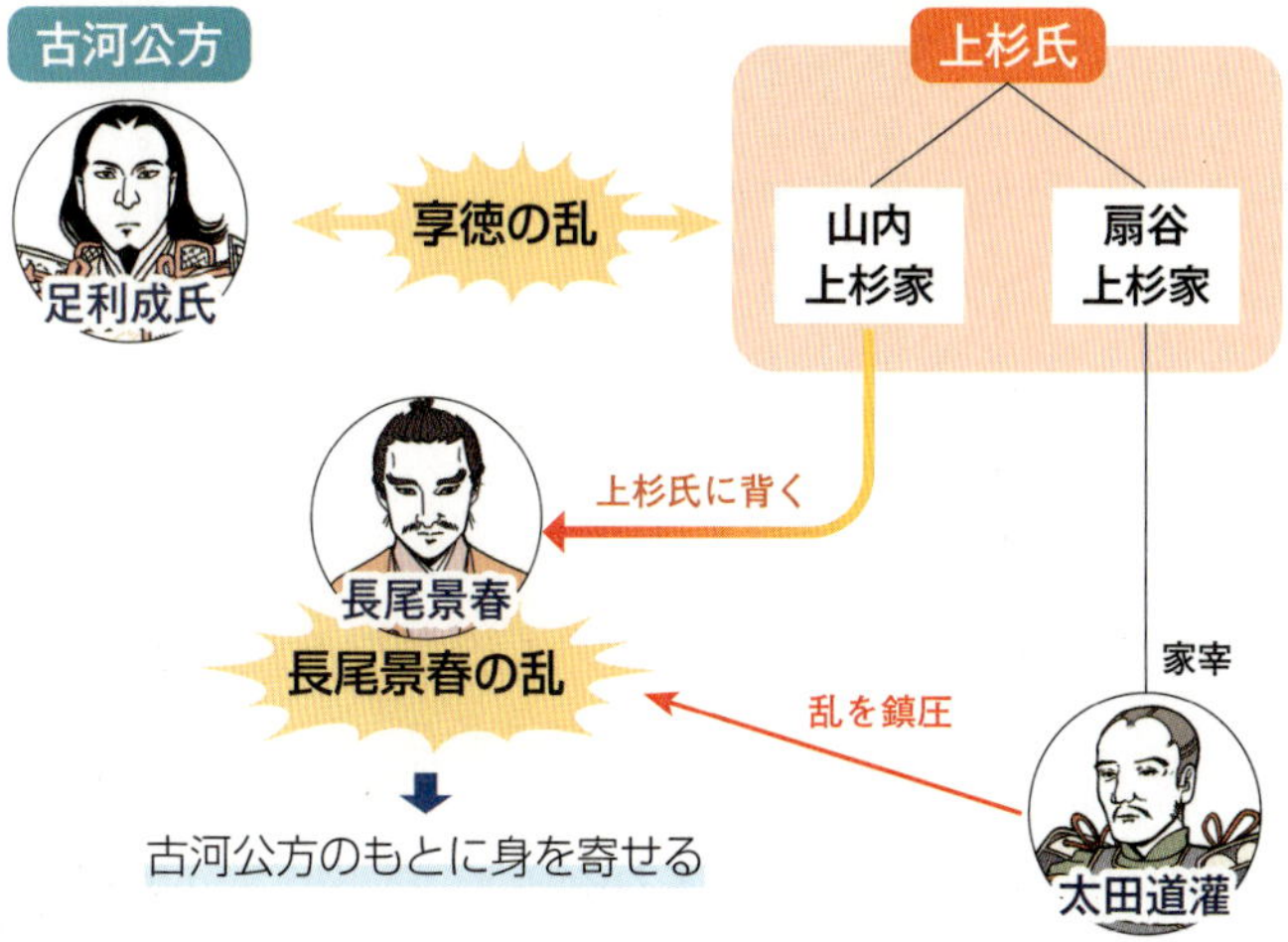

▲長尾景春が主家・上杉氏に対して起こした乱は、四半世紀以上続いてきた「享徳の乱」を終わらせるきっかけになった。なお、ここで活躍した太田道灌は、江戸城（現・東京都千代田《ちよだ》区）を築いた人物としても有名である。

と同時に、足利成氏と幕府の戦いでもあった。両上杉家は大義名分としては、幕府の命を受けて古河公方と戦っていたのである。それが和解に至ったことは、**幕府と古河公方の和解**を意味する。都（京）にある幕府と、鄙《ひ》（地方）の古河公方が手を結んだという意味で、この出来事を**都鄙合体**《とひがったい》と呼ぶ。

以後、幕府は古河公方が周辺を実効支配することを追認した。古河公方のほうも、幕府から派遣された**堀越公方**が伊豆を支配することを認めた。このようにして、とうとう享徳の乱は終わったのである。

COLUMN 2

「戦国武将」の先駆け

応仁の乱は、戦国時代の発端《ほったん》とされることが多い。たしかに応仁の乱には、**下剋上**を体現する**戦国武将**の先駆けのような人物が登場している。

そのひとりが、**朝倉孝景**（50ページ参照）である。西軍屈指《くっし》の武力の持ち主たる彼は、細川勝元に引き抜かれて東軍に移り、その見返りに越前守護の地位を手に入れた。そしてかつての主家にして守護だった斯波氏や、守護代だった甲斐氏を抑え、見事に越前をほぼ平定する。以後の戦国時代、越前といえば朝倉氏の国である。

もうひとり注目したいのは、西軍に属していた美濃国《みののくに》（現・岐阜県）守護**土岐成頼**《ときしげより》の家臣、**斎藤妙椿**《さいとうみょうちん》。彼自身は守護にも守護代にもならないが、応仁の乱の中で八面六臂《はちめんろっぴ》の活躍を見せる。美濃の国内を平定し、土岐氏を上回る勢力を築いただけでなく、西軍の主力となって各地へ出兵して勝利を収めたり、和睦の調停を行ったりした。

応仁の乱での戦闘のあり方も見ておこう。この頃には、**足軽**《あしがる》と呼ばれる兵士が戦力の中心を担うようになった。足軽とは、馬に乗らない雑《ぞう》兵《ひょう》のことで、身分のある武士のように甲冑《かっちゅう》などを装備しておらず、その分だけ身軽に行動できた。彼らが戦力化したということは、個人戦から集団戦への移行を意味し、その傾向は戦国時代に引き継がれた。

第3章

群雄割拠の時代の始まり

前代未聞の自治 山城国一揆

戦いをやめない両畠山を駆逐した

1477年	応仁の乱、終結
1485年	山城国一揆、結成される
1493年	山城国一揆、崩壊

政務にしがみつく足利義政

この章では、**応仁《おうにん》の乱**・**享徳《きょうとく》の乱**のあとから、15世紀末頃までの畿内・西国・東国を見ていく。

京の幕府では応仁の乱ののちも、将軍職から引退したはずの**足利義政《あしかがよしまさ》**が政治を行っていた。義政は俗に「政治に興味のない文化人」だといわれているが、そのイメージは正確ではない。政治の才能はなく、気まぐれな性格も災《わざわ》いして混乱ばかり招《まね》いたが、彼は彼なりに意欲的に、幕府の力と権威を取り戻そうとしていたのだ。

しかし彼の息子の新将軍**足利義尚《あしかがよしひさ》**も成長し、執政《しっせい》への意志を見せはじめて、両者は対立した。1481年、義政が**小川御所《おがわのごしょ》**を出て、翌年に義尚が小川御所に入る。形式上、父から子へ政務が受け継がれたが、以後も義政は、義尚やその母**日野富子《ひのとみこ》**の政治に干渉しつづけた。

山城国をだれが支配するか

そんな幕府は、財政再建のため、手近な山城《やましろの》国《くに》（現・京都府南部）からの収入を増やそうともくろんだ。そこで活躍を期待されたのが、1477年に管領、翌年には山城守護に就任した

Point 戦いつづける畠山政長と畠山義就に対し、山城国の国人が一揆を結成して撤兵を要求、8年間自治を行った。

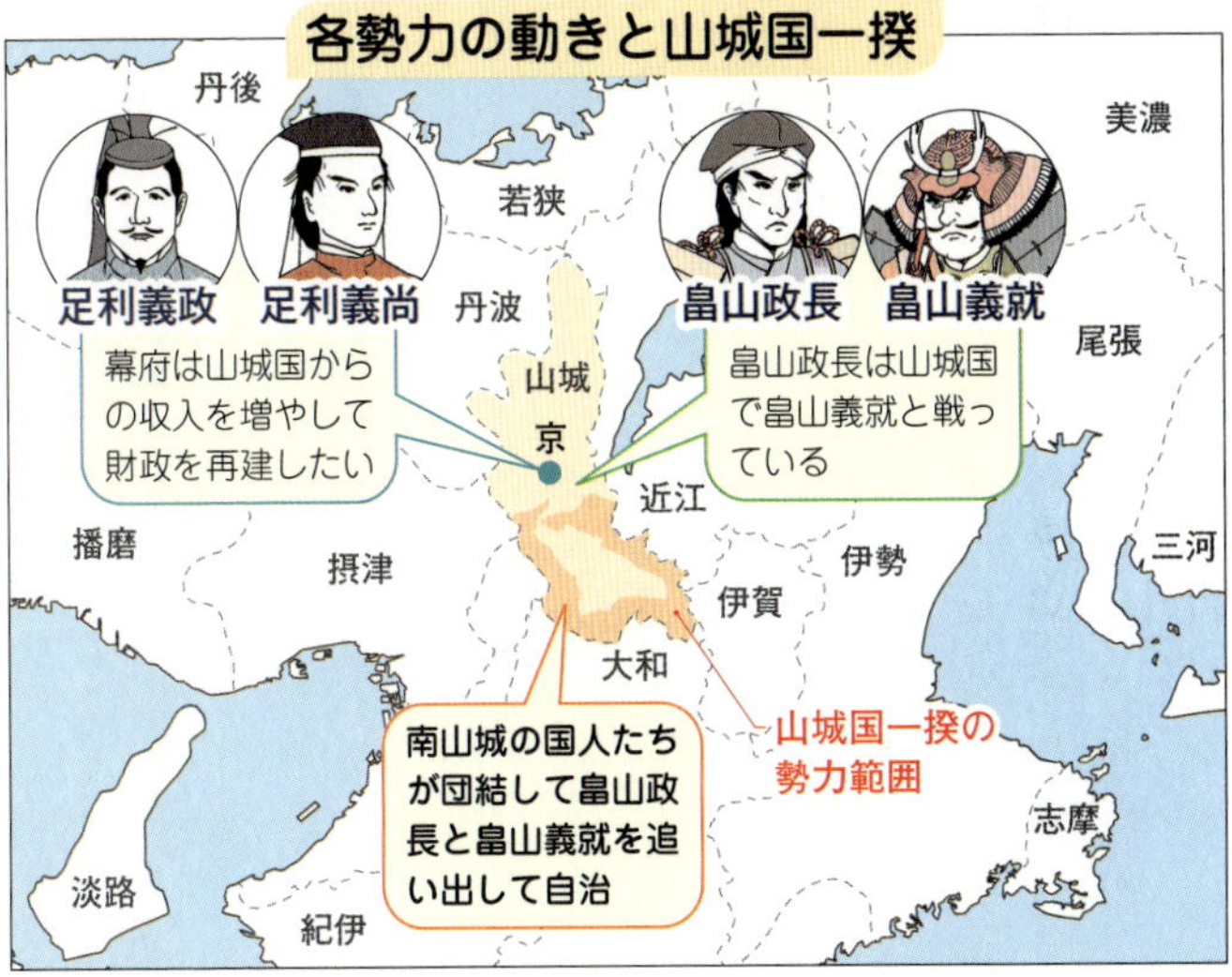

▲山城国は、地理的には京を含む国である（行政は別枠）。山城国一揆は、京の都のすぐ近く、南山城で起こった。

畠山政長《はたけやままさなが》である。しかし彼は、応仁の乱以降も宿敵**畠山義就**《はたけやまよしひろ》との戦いに手いっぱいだった。幕府は業《ごう》を煮《に》やし、政長を解任して山城国を直轄地《ちょっかつち》にするなど手を打つも、成果が上がらない。畠山氏どうしの戦いで、山城はさらに荒廃していった。

そこで立ち上がったのは、南山城の**国人**《こくじん》（地元の武士）たちだった。1485年、彼らは団結して両畠山に撤退を要求。**山城国一揆**《やましろのくにいっき》の結成である。両畠山はこの圧力に負け、南山城から立ち退《の》いた。

1486年、山城の国人らは**国中掟法**《くにじゅうおきて》なるルールを制定し、**惣国**《そうこく》という機関を設《もう》けて自治を始める。幕府のすぐ近くで生じた、地元民による前代未聞の自治は、8年間継続した。

足利義尚の六角征伐

権威回復をめざした若き将軍の末路

1487年	足利義尚、六角征伐に出陣
	鈎の陣に長期滞在
1489年	足利義尚、没

若き将軍・義尚の出陣

1487年、近江国《おうみのくに》（現・滋賀県）に領地をもつ**奉公衆**《ほうこうしゅう》（26ページ参照）が、「近江守護の**六角高頼**《ろっかくたかより》が、応仁の乱以降の混乱に乗じて、私たちの領地を奪っているのです」と将軍**足利義尚**に訴えた。

義尚は、将軍としての存在感を示すため、自ら六角征伐《せいばつ》に乗り出す。六角高頼が横領《おうりょう》した寺社の領地を取り戻すことも、出兵の大義名分とされた。軍を率《ひき》いて出陣する若き将軍の姿に、京の人々は感激したということだ。

鈎の陣

最初の戦いで、足利義尚は勝利を収める。すると六角方は、すぐに退却《たいきゃく》してゲリラ戦術を展開した。そんな戦いにわざわざつき合う必要はないのだが、義尚は京に戻らず、近江に陣を張りつづけた。

義尚の狙いはふたつあった。ひとつは、将軍親衛隊である奉公衆との絆《きずな》を強めること。もうひとつは、いまだにうるさく政治に口を出してくる父**足利義政**の影響を排除すること。義尚は鈎《まがり》（現・滋賀県栗東《りっとう》市）に長期滞在し、そこで

Point 足利義尚は、将軍としての求心力を得るために近江の六角高頼を攻めたが、長期在陣中に没した。

六角征伐の鈎の陣

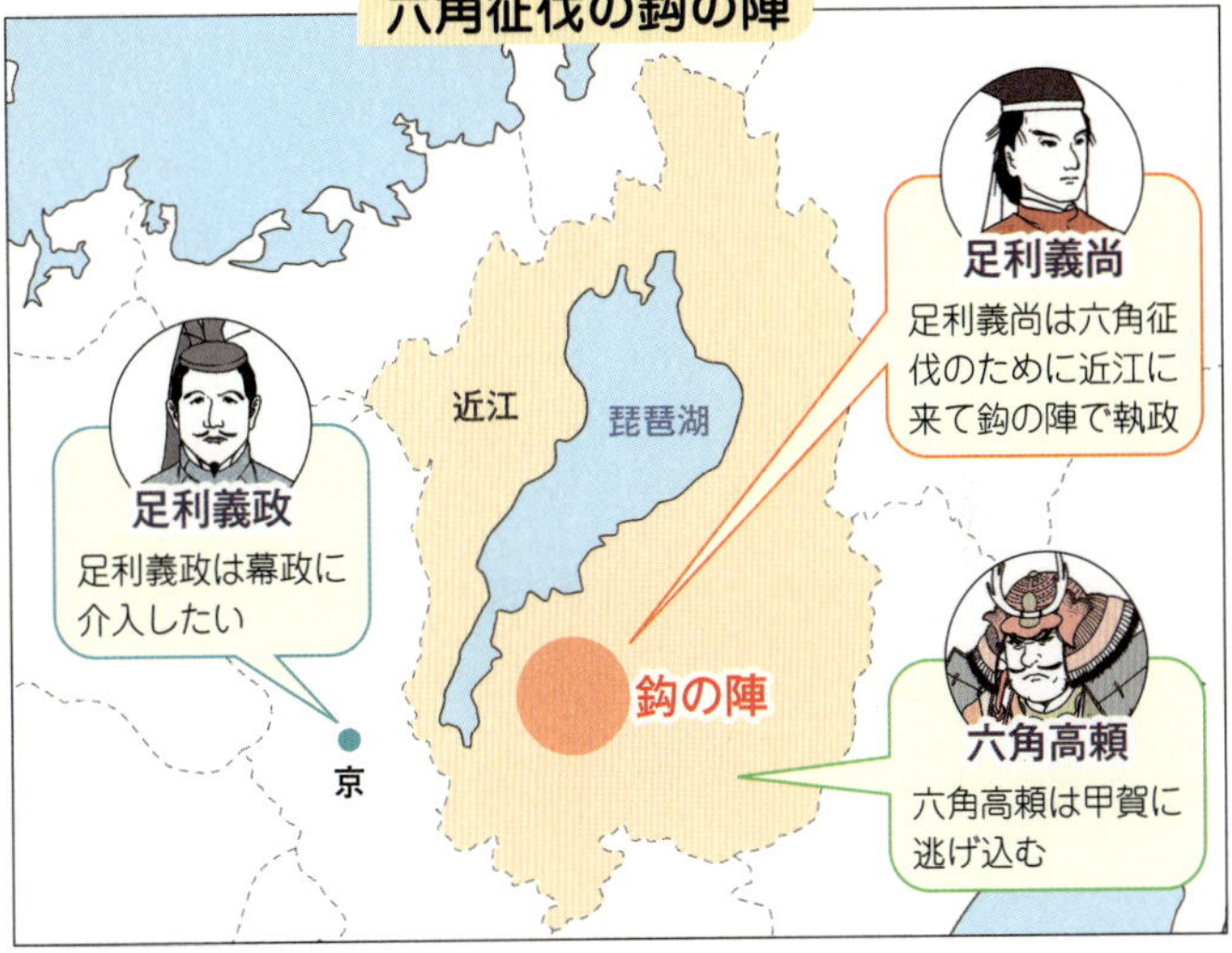

▲足利義尚が鈎の陣で没すると、六角征伐は中止になる。その後、六角高頼は許されて近江守護に復帰するが、領地をめぐってまたトラブルが起こり、1491年にまた征伐の対象とされる（69ページ参照）。

政務を執《と》った（**鈎《まがり》の陣**）。

将軍と側近はそれでよいかもしれないが、同行した諸将は、在陣を無駄に長引かせたくはない。特に、当代きっての名門・細川氏の当主**細川《ほそかわ》政元《まさもと》**は、長期在陣に強く反対し、足利義尚に撤退を勧めた。

しかし、足利義尚は京に戻らなかった。将軍側近と大名たちの関係が悪化しても近江にとどまり、酒に溺《おぼ》れていたという。

1489年、足利義尚は病気になってしまう。彼はそのまま陣中で没した。幕府軍は結局、六角高頼を討つことができないまま、むなしく京へ戻っていった。

加賀の一向一揆

本願寺門徒を中心とした民衆の自治

1471年	本願寺の蓮如、吉崎に下向
1488年	富樫正親、自害に追い込まれる
1580年	加賀の一向一揆、崩壊

北陸の一向宗の恐るべき力

少しさかのぼるが、**応仁の乱**以降、北陸では**本願寺**《ほんがんじ》の**一向宗**《いっこうしゅう》（35ページ参照）門徒が力をつけていた。本願寺の8代法主《ほうしゅ》**蓮如**《れんにょ》が、他宗からの攻撃や応仁の乱から逃れて、1471年に越《えち》前《ぜん》の吉崎《よしざき》へやってきたからである。蓮如はここに**吉崎御坊**《よしざきごぼう》を築いて布教の拠点とし、やがて、越前から加賀《かが》（現・石川県南部）、越中《えっちゅう》（現・富山県）まで広がる一大勢力を作り上げた。

加賀国守護の一族**富樫氏**《とがしし》の**富樫政親**《とがしまさちか》は、応仁の乱と連動した家督争いの中で、一向宗門徒や国人たちと手を結び、その力を利用した。そうして富樫氏の当主となり、加賀守護の地位も手に入れた政親だったが、一向宗のもつ恐るべき力を思い知り、抑えることを考えるようになる。

そして富樫政親は1487年、**足利義尚**の六角征伐に参加した。一向宗に対抗していくために、幕府にすり寄ろうと考えたのだった。

「百姓のもちたる国」

しかし富樫政親は、**鈎の陣**でひとつの知らせを受けた。一向宗門徒が国人と手を結び、政親

Point 加賀では守護の富樫政親に対し、一向宗門徒と国人が手を組んで蜂起、一向一揆を結成して自治を確立した。

本願寺の蓮如と加賀の一向一揆

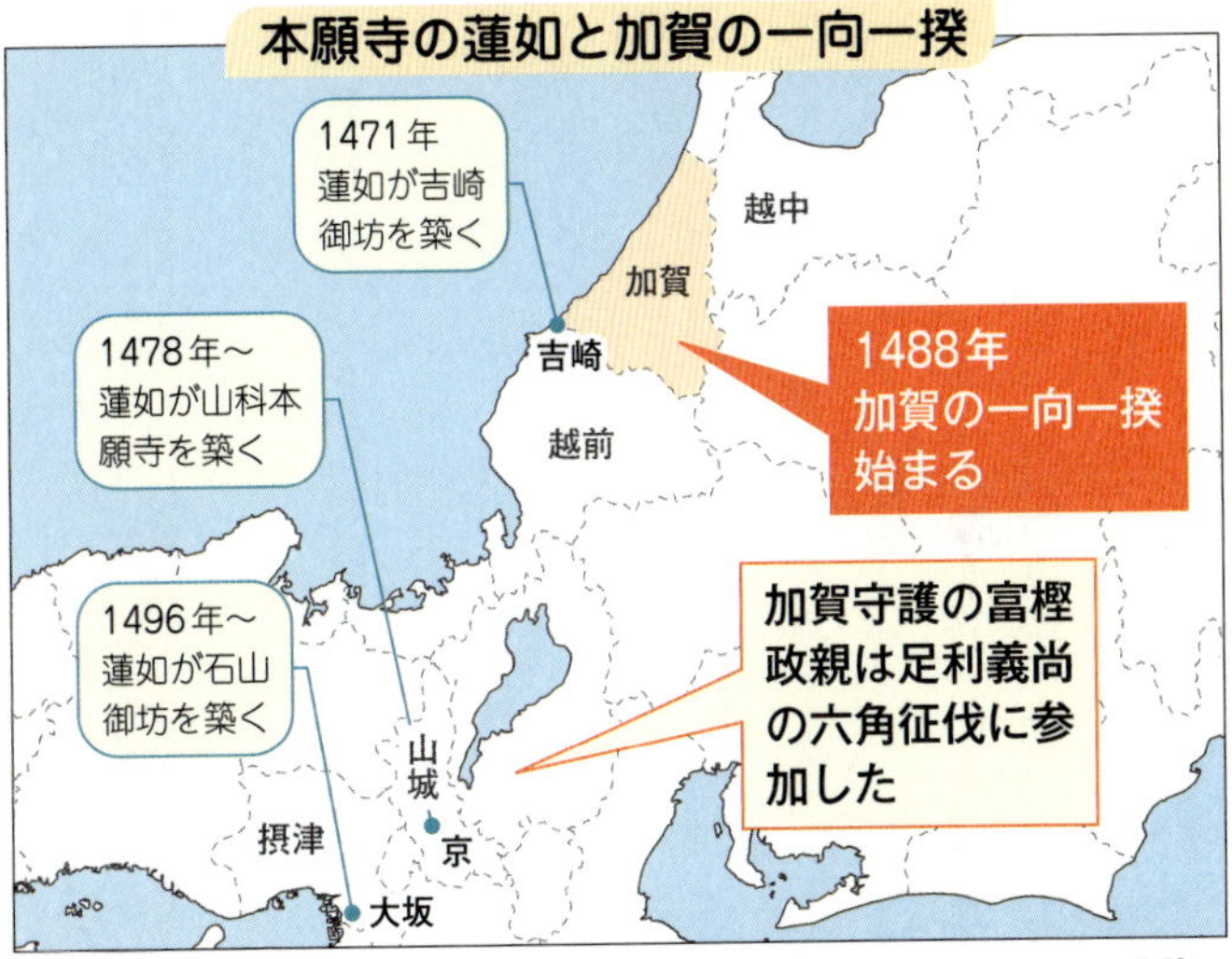
1471年
蓮如が吉崎御坊を築く
1478年〜
蓮如が山科本願寺を築く
1496年〜
蓮如が石山御坊を築く
越中
加賀
吉崎
越前
1488年
加賀の一向一揆始まる
加賀守護の富樫政親は足利義尚の六角征伐に参加した
山城
京
摂津
大坂

▲蓮如は1475年には吉崎から退去していたが、一向宗は、加賀を中心に北陸で急激に門徒を増やした。これに国人が結びつき、加賀の一向一揆が起こった。

に反旗《はんき》を翻《ひるがえ》したというのである。鈎の陣の長期化で、政親の戦費がかさんだことにより、国人の財政負担が増え、反感を買ったのだ。富樫政親は急いで加賀へ戻る。しかし居城《きょじょう》を大軍に攻められ、自害に追いやられた。こうして一向宗門徒は、加賀を制圧したのだった。

この**加賀の一向一揆**は、富樫氏から**富樫《とがし》泰高《やすたか》**を擁立し、蓮如の3人の子によって自治を継続した。その支配は約100年にわたり、「**百姓のもちたる国**」とも呼ばれる。

すでに北陸から離れていた蓮如は、政治力や武力を行使する一向一揆に対しては批判的だった。彼は1496年、摂津国《せっつのくに》（現・大阪府北部など）に**石山御坊《いしやまごぼう》**を築く。これがのちに、**石山本願寺《いしやまほんがんじ》**となるのである。

長享の乱の勃発

東国では山内上杉家と扇谷上杉家が激突

太田道灌の暗殺と乱の始まり

その頃関東では、**上杉氏**《うえすぎし》の中で争いが生じていた。**享徳の乱**の間は協力して**古河公方**《こがくぼう》の**足利成氏**《あしかがしげうじ》と戦っていたわけだが、乱が終わってみると、**太田道灌**《おおたどうかん》を擁する**扇谷上杉家**《おうぎがやつうえすぎけ》が力を伸ばしており、宗家の**山内上杉家**《やまのうちうえすぎけ》が焦《あせ》ったのである。

山内上杉家の当主で**関東管領**の**上杉顕定**《うえすぎあきさだ》は、扇谷上杉家当主で相模国《さがみのくに》（現・神奈川県）守護の**上杉定正**《うえすぎさだまさ》を騙《だま》し、太田道灌を殺させた。そして１４８７年、山内上杉家は扇谷上杉家を襲撃。両上杉家の戦いである**長享の乱**《ちょうきょうのらん》が始まった。

両上杉家の対立の始まり

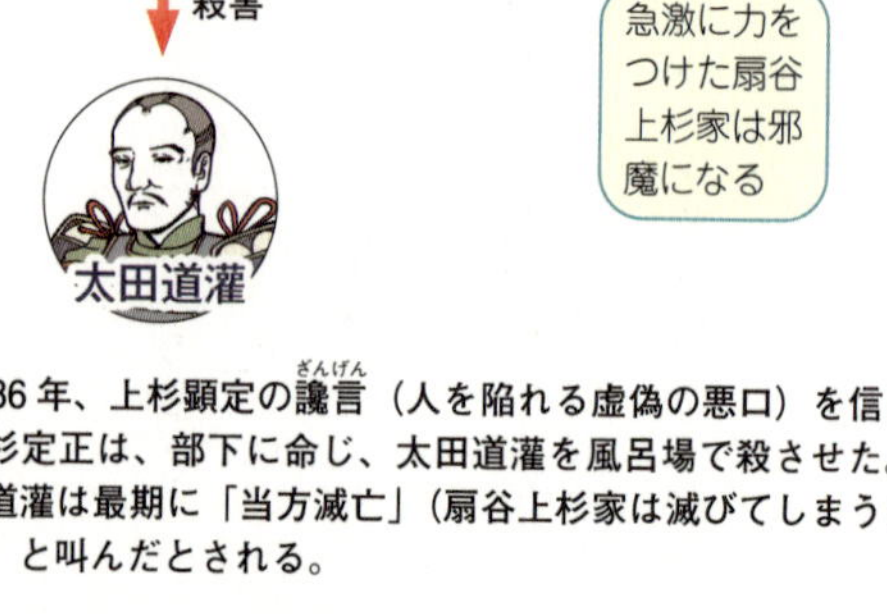

▲1486年、上杉顕定の讒言《ざんげん》（人を陥れる虚偽の悪口）を信じた上杉定正は、部下に命じ、太田道灌を風呂場で殺させた。太田道灌は最期に「当方滅亡」（扇谷上杉家は滅びてしまうだろう）と叫んだとされる。

１４８６年	太田道灌、暗殺される
１４８７年	長享の乱、始まる
	伊勢宗瑞、小鹿範満を討つ

Point 東国では、力をつけた扇谷上杉家と山内上杉家が戦う長享の乱が始まり、同時に伊勢宗瑞も台頭してきた。

伊勢宗瑞と今川氏

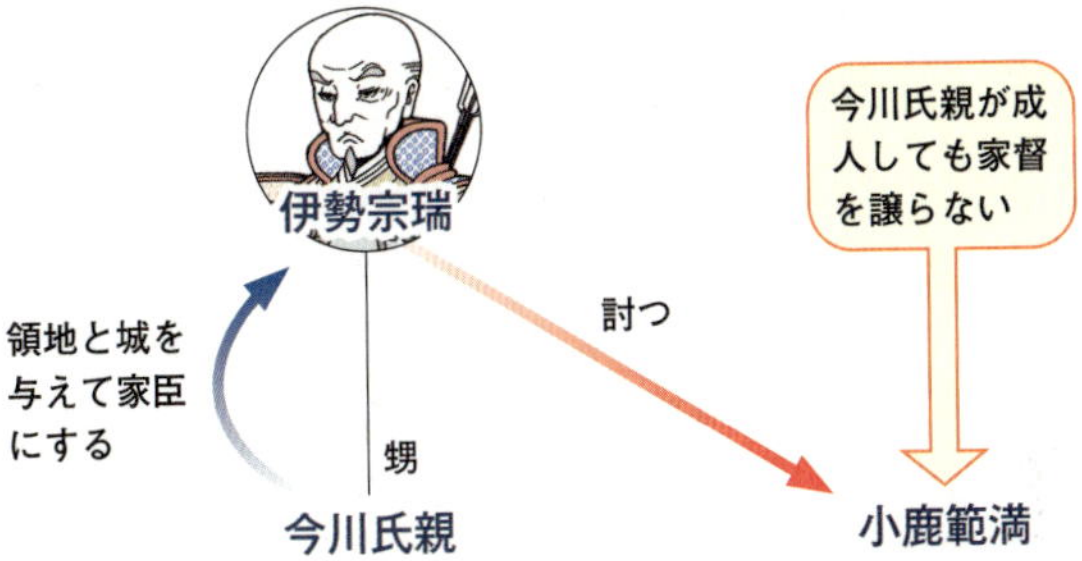

▲駿河の今川氏の当主を代行していた小鹿範満にとって、後ろ盾は太田道灌の武力だった。関東で太田道灌が暗殺されたことは、小鹿範満が支援を失うことを意味した。駿河では、伊勢宗瑞をはじめとする今川氏親派が、小鹿範満に対してクーデターを起こす。伊勢宗瑞は、小鹿範満を討って今川氏親の家督継承を助けた功績により、領地と城を与えられ、今川氏の家臣として関東へ進出する道を開いた。

伊勢宗瑞の東国進出

同年、**伊勢宗瑞**《いせそうずい》が、再び東国駿河の**今川氏**《いまがわし》のもとへやってきた。彼の甥の**今川氏親**《いまがわうじちか》が成人する歳になったというのに、**小鹿範満**《おじかのりみつ》が10年前の約束（55ページ参照）を守らず、当主の座にとどまっていたからである。

伊勢宗瑞は兵を集め、小鹿範満を討った。今川氏親は家督を継承し、伊勢宗瑞には、今川氏から領地と城が与えられた。

こうして伊勢宗瑞は今川氏の家臣となり、ここを足がかりに関東へ進出していく。彼はのちに、長享の乱を戦う両上杉家ともかかわることになる。上杉、今川、そして伊勢宗瑞を祖とする**北条氏**《ほうじょうし》は、戦国時代の東国の主役たちである。

足利義材の登場

義尹・義稙と名を変えつつ浮き沈みする将軍

１４８９年	足利義視と義材、美濃から上洛
１４９０年	足利義材、第10代将軍に
１４９１年	足利義材、六角征伐

足利義材、将軍に

足利義尚が現役将軍のまま１４８９年に没すると（63ページ参照）、当面の政務は**足利義政**が執れるとはいえ、次期将軍を決めなければならなくなった。屈指の有力者**細川政元**は、足利義政の異母兄で東国に下って**堀越公方**《ほりごえくぼう》となっていた**足利政知**《あしかがまさとも》（42ページ参照）の子、**足利義澄**《あしかがよしずみ》（当時は僧籍《そうせき》で清晃《せいこう》と名のっていた）を推す。

しかし**日野富子**は、**足利義視**《あしかがよしみ》と自分の妹との間の子どもである**足利義材**《あしかがよしき》を将軍にと主張した。足利義政もこれに同調し、応仁の乱以後美濃《みの》にいた足利義視・義材が京に呼ばれた。そして１４９０年に足利義政が没したのち、足利義材が第10代将軍に就任。父の義視が実権を握った。

孤立と六角征伐

しかし、足利義視・義材父子と日野富子との関係には、すでに亀裂が入っていた。

日野富子は、足利義澄を支持していた細川政元の顔を立てるため、今は亡き足利義政・義尚や自分の邸宅だった**小川御所**を、足利義澄に譲った。しかし、将軍位の象徴のようになってい

Point 足利義尚と足利義政の死後、足利義視の息子の足利義材が将軍となったが、幕政の中ですぐに孤立した。

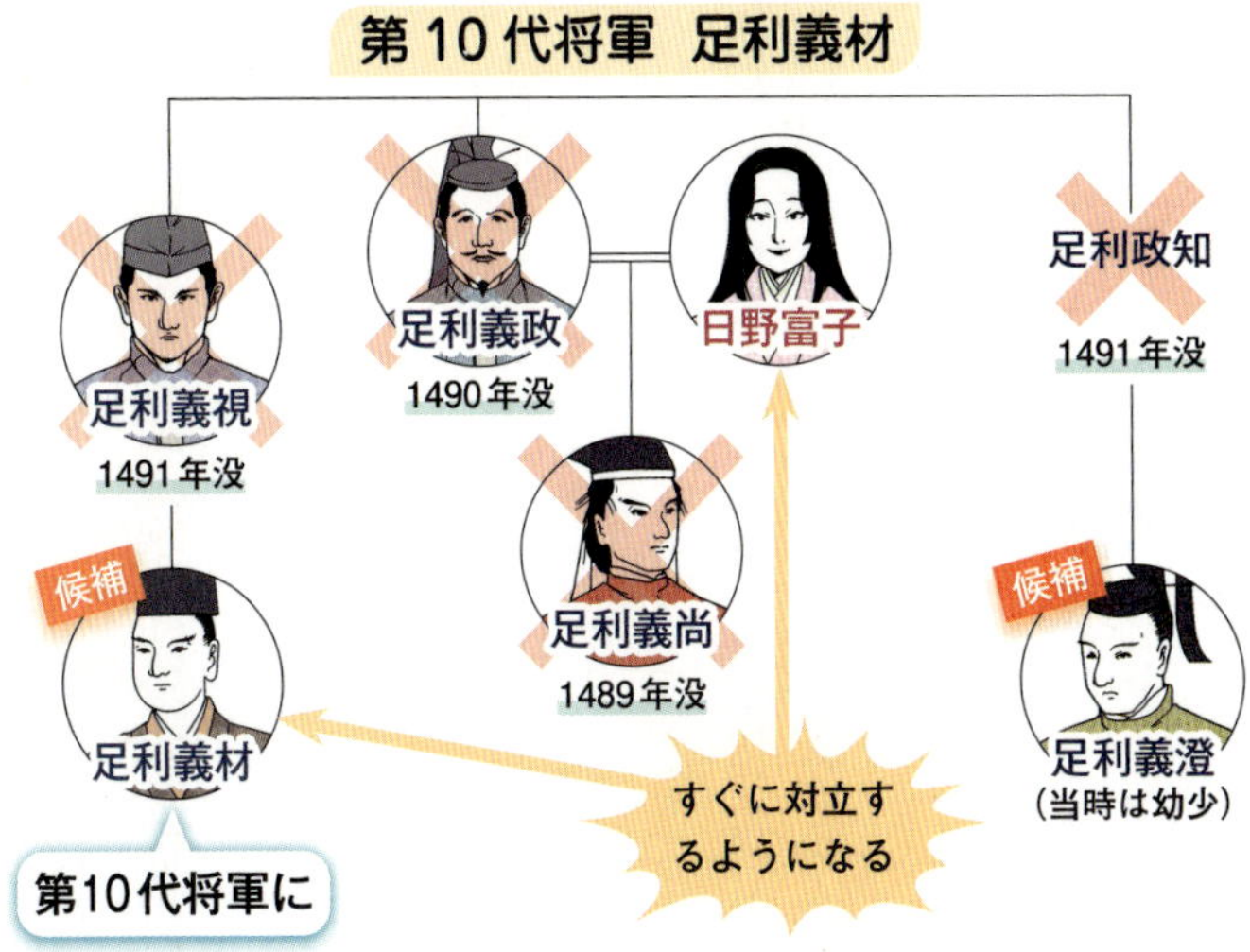

▲足利義材は、幕府の実力者である細川政元らとも対立し、将軍になっても孤立していた。ちなみに、足利義材はこののち義尹《よしただ》、義稙《よしたね》と改名する（本書ではそのたびに明記する）。

た小川御所が義澄の手に渡るのは、足利義視・義材にとって面白くない。義視は、足利義澄が入居する前に小川御所を打ち壊した。もちろん日野富子は怒り、義視・義材と敵対するようになる。

1491年には、足利義視が没した。孤立した足利義材は、求心力を高めるため、前将軍足利義尚が失敗した**六角高頼**の征伐に乗り出した。この近江親征《しんせい》（君主自ら戦争に赴《おもむ》くこと）は成功を収める。

足利義材は勢いに乗り、河内に兵を出すことを決めた。これは**畠山政長**の要請を受けてのことである。河内では、前年に**畠山義就**が没し、息子の**畠山義豊**《はたけやまよしとよ》（当時は基家《もといえ》）が跡を継いでいた。これを攻めて、幕府の支配下に置こうというのだ。

1493年～1494年

06

真のクーデター 明応の政変

将軍権威を失墜させた中央政権での下剋上

1493年	足利義材、河内へ出陣
	足利義材、越中へ逃亡
1494年	足利義澄、第11代将軍に

クーデターと幕府の分裂

1493年、将軍**足利義材**は、**畠山政長**らとともに河内へと出陣した。しかし、この留守の間にとんでもないことが起こる。京に残った**細川政元**と**日野富子**が、足利義材に敵対する者どうしで手を組んで、**足利義澄**を将軍に擁立し、京を制圧したのだ。**明応《めいおう》の政変**である。

これを知った河内出兵組は、次々に足利義材を見捨てて京に戻った。クーデターを起こしたメンバーの実力ゆえのことでもあるし、もともと河内攻めに大義名分がなかったからでもある。

敵地に取り残された畠山政長は、攻められて自害に追い込まれた。足利義材は捕らえられ、しばらく幽閉されるも、やがて脱出し、畠山政長の領国だった越中へと逃れる。彼は「自分こそが本当の将軍だ」と主張し、今さらながらある程度の支持も集めて、**越中《えっちゅう》公方《くぼう》**と呼ばれた。足利義澄と足利義材、**ふたりの将軍が並び立ち、幕府が分裂した**とする見方もある。

明応の政変の意味

近年の研究では、この明応の政変が戦国時代

Point 足利義材の河内出兵中、細川政元と日野富子らが足利義澄を将軍に擁立。義材は越中へ逃亡した。

明応の政変

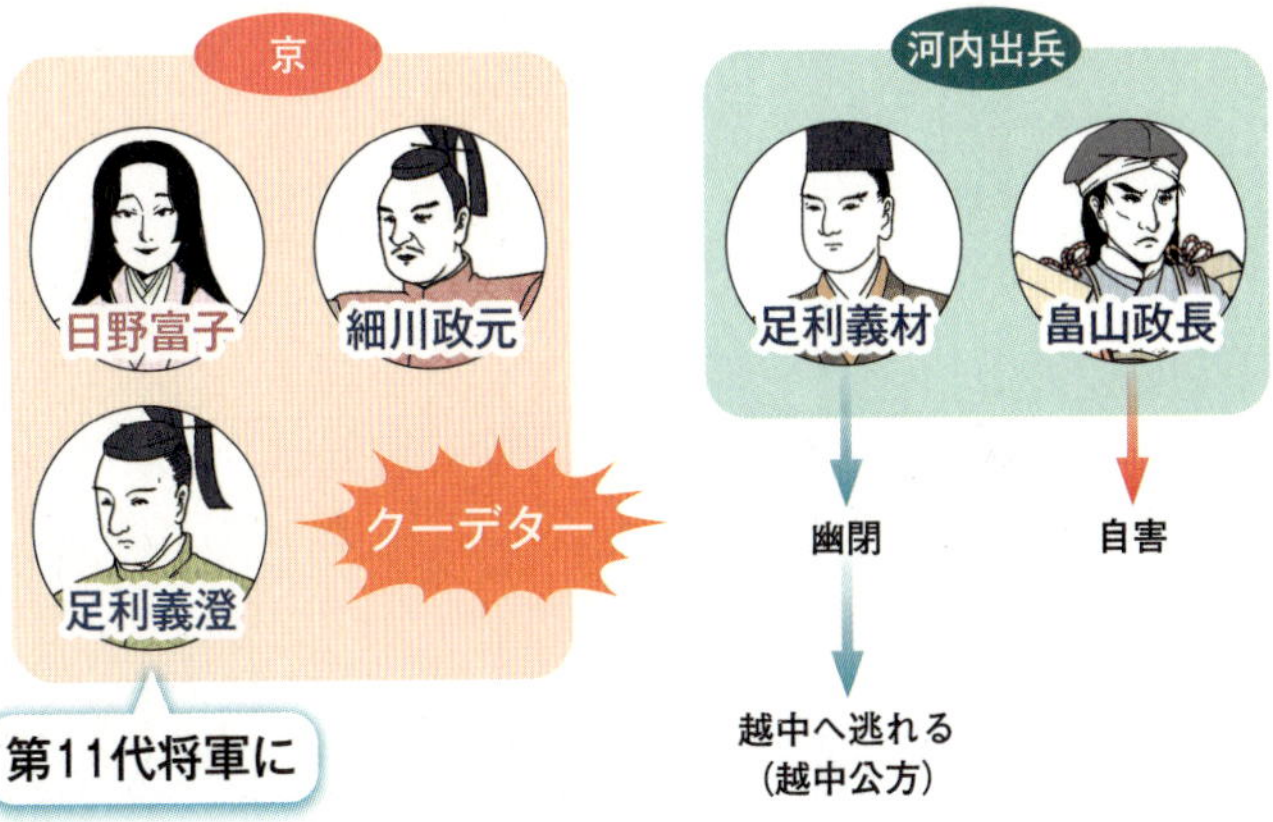

▲明応の政変で将軍位を奪われた足利義材は、越中に逃れたのち、京に戻ろうとするが、以前攻めた六角高頼に阻まれる。彼は周防の大内義興を頼ることになる（72ページ参照）。なお、足利義澄が正式に将軍宣下《しょうぐんせんげ》（天皇が将軍を任命する儀式）を受けて将軍となるのは、明応の政変の翌年のことである。

の開幕だとする説が有力である。臣下の者が武力を用いて将軍を追放したこの事件は、**中央政権における下剋上**であり、きわめて影響力が大きかったと考えられるからだ。

　このクーデターの成功を通して、「武力さえあれば、幕府に逆らっても大丈夫なようだ」「将軍と戦っても、勝ちさえすれば問題ないようだ」と、全国の武将たちが気づいてしまった。京に身を置いて将軍のご機嫌を取る必要はない。幕府の権威は、もはや〝利用できるもの〟でしかない。こうして、武将が領国を中心に勢力拡大をめざす、戦国時代が本格化していくのである。

西国の大内義興

勢力拡大のために足利義尹を受け入れた

１４９４年	大内義興、家督を継ぐ
１４９７年	大内義興、少弐氏を攻める
１５００年	足利義尹、大内義興のもとへ

出雲の尼子氏と周防の大内氏

さて、この時期の西と東を見ておこう。まずは西の、中国地方から。

応仁の乱後の混乱の中、出雲国《いずものくに》（現・島根県東部）では守護代の**尼子経久**《あまごつねひさ》が、守護の**京極氏**《きょうごくし》や幕府に背《そむ》きはじめた。一度は守護代の職を剝奪されるも、着実に力をつけて戦国大名となり、**月山富田城**《がっさんとだじょう》を拠点に勢力を拡大するのだった。

尼子氏とにらみ合うのが、周防国《すおうのくに》（現・山口県東南部）を本拠地とする**大内氏**《おおうちし》である。応仁の乱で活躍した**大内政弘**《おおうちまさひろ》は１４９４年、息子**大**《おお》**内義興**《うちよしおき》に家督を譲った。大内義興は東の安芸国《あきのくに》（現・広島県西部）へと進出し、同じく安芸を狙う尼子経久との間に緊張が走ることになる。

大内義興は、応仁の乱のとき大内氏が失った九州での勢力の回復も企てた。１４９６年に豊《ぶん》後国《ごのくに》（現・大分県）守護の**大友氏**《おおともし》の内紛を煽《あお》り、翌年、肥前国《ひぜんのくに》（現・佐賀県と長崎県）などを支配していた**少弐氏**《しょうにし》を攻めて勢力を大きく削《そ》いだ。

足利義尹が大内義興のもとへ

そんな大内義興のもとへ、１５００年、越中

Point 中国地方や九州への勢力伸張をはかる周防の大内義興は、「流れ公方」足利義尹（義材）を手中にした。

1500年前後の西日本

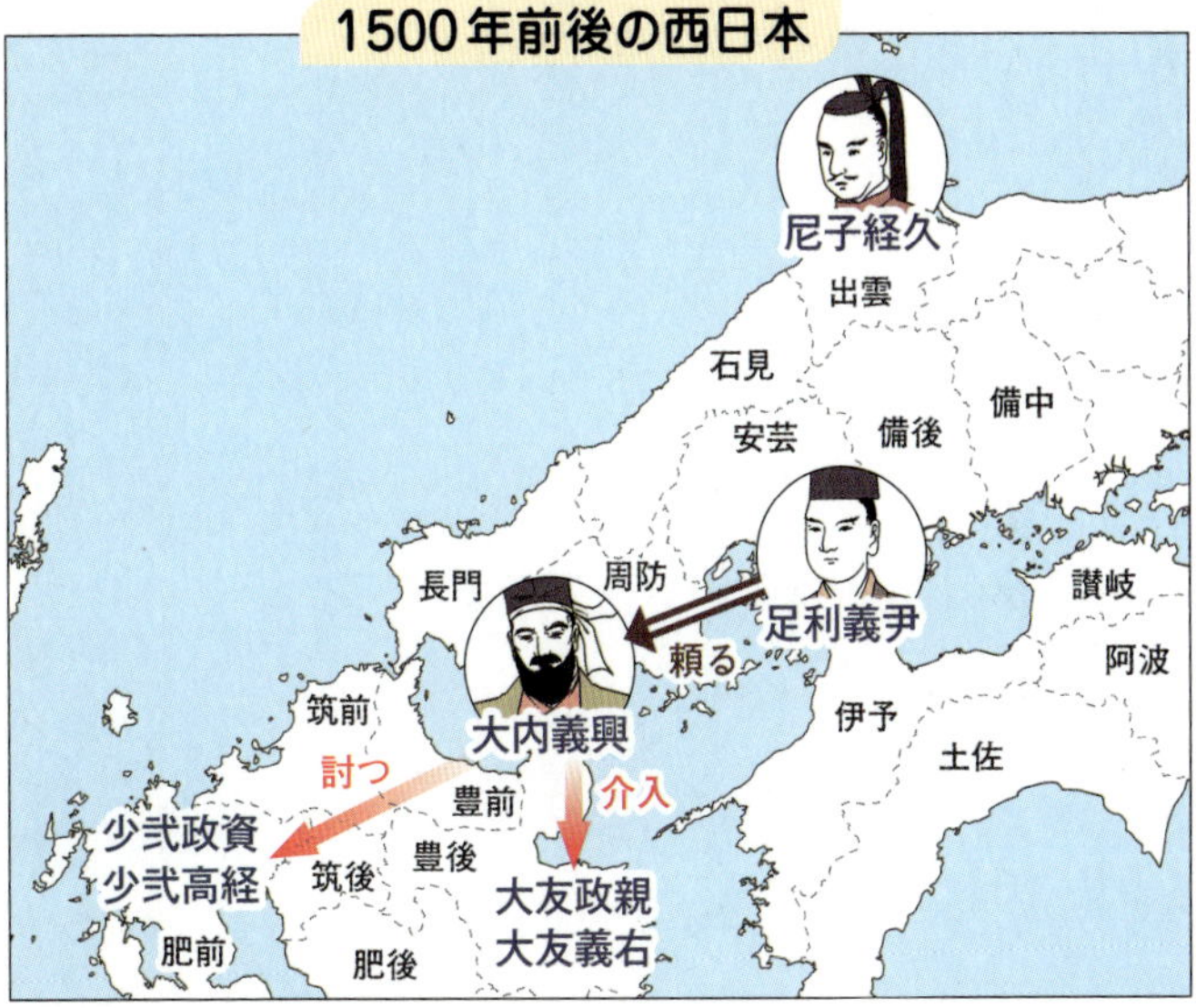
尼子経久
出雲
石見
備中
安芸
備後
長門
周防
足利義尹
頼る
讃岐
阿波
筑前
大内義興
伊予
土佐
討つ
介入
豊前
少弐政資
少弐高経
豊後
筑後
大友政親
大友義右
肥前
肥後

▲豊後では、当主の大友政親《おおともまさちか》とその嫡男の大友義右《おおともよしすけ》が、大内義興の干渉によって対立し、ふたりとも死に至った。また、筑前・肥前の少弐政資《しょうにまさすけ》・少弐高経《しょうにたかつね》父子は、大内義興に攻められ、ともに自害した。

から京への帰還をはかって失敗した**足利義材**が身を寄せてくる。義材は改名して、**足利義尹**《あしかがよしただ》と名のるようになっていた。大内義興は、この放浪の「流れ公方《くぼう》」義尹を利用して、京の幕府へ進出することを計画する。

1501年、九州で大友氏が少弐氏と手を組み、大内氏に対して戦いを挑もうとした。しかし、上洛の準備で忙しい大内義興はかまっていられず、足利義尹に仲介を頼んで和睦する。以後しばらく、筑前国《ちくぜんのくに》と豊前国《ぶぜんのくに》（現・福岡県）が大内氏、豊後が大友氏といったふうに住み分けることとなった。

伊勢宗瑞の快進撃

堀越公方を滅ぼし、小田原城を攻略

1491年	足利茶々丸、堀越公方に
1493年	伊勢宗瑞、茶々丸を攻めて勝利
15世紀末	伊勢宗瑞、小田原城を攻略

堀越公方家のお家騒動

次に、同時期の東国に目を向けよう。**堀越公方**の**足利政知**は以前から、京の**細川政元**との間で、「京の幕府と関東を統一しよう」という壮大な計画を進めていた。足利政知の次男**足利義澄**を将軍に、三男**潤童子**《じゅんどうじ》を堀越公方に就任させることで、それが達成できると考えたのだった。

しかし足利政知は、義澄の将軍就任を見ることなく、1491年に病死した。すると、義澄らと母が違うせいで廃嫡《はいちゃく》（相続権剝奪）され幽《ゆう》閉《へい》されていた長男**茶々丸**《ちゃちゃまる》が、脱出して潤童子やその母を殺し、堀越公方家を乗っ取ってしまう。将軍候補足利義澄の弟と母を手にかけた茶々丸は、幕府から見れば反逆者だった。

伊勢宗瑞、関東へ侵攻

明応の政変（70ページ参照）で足利義澄が擁立された1493年、おそらく幕府の命を受けて、強力な武将が伊豆の茶々丸を攻める。**伊勢宗瑞**である。

当時の関東は、両上杉家の抗争**長享の乱**（66ページ参照）のただ中。**山内上杉家**と近しい堀

Point 伊勢宗瑞は、扇谷上杉家と同盟して、堀越公方を攻め滅ぼし、小田原城も手に入れて関東で猛威を振るう。

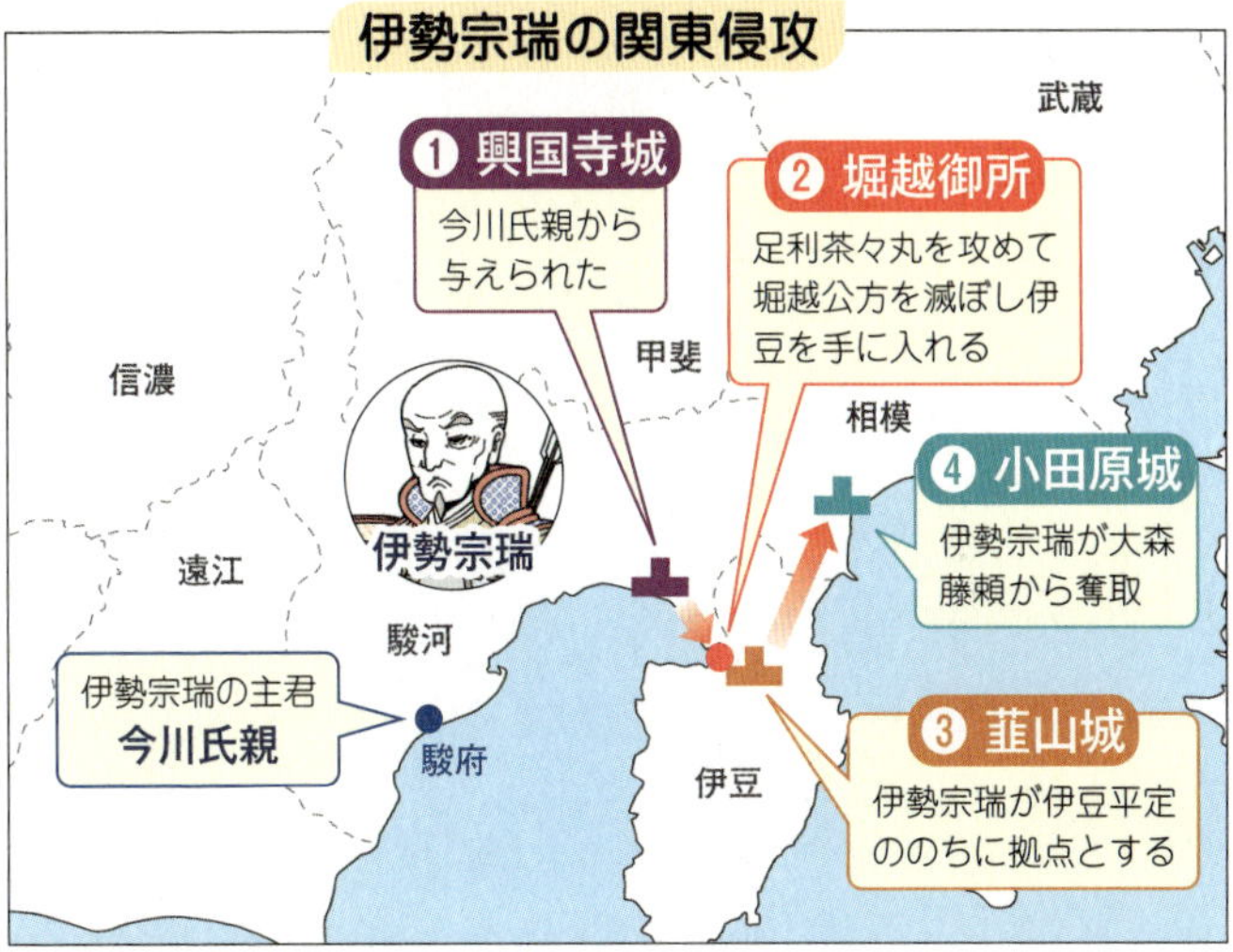

▲伊勢宗瑞は、難攻不落といわれた小田原城を手に入れたが、自身はこの城ではなく、韮山城を拠点とした。

越公方と戦うため、伊勢宗瑞は**扇谷上杉家**の**上杉定正**と手を組む。そして堀越から茶々丸を追い出し、伊豆を平定すると、**韮山城**《にらやまじょう》を本拠地とした。

しかし、せっかく同盟した上杉定正は1494年、山内上杉家の**上杉顕定**と戦おうと陣を張った際、没してしまう（一説には落馬が原因）。同年には重臣で**小**《お》**田原城**《だわらじょう》の主である**大森氏頼**《おおもりうじより》も没しており、扇谷上杉家は一気に弱体化した。

そこで伊勢宗瑞は、氏頼の子**大森藤頼**《おおもりふじより》が継いだ小田原城を攻め、難攻不落のこの城を落とし、関東での勢力を強めた。

ちなみに15世紀末、逃亡していた足利茶々丸が捕らえられ、自害している。堀越公方はこうして滅亡したのである。

COLUMN 3

日野富子は「悪女」だったのか？

1496年、**日野富子**が没した。

彼女は、夫の**足利義政**を恐れることなく喧嘩《けんか》をし、息子**足利義尚**の執政を裏で操り、義尚と義政の死後には足利将軍家の家長的な存在として君臨した、日本史上きっての「烈女《れつじょ》」だといわれている。将軍家の跡継ぎ問題で我《が》を張って世を混乱させたといわれることもあるし、関所《せきしょ》の通行税の着服《ちゃくふく》などで莫大《ばくだい》な財産を築いた守銭奴《しゅせんど》のイメージもつきまとい、「悪女」の代名詞とされているふしがある。

しかし、彼女は本当に「悪女」だったのだろうか。近年の研究では評価が変わってきている。

まず、「日野富子が自分の息子を将軍位に就かせたがったせいで、応仁の乱が起こった」との説は、現在ではほぼ否定されている（46ページ参照）。また、応仁の乱ののちに幕府の財政が苦しくなったとき、彼女が私財《しざい》を投《とう》じてこれを助けたという事実もある。

日野富子は長い間、不当な悪評を与えられてきたといわざるをえない。中世史研究者の呉座《ござ》勇一《ゆういち》によると、軍記物語『応仁記《おうにんき》』が日野富子を「悪女」として描いており、これが悪いイメージを確立したのだという。日野富子を悪者に仕立て上げることで、作品成立当時（日野富子の死後）の政治的対立を緩和する狙いもあったのだろうと呉座は指摘している（『陰謀の日本中世史』）。

第4章

瓦解に向かう室町幕府

1496年～1508年

01 永正の錯乱と足利義尹の上洛

政元の遺した権力をめぐる両細川の乱が勃発

1496年 日野富子、没
1507年 永正の錯乱
1508年 足利義尹、上洛

「半将軍」の後継者たち

京の幕府では、明応《めいおう》の政変（70ページ参照）の3年後に日野《ひの》富子《とみこ》が没すると（76ページ参照）、細川政元《ほそかわまさもと》が将軍足利義澄《あしかがよしずみ》をいよいよ自由に操り、「半将軍《はんしょうぐん》」と呼ばれるほどの権勢を誇っていた。しかし、彼の権力にも〝お決まり〟の問題があった。後継者問題である。

細川政元は修験道《しゅげんどう》という宗教に入れ込み、妻をもつことも実子《じっし》を作ることもしなかった。とはいえ、管領を輩出する細川京兆家《ほそかわけいちょうけ》（細川氏の宗家《そうけ》）を絶やすわけにはいかないということで養子をもらう。公家の頂点摂関家《せっかんけ》からの細川澄《ほそかわすみ》之《ゆき》、阿波国《あわのくに》（現・徳島県）守護を受け継ぐ阿波《あわ》細川家《ほそかわけ》からの細川澄元《ほそかわすみもと》、分家の野洲家《やすけ》からの細《ほそ》川高国《かわたかくに》――なんと3人も。当然、それぞれを支持する家臣たちの間で派閥争いが起こった。

そして1507年、細川澄之派の家臣が、細川政元を暗殺する。これを永正《えいしょう》の錯乱《さくらん》という。細川澄之は一時、政権を手に入れる。

しかし、細川高国が諸将を味方につけて反撃に出た。いったん近江《おうみ》に逃げていた細川澄元も、家宰《かさい》の三好之長《みよしゆきなが》とともに京へ攻め上る。細川澄之は自害に追い込まれ、細川澄元が細川京兆家の家督を継ぐことになった。

Point 絶大な権力を独占した細川政元が、後継者争いを生んで殺され、そこに足利義尹と大内義興が上洛した。

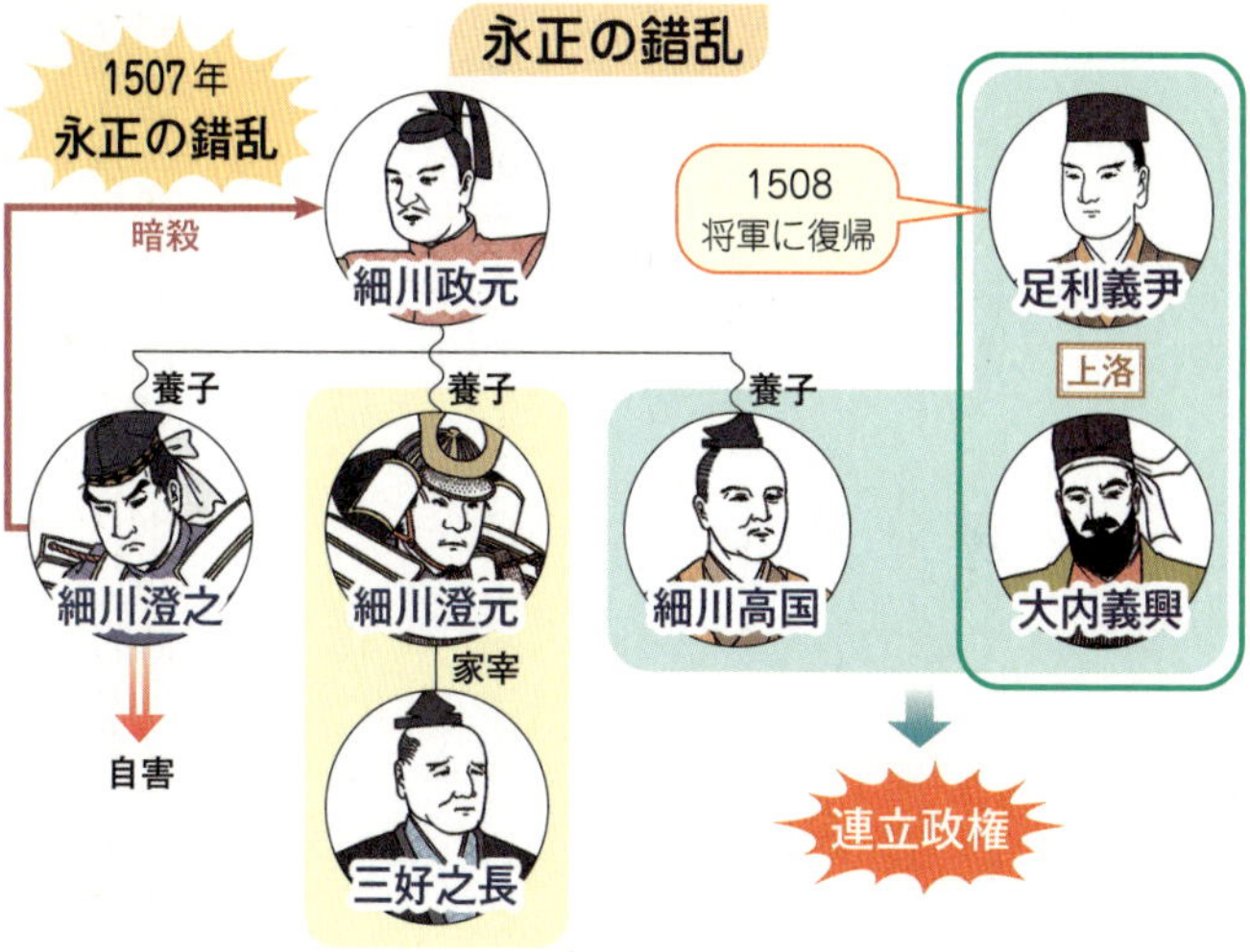

▲『半将軍』と呼ばれた細川政元の３人の養子は、京における幕府の権力をめぐって争った。

◉大内義興と足利義尹、京へ

この細川氏の内紛を、畿内進出のチャンスと考えたのが、西国周防《すおう》の**大内義興**《おおうちよしおき》である（72ページ参照）。明応の政変で京を追われていた〝もうひとりの将軍〟**足利義尹**《あしかがよしただ》を奉《ほう》じて領国を出発、京へ迫る。

細川澄元と対立するようになっていた細川高国は、これを利用しようと考えた。高国は、大内義興・足利義尹と手を結んだうえで1508年、澄元を攻める。**両細川の乱**の始まりである。

細川澄元は近江に逃亡。大内の軍を引き連れた足利義尹を恐れる将軍足利義澄も近江へ逃げたため、足利義尹らは京に入った。

連立政権と阿波の反対派

義尹・高国・義興の三頭政治はいつまで続くか

1508年	義尹・高国・義興の連立政権
1509年	如意ヶ嶽の戦い
1518年	大内義興、京を離れる

如意ヶ嶽の戦いと船岡山合戦

足利義尹は将軍に、**細川高国**は管領になり、**大内義興**とともに連立政権を結成した。一方、近江へ逃げた**細川澄元**は細川京兆家の家督を失い、同じく**足利義澄**も将軍位を剥奪された。

1509年、京の奪還をめざす細川澄元は、頼れる家臣**三好之長**とともに、京へ向けて出陣する。しかし**如意《にょい》ヶ嶽《がたけ》の戦い**で敗れ、今度は阿波へ落ちた（細川澄元は阿波細川家の出身、三好之長ももともと阿波の国人《こくじん》だった）。

1511年、細川澄元・三好之長・足利義澄は再び挙兵し、京へと攻め上った。最初は優勢だったが、旗印《はたじるし》となっていた足利義澄が急死してしまう。直後の**船岡山合戦**《ふなおかやまかっせん》で大敗した細川澄元と三好之長は、また阿波へと逃亡した。

連立政権の崩壊

こうしてしばらく、足利義尹・細川高国・大内義興の3人が中央政権を取り仕切った。しかし、3人のバランスは長くは保たれなかった。

1513年、思うように執政できないことを苦にして、足利義尹が甲賀《こうか》（現・滋賀県甲賀

Point 足利義尹・細川高国・大内義興の連立政権が10年間幕府を支配し、阿波の細川澄元・三好之長と戦った。

連立政権と阿波勢の戦い

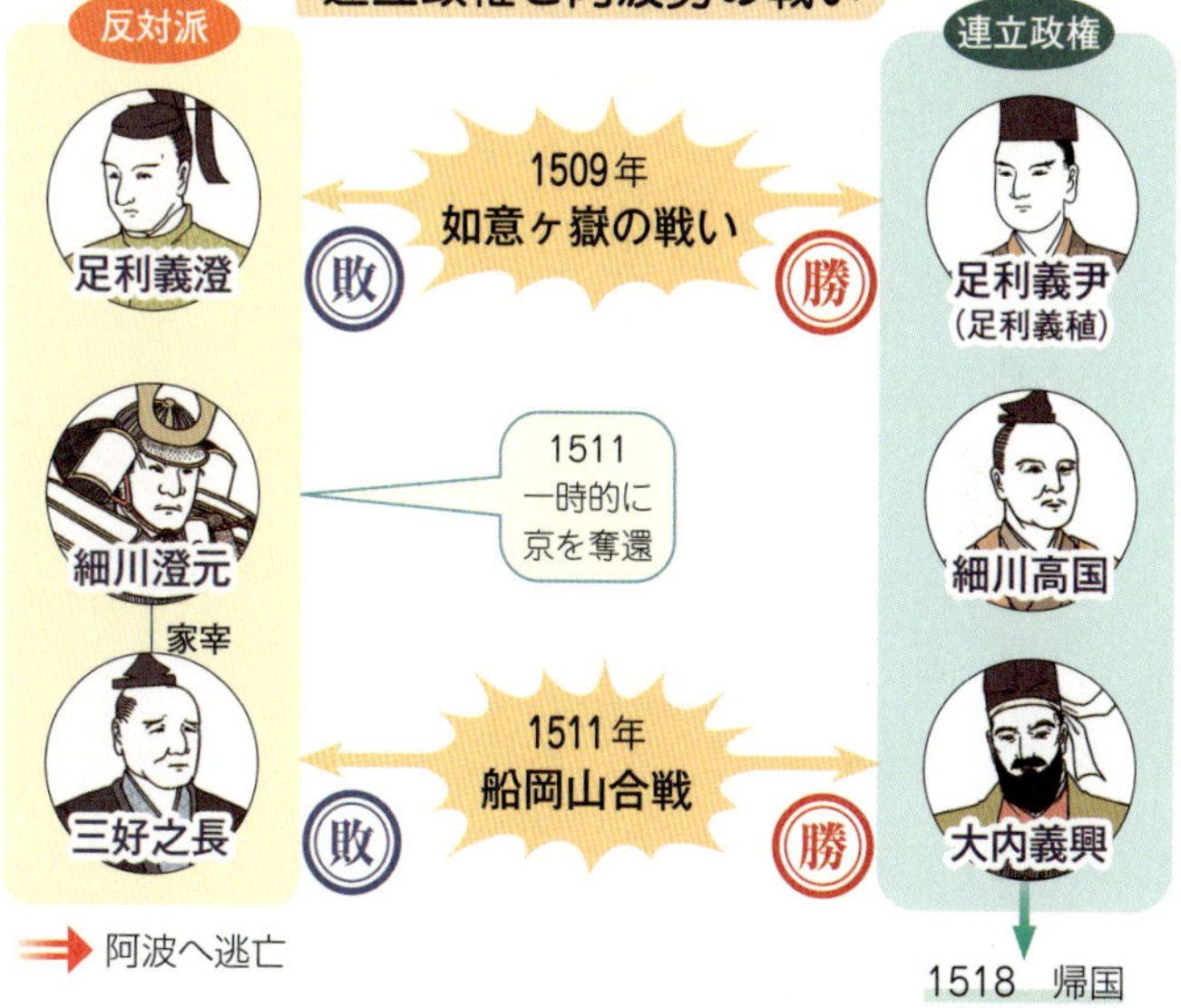

▲京における足利義尹（義稙）・細川高国・大内義興の連立政権と、阿波を拠点として京を狙う足利義澄・細川澄元・三好之長の反対派の間で、対立が続いた。

市）に出奔《しゅっぽん》した。なだめられ、2か月ほどで京に戻るが、その間に義尹は**足利義稙**《あしかがよしたね》に改名している。

関係はもち直したかに見えたが、1518年、大内義興が京から周防に帰国してしまった。領国から遠く離れた京に長期滞在するのは、財政的な負担が大きい。また、にらみ合いの状態だった出雲《いずも》の**尼子**《あまご》**経久**《つねひさ》（72ページ参照）にも不穏な動きが見られ、留守にしつづけるのは心配だったのである。

　こうして、京に残された細川高国と足利義稙。彼らは頼れる軍事力と、争いの調停役を失ってしまった。

細川高国の驕り

細川政元の後継者はこの男にしぼられた

澄元・之長が京を奪還

京の幕府で**足利義稙**と**細川高国**との対立が表面化してきたとき、これを見逃さなかったのが、阿波にいた**細川澄元**と**三好之長**である。

1519年、彼らは摂津《せっつ》に進出していった。翌年には、とうとう三好之長が京を奪取する。細川高国は、**比叡山延暦寺**《ひえいざんえんりゃくじ》の門前町である近江《おうみ》坂本《さかもと》（現・滋賀県大津《おおつ》市）へと落ちた。

このとき、将軍足利義稙は、関係の悪化した細川高国についていかず、細川澄元と手を結んだ。義稙はこの時点で、「長かった**両細川の乱**が、澄元の逆転勝利で終わった」と思い込み、勝ち馬に乗ろうとしたのである。

1520年	三好之長、京を奪取 細川高国、反撃して勝利
1521年	足利義晴、第12代将軍に

高国、怒濤の反撃

しかし、これは足利義稙の勇《いさ》み足だった。細川高国は周辺の武将を糾合《きゅうごう》して、如意ヶ嶽と船岡山から三好軍をはさみ撃ちにした。三好之長は敗れ、とうとう自害に追い込まれた。

細川澄元はショックのため病気になり、ボロボロの体で細川高国の攻勢から逃げていった。そして阿波で没してしまったのだった。150

Point 細川高国は、細川澄元と三好之長を葬り去り、将軍足利義稙（義材・義尹）さえ排除して、権力の頂点に。

京の幕府と反対派

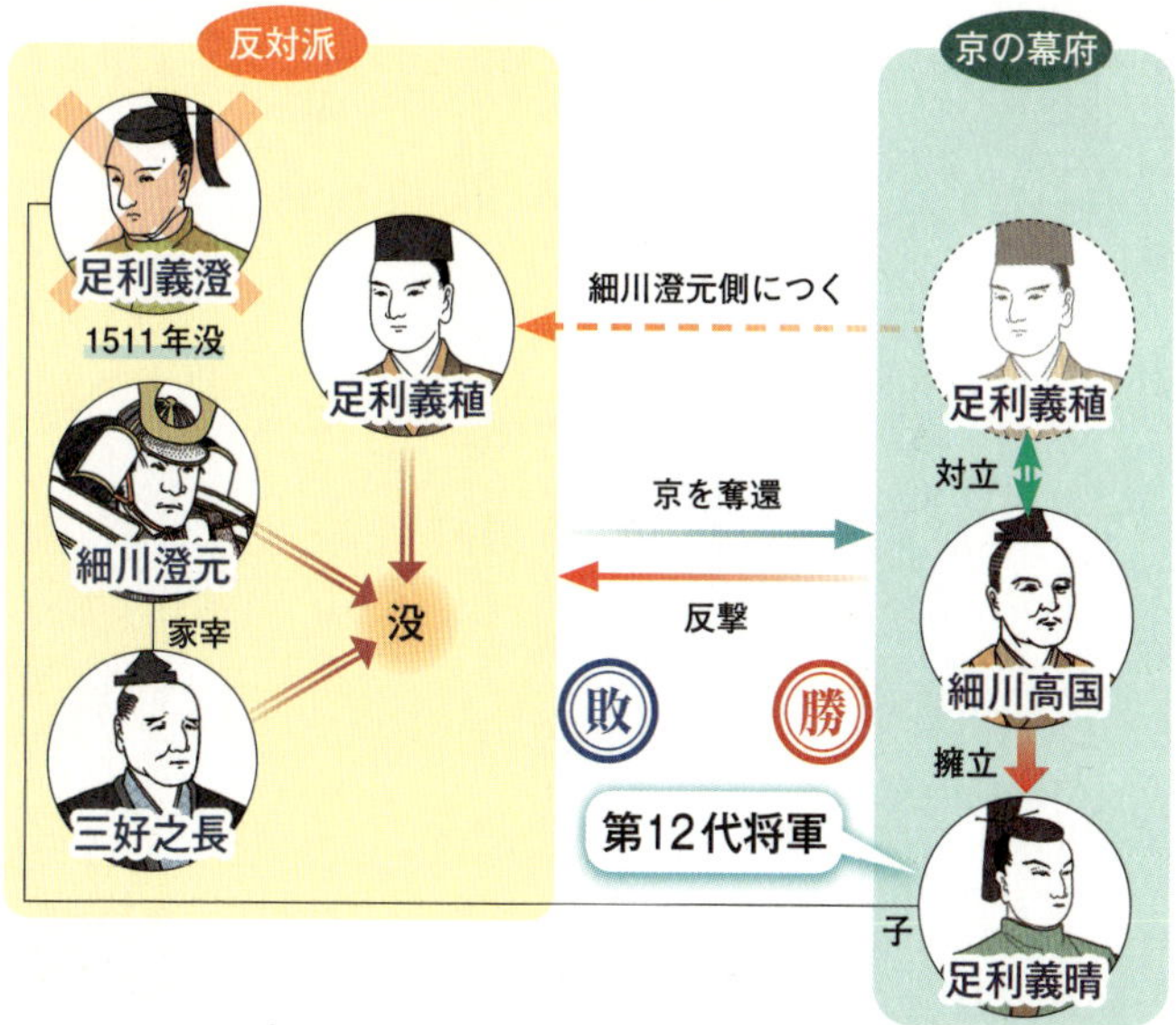

▲京の幕府では連立政権が崩壊し、細川高国が権力を独占して、足利義晴を将軍に擁立した。

7年の**永正の錯乱**以来13年も続いた、「半将軍」**細川政元**の後継者争いは、これをもって完全に終結した。3人の養子の中で勝ち残ったのは、高国だったのである。

早々に高国を裏切ってしまっていた足利義稙は危機感を覚え、1521年、京から逃亡。将軍位を剝奪されて、1523年に没することになる。

1521年、細川高国は、敵方であった前将軍**足利義澄**の遺児**足《あし》利義晴《かがよしはる》**を、第12代将軍に擁立した。まだ幼かった足利義晴だが、幕臣たちに支えられ、細川高国の傀儡とまではならなかったようである。

両細川の乱に幕が下りる

細川晴元が堺を拠点にして細川高国を打倒

1526年　細川晴元、挙兵
1527年　堺幕府の成立
1532年　晴元、足利義晴と和解

次世代　細川晴元と三好元長

阿波勢の**細川澄元**と**三好之長**は敗れたが、これで終わりではなかった。次の世代が、**細川高国**への復讐の機会をうかがっていたのだ。

1526年、澄元の遺児**細川晴元**《ほそかわはるもと》が、三好之長の孫とも子ともいわれる**三好元長**《みよしもとなが》によって擁立され、阿波で挙兵。彼らは細川高国に恨みを抱く**波多野稙通**《はたのたねみち》・**柳本賢治**《やなぎもとかたはる》兄弟の謀反軍と連合して、1527年、京に侵攻した。そして高国方を**桂川原**《かつらかわら》**の戦い**で打ち破る。敗北した細川高国と将軍**足利義晴**は、近江坂本へと逃亡した。

堺幕府と細川高国の死

細川晴元と三好元長らの連合軍は、**足利義稙**の養子にして足利義晴の異母兄弟である**足利義**《あしかがよし》**維**《つな》を、将軍に擁立しようとする。

しかしこれは失敗した。越前《えちぜん》の**朝倉孝景**《あさくらたかかげ》（50、58ページ参照）の力を借りた細川高国が、一時的に京を奪還したため、天皇から**将軍宣下**《しょうぐんせんげ》（将軍に任命する儀式）を受けられなかったのだ。

正式な将軍になれなかった足利義維は、和泉《いずみの》国《くに》（現・大阪府南西部）の堺《さかい》を拠点に、形式的な将軍である足利義晴と並び立った。この時期

Point 細川澄元の息子・細川晴元が、三好元長や足利義維を利用しながら、細川高国を倒して権力を握った。

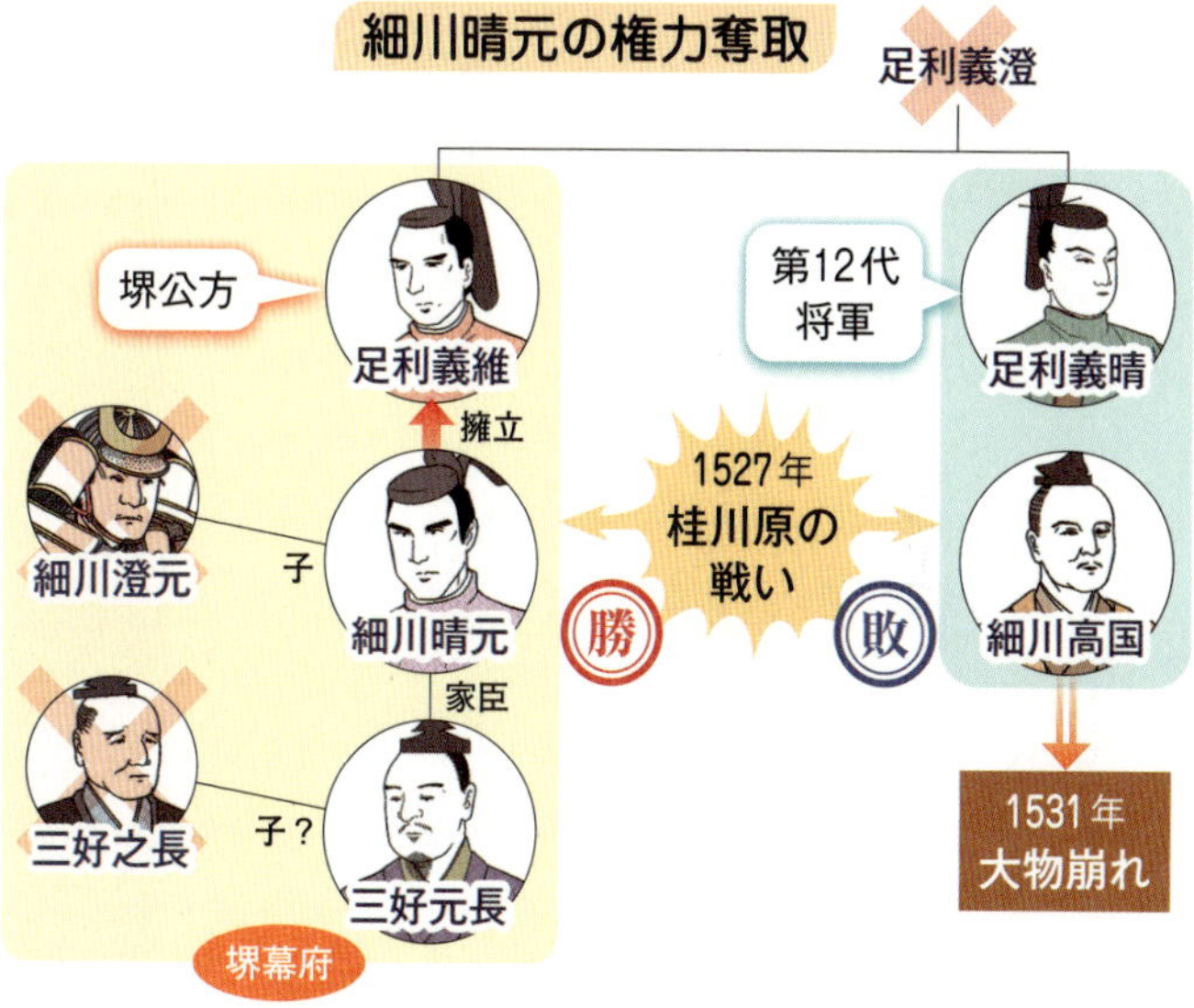

▲細川晴元は、三好元長によって擁立され挙兵、細川高国を京から追い出した。そして「堺公方」足利義維とともに、堺を拠点に政権を運営したが、やがて足利義維を切り捨てて、将軍である足利義晴と手を組んだ。

の足利義維を**堺公方**《さかいくぼう》といい、彼を中心とした政体を**堺幕府**《さかいばくふ》という。

　このあとも細川高国は、堺公方を擁する細川晴元や三好元長と戦ったが、力も弱まり、味方も減っていった。1531年、摂津の大物《だいもつ》（現・兵庫県尼崎《あまがさき》市）で細川晴元方と戦った際、細川高国は決定的な大敗を喫《きっ》する。これを**大物崩れ**《だいもつくずれ》という。細川高国は逃げたが追手に見つかり、ついに自害に追い込まれた。

　勝ち残った細川晴元は、もはや堺公方を担ぐ必要もなくなり、1532年、将軍足利義晴と和解する。細川京兆家の家督をめぐる**両細川の乱**は、ここに終結したのである。

05 中国地方 毛利元就の登場

大内と尼子の間でいかに生き残るか

1516年	毛利元就、幼い当主の後見に
1517年	有田中井手の戦い
1523年	毛利元就、尼子氏に服属

◉国人の家から出た元就

16世紀初頭から1530年頃までの室町幕府周辺を見てきたが、同時期の地方はどうなっていたのだろうか。中国地方から見てみよう。

周防の**大内氏**《おおうちし》と出雲の**尼子氏**《あまごし》という二大勢力にはさまれた安芸《あき》（現・広島県西部）で、15 10年代、**毛利元就**《もうりもとなり》が、甥にあたる幼い当主の後見人として活動を始めた。**毛利氏**《もうりし》は守護でも守護代でもない、国人の家である。元就は15 17年、**有田中井手の戦い**《ありたなかいで》で**安芸武田氏**《あきたけだし》の大軍を相手に勝利し、周囲に知られるようになった。

◉尼子への服属と離反

毛利氏の主家は大内氏だったが、1523年、安芸に進出してきた尼子氏の呼びかけを受け入れ、毛利元就は尼子に服属する。そして大内氏の**鏡山城**《かがみやまじょう》（現・広島県東広島市）を攻め、交渉によって開城させた。

しかし、このときの交渉の約束を**尼子経久**《あまごつねひさ》（72ページ参照）が反故《ほご》にしたため、毛利元就の面目がつぶされるかっこうになった。同年に毛利氏の家督を継いだ元就は、尼子氏からの圧力をはねのけ、自立への道を探るようになる。

Point 中国地方では、大内氏と尼子氏という二大勢力の間で、毛利氏の毛利元就が台頭してきた。

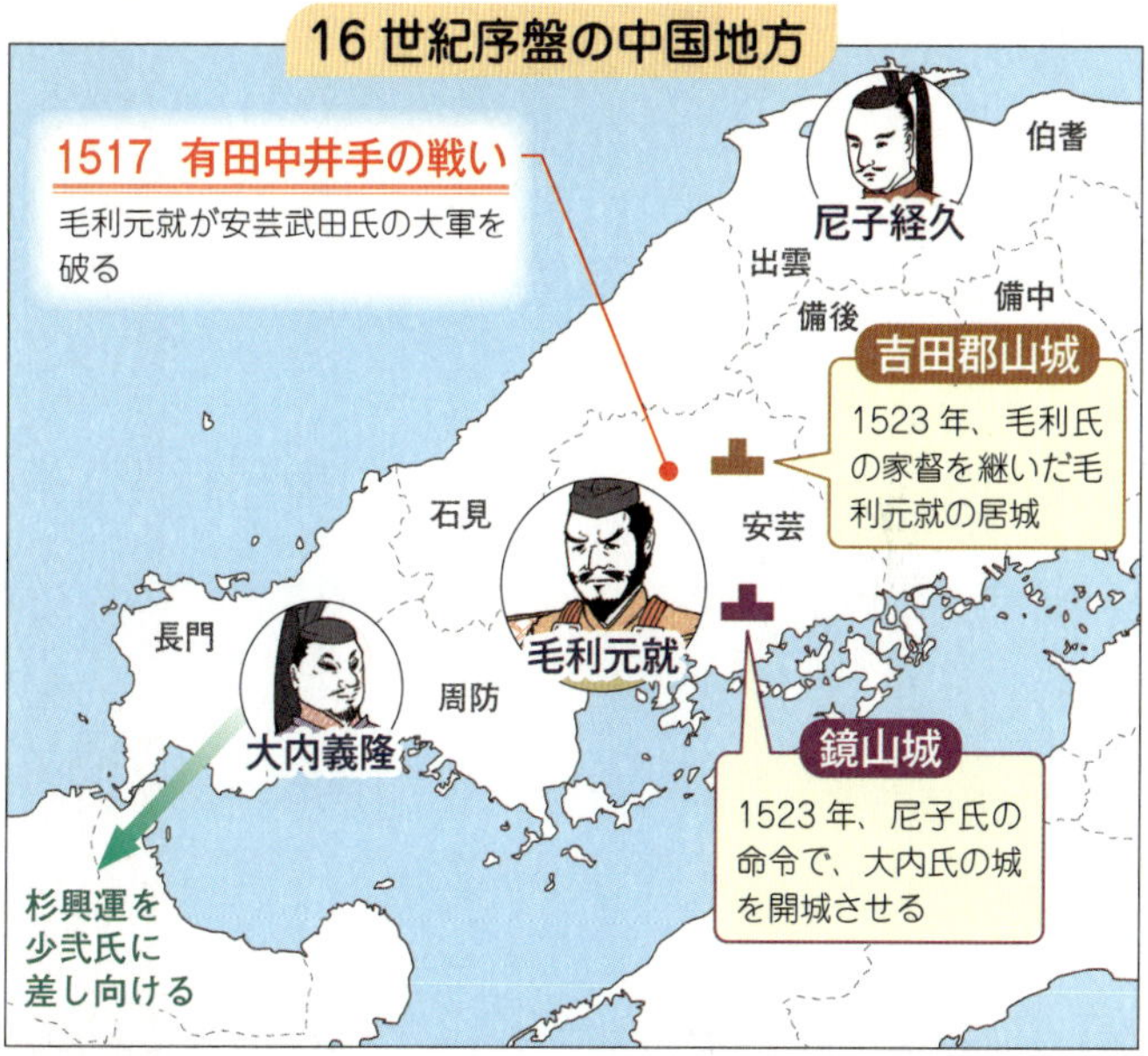
16世紀序盤の中国地方
1517 有田中井手の戦い
毛利元就が安芸武田氏の大軍を破る
尼子経久
伯耆
出雲
備後
備中
吉田郡山城
1523年、毛利氏の家督を継いだ毛利元就の居城
石見
安芸
毛利元就
長門
周防
大内義隆
鏡山城
1523年、尼子氏の命令で、大内氏の城を開城させる
杉興運を少弐氏に差し向ける
▲毛利元就は、大内氏の周防・長門と、尼子氏の出雲の間にある安芸で、自立への道を模索した。

大内氏の代替わり

のちに毛利元就は尼子と手を切り、再び大内氏に接近することになるのだが、その大内氏はというと、京での連立政権から離れて帰国した**大内義興**《おおうちよしおき》（81ページ参照）が1528年に没し、息子の**大内**《おおうち》**義隆**《よしたか》が家督を継いでいた。

大内義隆は、北九州で勢力拡大をはかる**少弐資元**《しょうにすけもと》を討つべく、1530年、筑前守護代の**杉興運**《すぎおきかず》を差し向けた。しかし杉興運は、**田手畷**《たてなわて》**の戦い**に敗れ、目的を遂《と》げられなかったのである。

九州の覇権争い　田手畷の戦い

大友・少弐のほかに島津・龍造寺が台頭

1515年	大友義鑑、家督を継ぐ
1527年	島津貴久、家督を継ぐ
1530年	田手畷の戦い

◉豊後の大友氏と薩摩の島津氏

次に、16世紀初頭から1530年頃までの九州を見てみよう。

16世紀の初め、肥後国《ひごのくに》（現・熊本県）守護の**菊池氏**《きくちし》に家督争いが起こる。これに目をつけたのが、豊後《ぶんご》の**大友氏**《おおともし》（72ページ参照）である。当主**大友義長**《おおともよしなが》は、長男の**大友義鑑**《おおともよしあき》に家督を継がせつつ（1515年）、次男を肥後に送り込んだ。次男は、**菊池義武**《きくちよしたけ》として菊池氏の家督を相続する（1520年）。こうして、大友氏が肥後にも勢力を伸ばしたのである。

また九州南部では、薩摩国《さつまのくに》（現・鹿児島県西部）守護の**島津氏**《しまづし》が、1527年に家督を継いだ**島津貴久**《しまづたかひさ》の代から、勢力を拡大しはじめる。

◉田手畷の戦い、杉興運を撃退

さて北九州では、1497年に周防の**大内氏**によって滅ぼされかけていた**少弐氏**《しょうにし》（72ページ参照）を、**少弐資元**が立て直し、勢力を回復しようとしていた。彼にとって大きな目標のひとつになっていたのが、大内氏に奪われていた**大宰府**《ざいふ》の奪還である。大宰府とは、古代から筑前

Point 九州も群雄割拠の様相を呈し、大友氏、島津氏、龍造寺氏が勢力を拡大していった。

16世紀序盤の九州

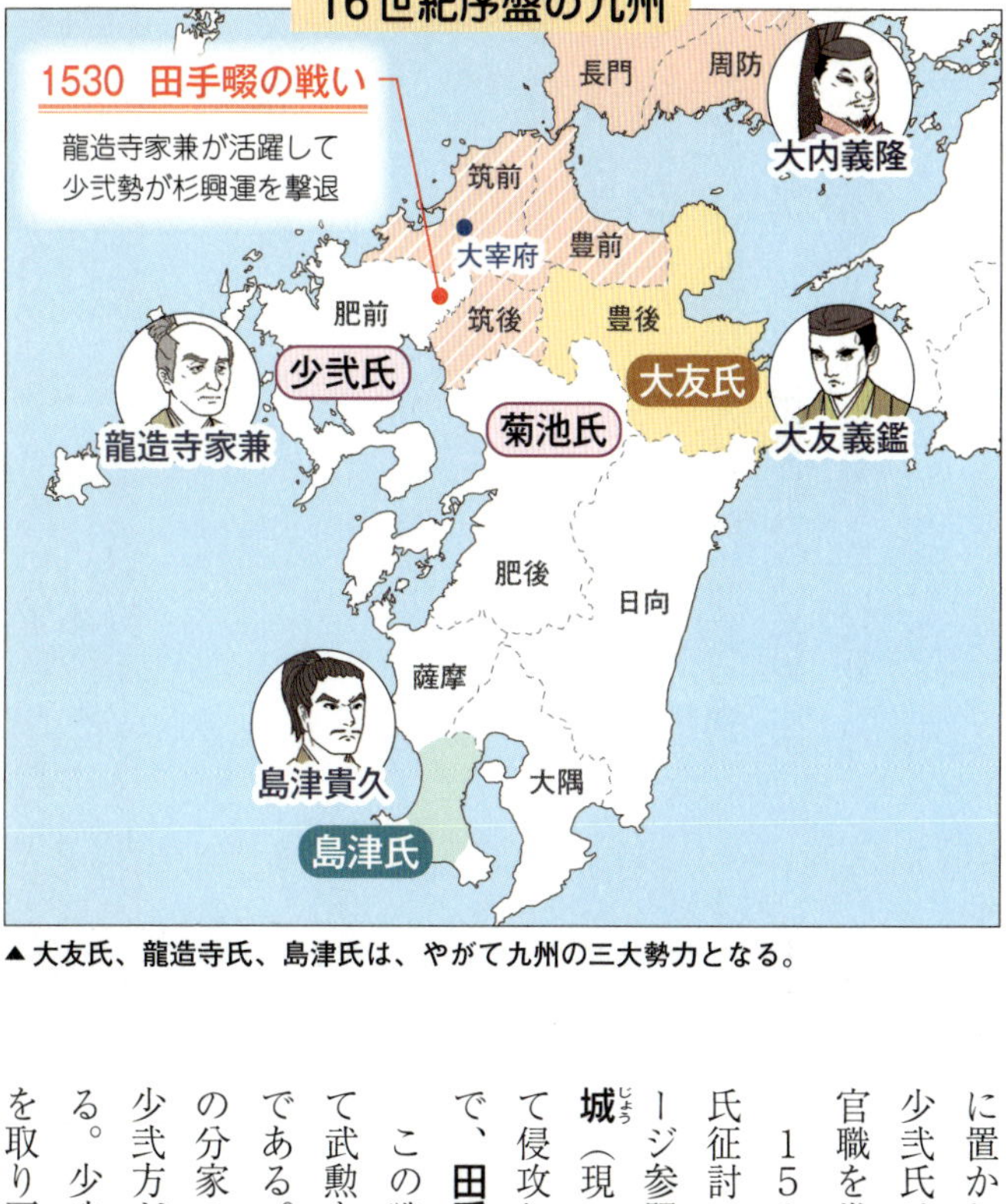

▲大友氏、龍造寺氏、島津氏は、やがて九州の三大勢力となる。

に置かれていた政府の出先機関で、少弐氏はもともと、この大宰府の官職を世襲《せしゅう》する家柄だった。

1530年、**大内義隆**から少弐氏征討の命を受けた**杉興運**（87ページ参照）が、少弐資元の**勢福寺城**《せいふくじじょう》（現・佐賀県神埼市《かんざきし》）をめざして侵攻してくる。そして城の近くで、**田手畷の戦い**が起こった。

この戦いで、少弐方の主力として武勲を立てたのが、**龍造寺家兼**《りゅうぞうじいえかね》である。彼は肥前の国人**龍造寺氏**《りゅうぞうじし》の分家の出身だった。彼の活躍で少弐方が勝利し、杉興運は敗走する。少弐資元は一時的に、大宰府を取り戻すことに成功した。

四国の情勢はどうなっていたか

細川・三好タッグの生まれた土地

1503年	細川澄元、政元の養子に
1510年代	長宗我部氏、再興
1530年	三好氏が十河氏を乗っ取る

◉阿波と讃岐

次は、ほぼ同時代の四国の情勢である。四国は、阿波《あわ》（現・徳島県）、讃岐《さぬき》（現・香川県）、土佐《とさ》（現・高知県）、伊予《いよ》（現・愛媛県）の4つの国からなる。

阿波を治めていたのは、**阿波細川家**《あわほそかわけ》である。1503年には、**細川京兆家**の**細川政元**に**細川澄元**を養子に出し、**永正の錯乱**および**両細川の乱**の原因の一端となった（78ページ参照）。阿波細川家の家宰は**三好氏**《みよしし》だが、やがて力をつけた三好氏は、主家を傀儡《かいらい》とするようになる。

讃岐の守護は細川京兆家だったが、永正の錯乱以降、混乱して力を落としていた。すると国人の**十河氏**《そごうし》が、阿波の三好氏と組んで支配力を強めていったのだ。さらに、1530年に三好氏から十河氏に養子に入った**十河一存**《そごうかずまさ》が勢力を拡大。讃岐は阿波とともに、実質的に三好氏に乗っ取られることになる。ちなみに十河一存は、このの ち幕府を支配する**三好長慶**《みよしながよし》の弟である。

◉土佐と土佐

土佐の守護も細川京兆家だったが、**応仁**《おうにん》**の乱**

Point 四国ではもともと細川氏が強かったが、16世紀、三好氏や長宗我部氏が台頭する。

16世紀序盤の四国

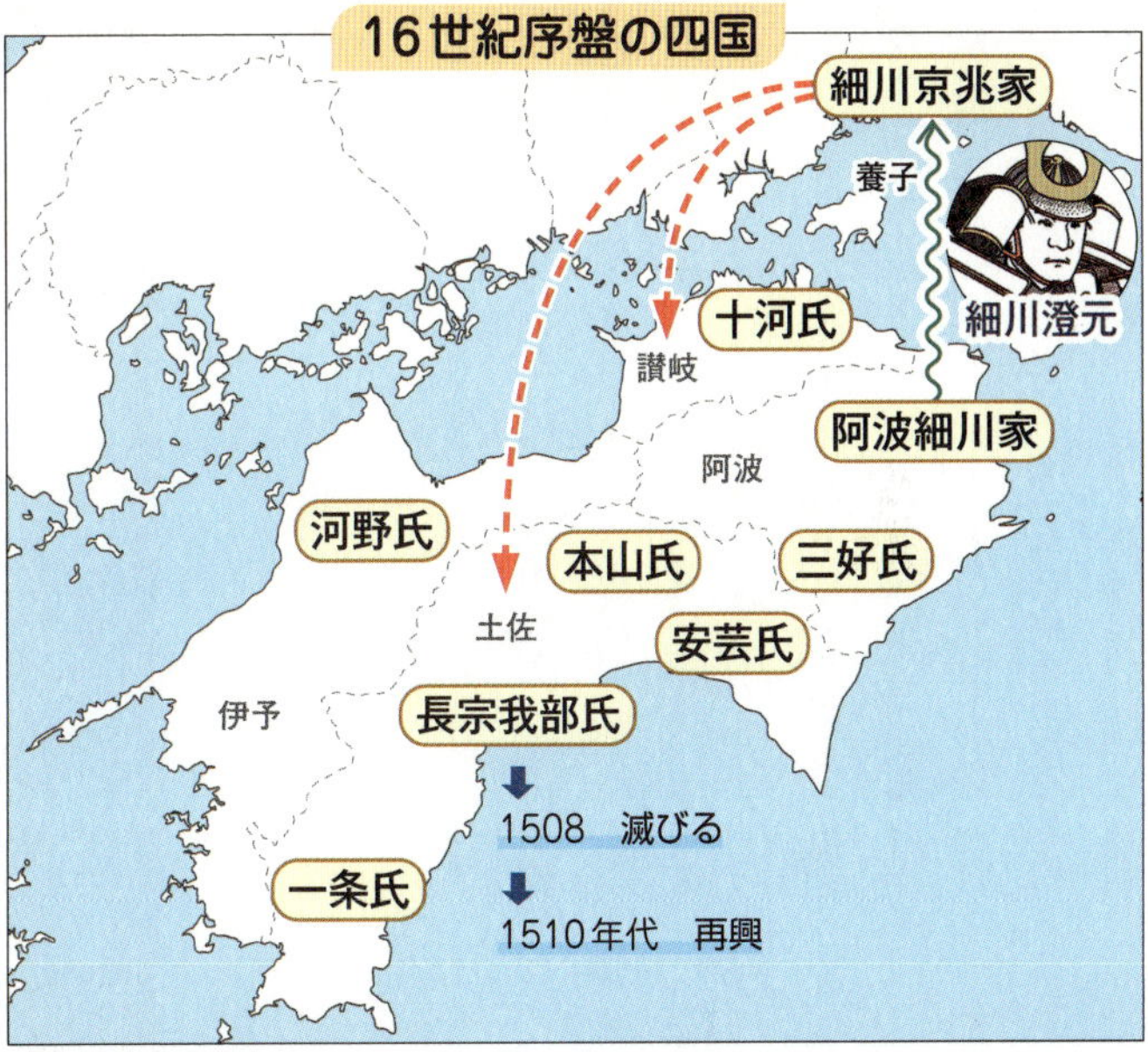

▲讃岐と土佐の守護は細川京兆家で、阿波は阿波細川家が治めており、四国は細川氏の勢力が強かったが、十河氏・三好氏・長宗我部氏など、新たな勢力も台頭してきた。

以降は、京から逃れてきた摂関家のひとつ**一条氏**《いちじょうし》が実質的に治めていた。統治を支えたのは**土**《と》**佐七雄**《さしちゅう》と呼ばれる国人諸勢力だったが、そこから抗争によって一条氏、**本山氏**《もとやまし》、**安芸氏**《あきし》、**長宗**《ちょうそ》**我部氏**《かべし》の4つにしぼられていった。中でも最も勢力の弱かった長宗我部氏は、1508年にいったん滅びたかに見えたが、1510年代再興された。

伊予の守護は**河野氏**《こうのし》である。**河野水軍**《こうのすいぐん》と呼ばれる強力な水上戦力を擁し、瀬戸内海《せとないかい》に勢力を保持していた。敵は多かったが、中国の**毛利氏**と手を結んだ。

08 上杉氏どうしの対立を制したのは？ 立河原の戦いと両上杉家の和解

１５０４年	立河原の戦い
１５０５年	山内上杉家、河越城を攻略 長享の乱、終結

◉山内上杉家 V.S. 扇谷上杉家

今度は、16世紀初頭からの東国の動きを見ていこう。東国といえば、**長享の乱**《ちょうきょう》で対立する**両**《りょう》**上杉家**《うえすぎけ》（**山内上杉家**《やまのうちうえすぎけ》と**扇谷上杉家**《おうぎがやつうえすぎけ》）と、伊豆や小田原城を手に入れた**伊勢宗瑞**《いせそうずい》である（66～67、74～75ページ参照）。

山内上杉家の当主**上杉顕定**《うえすぎあきさだ》は、武蔵国《むさしのくに》（現・東京都や埼玉県など）にある扇谷上杉家の本拠地**河越城**《かわごえじょう》（現・埼玉県川越《かわごえ》市）を狙っていた。

一方、扇谷上杉家では、上杉定正《うえすぎさだまさ》が没したのち、甥の**上杉朝良**《うえすぎともよし》が家督を継いでいた。上杉朝良は、伊勢宗瑞の小田原城支配を認めたうえで、宗瑞やその主家たる駿河《するが》の**今川氏**《いまがわし》の兵力を借りつつ、山内上杉家に対抗していた。

ちなみに、かつての**享徳の乱**《きょうとく》で両上杉家と戦っていた**古河公方**《こがくぼう》は、足利成氏《あしかがしげうじ》の子**足利政氏**《あしかがまさうじ》に代替わりしていた。その足利政氏は、長享の乱が勃発した時点では扇谷上杉家を支持したが、上杉定正の死で扇谷上杉家が弱体化したのを見ると、山内上杉家に乗り換えた。

１５０４年、武蔵の立河原《たちかわのはら》（現・東京都立川《たちかわ》市）で、山内上杉家方の軍と扇谷上杉家方の軍が激突。この**立河原の戦い**《たちかわのはら》では、伊勢宗瑞の活躍もあって、扇谷上杉家方が勝利した。

Point 山内上杉家と扇谷上杉家の間で戦われた長享の乱は、山内上杉家の勝利に終わった。

長享の乱　終盤戦

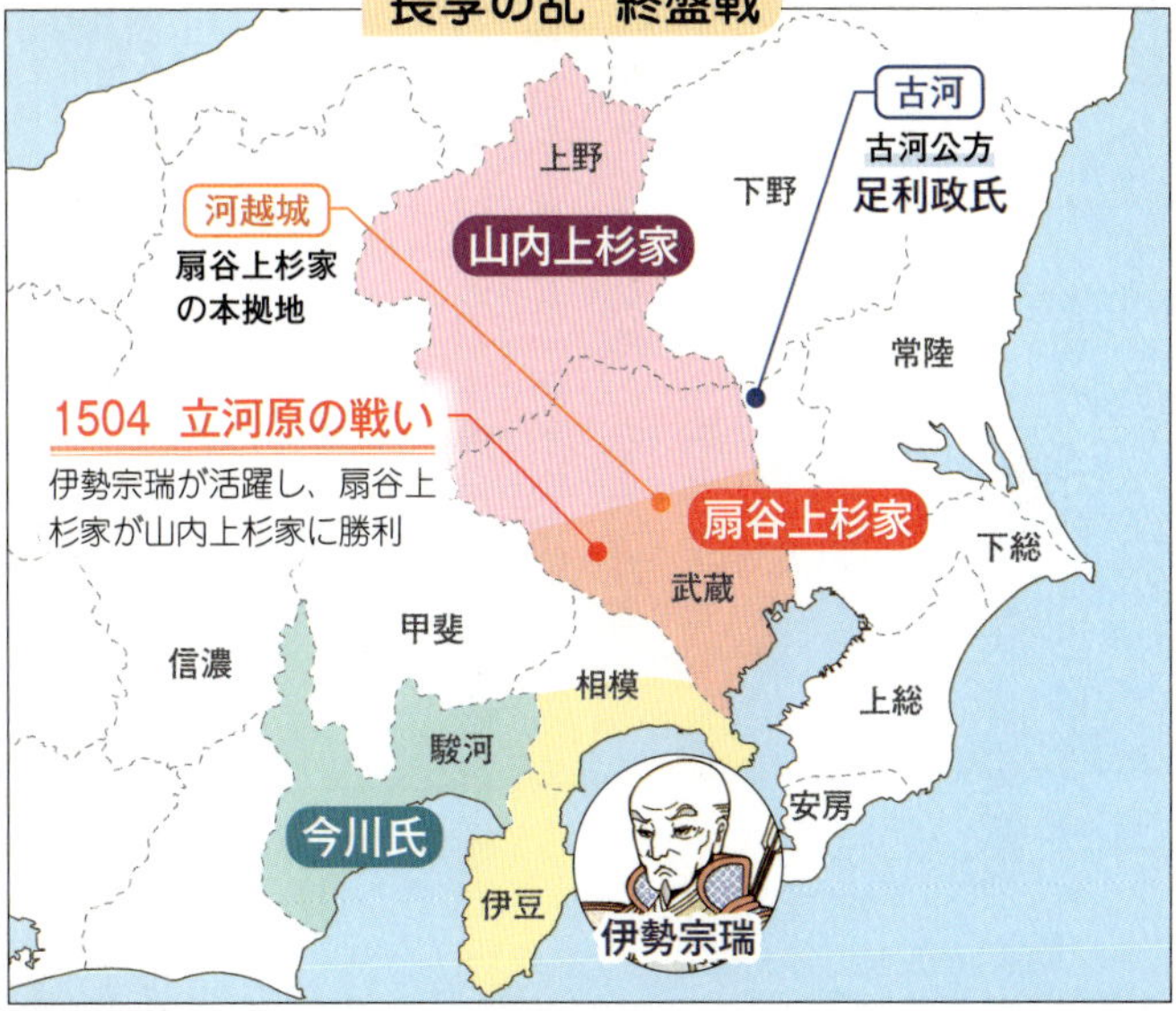

▲関東の長享の乱において、伊勢宗瑞は扇谷上杉家側についたが、最終的に勝利したのは山内上杉家だった。

長享の乱の終結

しかし山内上杉家は、**越後上杉家**《えちごうえすぎけ》の支援も受けて反撃に出る。1505年、越後上杉家の家臣である越後守護代**長尾能景**《ながおよしかげ》の軍とともに、上杉顕定は河越城を包囲。上杉朝良を降伏させた。上杉朝良は隠居させられ、その子**上杉朝興**《うえすぎともおき》が、扇谷上杉家の名目上の当主となる。

こうして、1487年から20年近くも続いた長享の乱は、山内上杉家の勝利という形で終結した。両上杉家は和解し、1507年には同盟関係を復活させた。

09 相模の永正の乱

越後の下剋上から関東が揺れた

越後での下剋上

関東の両上杉家が和解した頃、**越後上杉家**で騒動がもちあがり、関東へと波及《はきゅう》した。その一連の出来事を、**相模《さがみ》の永正《えいしょう》の乱**という。

1506年、**一向一揆**と戦うために越中《えっちゅう》に出陣した越後守護代**長尾能景**が、裏切りに遭《あ》って戦死した。このとき、主家**越後上杉家**の当主**上《うえ》杉房能《すぎふさよし》**は、援軍を出して救うことをしなかった。**越後《えちご》長尾《なが》家《おけ》**の家督は、長尾能景の息子**長尾《ながお》為《ため》景《かげ》**が継ぐ。この為景は1507年、父を見殺しにした上杉房能を襲撃し、自害に追い込むと、房能の娘婿を、形ばかりの守護に擁立した。

上杉氏の宗家たる**山内上杉家**の**上杉顕定**は1509年、報復のために大軍を率いて越後に侵攻する。しかし、長尾為景はいったん越中に逃げるも、翌年には反撃して越後を奪還、上杉顕定を自害させた。

1510年	長尾為景、上杉顕定を討つ
1512年	上杉憲房、家督を継ぐ 足利高基、古河公方に

上杉顕定の死の衝撃

関東管領を40年以上務め、長享の乱を勝ち抜いた実力者の敗死は、関東に激震《げきしん》をもたらした。まず、山内上杉家で後継者問題が浮上。顕定

Point 長尾為景の謀反に始まる争乱で、古河公方と関東管領が代替わりし、小弓公方が誕生、伊勢宗瑞が自立した。

相模の永正の乱の波及

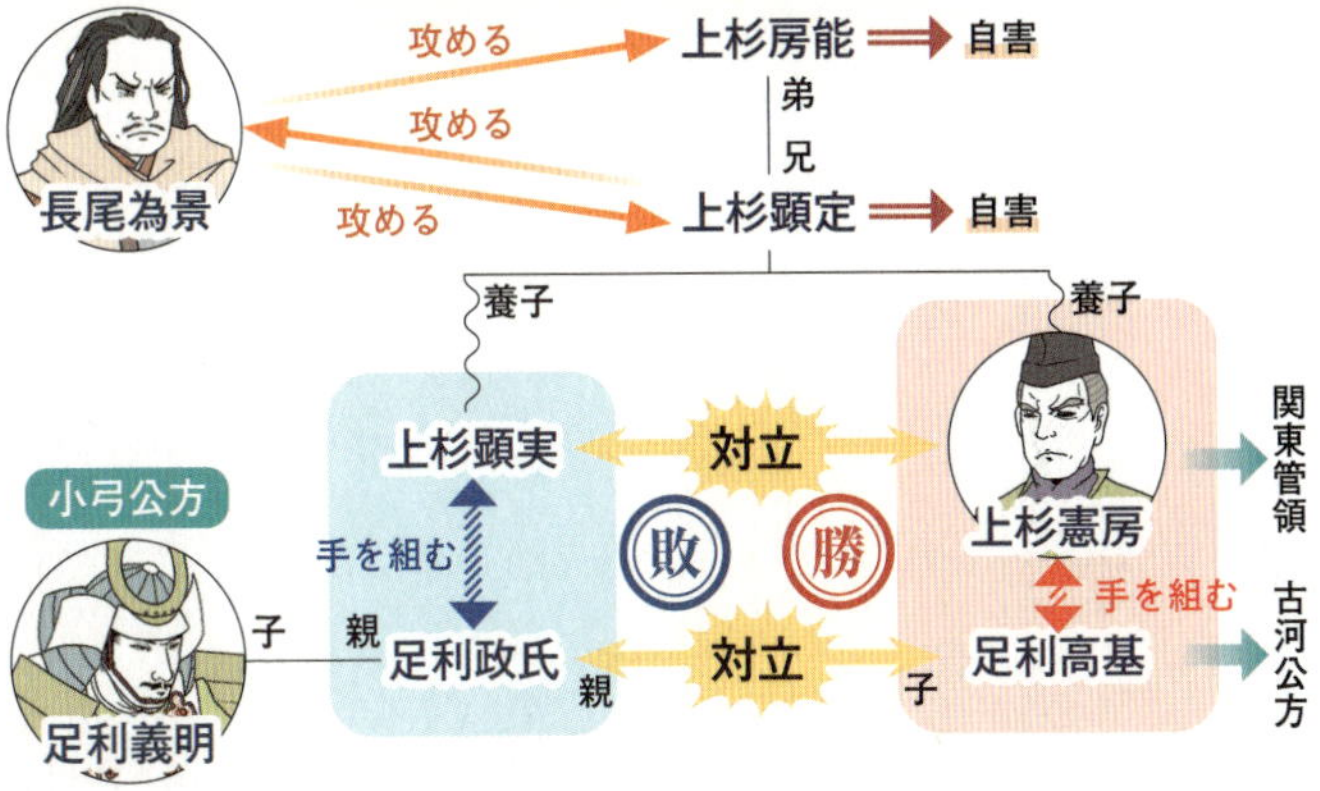

▲相模の永正の乱で、上杉顕実を抑えて1512年に山内上杉家の家督を継いだ上杉憲房は、1515年に関東管領の職に就いた。

のふたりの養子、**上杉顕実**《うえすぎあきざね》と**上杉憲房**《うえすぎのりふさ》が争った。

これに、**古河公方**家の親子対立がからむ。古河公方の**足利政氏**は、実子**足利高基**《あしかがたかもと》と抗争状態にあったのだが、上杉顕実は足利政氏と、上杉憲房は足利高基と手を結んだ。1512年、上杉憲房が山内上杉家を継ぎ、足利高基が父を放《ほう》逐《ちく》して古河公方となる。

このゴタゴタに乗じるように、足利高基の出家していた弟が還俗して**足利義明**《あしかがよしあき》を名のり、**小**《お》**弓城**《ゆみじょう》（現・千葉県千葉市）を乗っ取っている。**小弓公方**《おゆみくぼう》の誕生である（31ページ参照）。

そして**伊勢宗瑞**。力をつけた彼は今川氏から独立し、**扇谷上杉家**にも敵対するようになった。扇谷上杉家は山内上杉家と組んで対抗しようとするが、相模に勢力を広げる伊勢宗瑞を止めることはできなかった。

東国の実力者たち

北条氏・武田氏・松平氏などが表舞台に

１５１８年	北条氏綱、家督を継ぐ
１５２０年	武田信虎、甲斐を統一
１５２９年	松平清康、三河を統一

◉北条氏と扇谷上杉家

１５１６年に相模をほぼ統一した**伊勢宗瑞**は、１５１９年に没した。

宗瑞の死の前年に家督を譲られていた息子は、鎌倉時代の**執権**《しっけん》（幕府のナンバー２）で相模守《さがみのかみ》だった「北条《ほうじょう》」の姓《せい》を名のるようになる。彼の名は**北条氏綱**《ほうじょううじつな》。代替わりとともに**扇谷上杉家**と和睦したが、１５２４年にはまた扇谷上杉家の領国へ侵攻し、**江戸城**《えどじょう》を奪った。

扇谷上杉家の当主**上杉朝興**は、甲斐国《かいのくに》（現・山梨県）守護の**武田氏**《たけだし》の力を借りて反撃する。

◉次代の戦国武将たち

武田氏の**武田信虎**《たけだのぶとら》は、１５２０年に甲斐を統一した実力者である。北条氏を警戒する扇谷上杉家と武田氏は、１５３０年には同盟を結んだ。

ほかにも、次代《じだい》を担う戦国武将たちが登場してくる。

従来、東北地方には守護が置かれていなかったが、１５２２年、**伊達稙宗**《だてたねむね》が陸奥国《むつのくに》（現・青森県、岩手県、宮城県、福島県など）守護に任ぜられた。三河国《みかわのくに》（現・愛知県東部）には**松平**《まつだいら》**清康**《きよやす》が現れ、１５２９年に三河を統一した。

Point 相模の北条氏、甲斐の武田氏、陸奥の伊達氏、三河の松平氏など、戦国時代の大物たちが登場してきた。

1520年代以降の東国

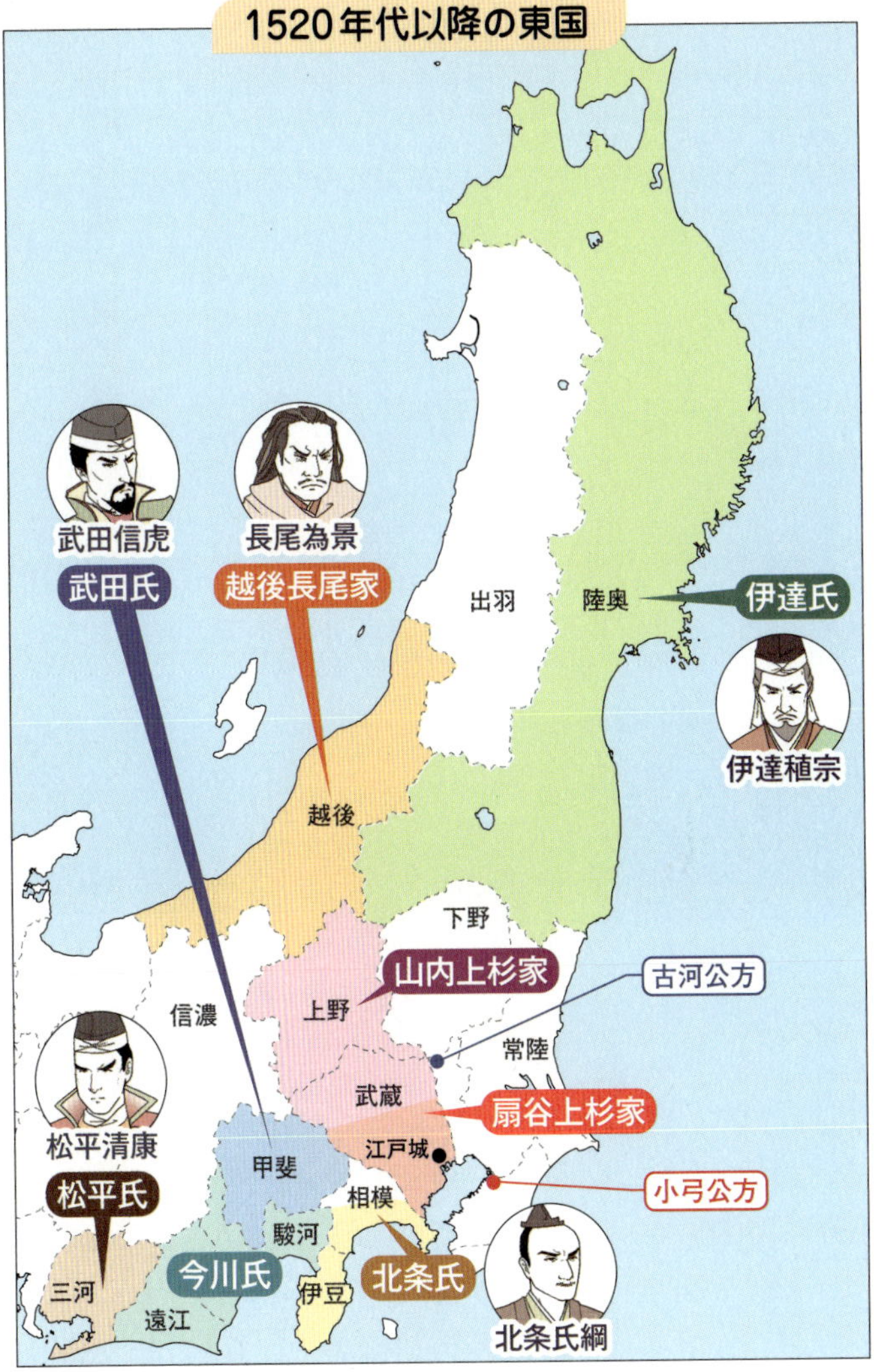

武田信虎
武田氏
長尾為景
越後長尾家
出羽
陸奥
伊達氏
伊達稙宗
越後
下野
山内上杉家
古河公方
上野
信濃
常陸
武蔵
扇谷上杉家
松平清康
江戸城
甲斐
小弓公方
松平氏
相模
駿河
今川氏
北条氏
三河
伊豆
遠江
北条氏綱

▲戦国時代後半の主役となる氏族が登場してきた。

第4章 瓦解に向かう室町幕府

室町後期の東アジア

ここで、日本列島の外に視野を広げてみよう。国際社会は、どのような情勢だったのだろうか。

13世紀から、壱岐《いき》・対馬《つしま》などの民に朝鮮《ちょうせん》半島の民も一部加わって、半商人・半海賊的な武装集団が形成された。彼らは朝鮮半島や中国の山《さん》東省沿岸《とうしょう》などで活動し、**倭寇**《わこう》と呼ばれた。

朝鮮半島の**朝鮮王朝**《ちょうせんおうちょう》（李氏朝鮮《りしちょうせん》、1392～1910年）では倭寇対策として、15世紀前半から、日本人の居住や貿易を認める港を、半島南部の3港だけに限定する政策を取っていた。その3港を**三浦**《さんぽ》という。三浦に住む日本人が増えてその勢力が大きくなると、朝鮮側との軋轢《あつれき》が生じ、当局は日本人に対する締めつけを強化した。1510年、日本人居留民《きょりゅうみん》たちは、対馬島主**宗義盛**《そうよしもり》の支援を受けて暴動を起こす。**三浦**《さんぽ》**の乱**である。これはやがて鎮圧され、のちに和解に至ったが、日本と朝鮮の貿易は衰《おとろ》えた。

また、中国の**明**《みん》（1368～1644年）と日本は、**勘合貿易**《かんごうぼうえき》を行っていた。明が貿易の相手として公認した証《あかし》に、**勘合**《かんごう》という割符《わりふ》を発給し、これを用いて貿易するのである。**応仁の乱**までは幕府が管理していたが、乱ののちは**細川氏**と**大内氏**が利権を握った。そして1523年、**寧波**《ニンポー》**の乱**が起こる。中国の寧波《ニンポー》で、細川氏と大内氏が衝突したのだ。これに勝利した大内氏が、以後の勘合貿易を独占したが、この事件で悪印象が広がり、勘合貿易の制限は厳しくなった。

第5章

近畿と西国の猛者たち

01 堺幕府の崩壊

細川晴元が三好元長と足利義維を排除

1532年
一向一揆、三好元長を討つ
足利義維、阿波平島へ
細川晴元、足利義晴と和解

堺幕府に走る亀裂

1530年代から1560年頃にかけて、群《ぐん》雄割拠《ゆうかっきょ》の戦国時代がいよいよピークを迎え、各地でさまざまな勢力がいっそう複雑にからみ合っていく。まずは畿内の動きから見てみよう。

応仁《おうにん》の乱後の**細川政元《ほそかわまさもと》**の権力は、**細川高国《ほそかわたかくに》**に継承され、その高国を、**阿波細川家《あわほそかわけ》**の流れをくむ**細川晴元《ほそかわはるもと》**が倒したのだった（85ページ参照）。

堺公方《さかいくぼう》の**足利義維《あしかがよしつな》**を奉じ、**堺幕府《さかいばくふ》**を運営する細川晴元。その有力な家臣には、**御前衆《ごぜんしゅう》**と呼ばれる**可竹軒周聰《かちくけんしゅうそう》**、**木沢長政《きざわながまさ》**、**三好政長《みよしまさなが》**がいた。

そのグループとは別にいたのが、強大な武力で細川高国打倒を実現した立役者《たてやくしゃ》、**三好元長《みよしもとなが》**。

そして、この細川晴元家臣団の中に、争いが起こる。

三好元長の死

三好元長は山城守護代と、**河内十七箇所《かわちじゅうななかしょ》**という重要な荘園《しょうえん》の代官職を得た。

この躍進《やくしん》に、御前衆が反発。彼らは、主君の細川晴元が三好元長と対立するように煽った。

三好元長のほうは、堺公方の足利義維との結

Point 細川高国を破った細川晴元は、家臣の三好元長を謀殺して堺幕府を崩壊させ、将軍・足利義晴に接近した。

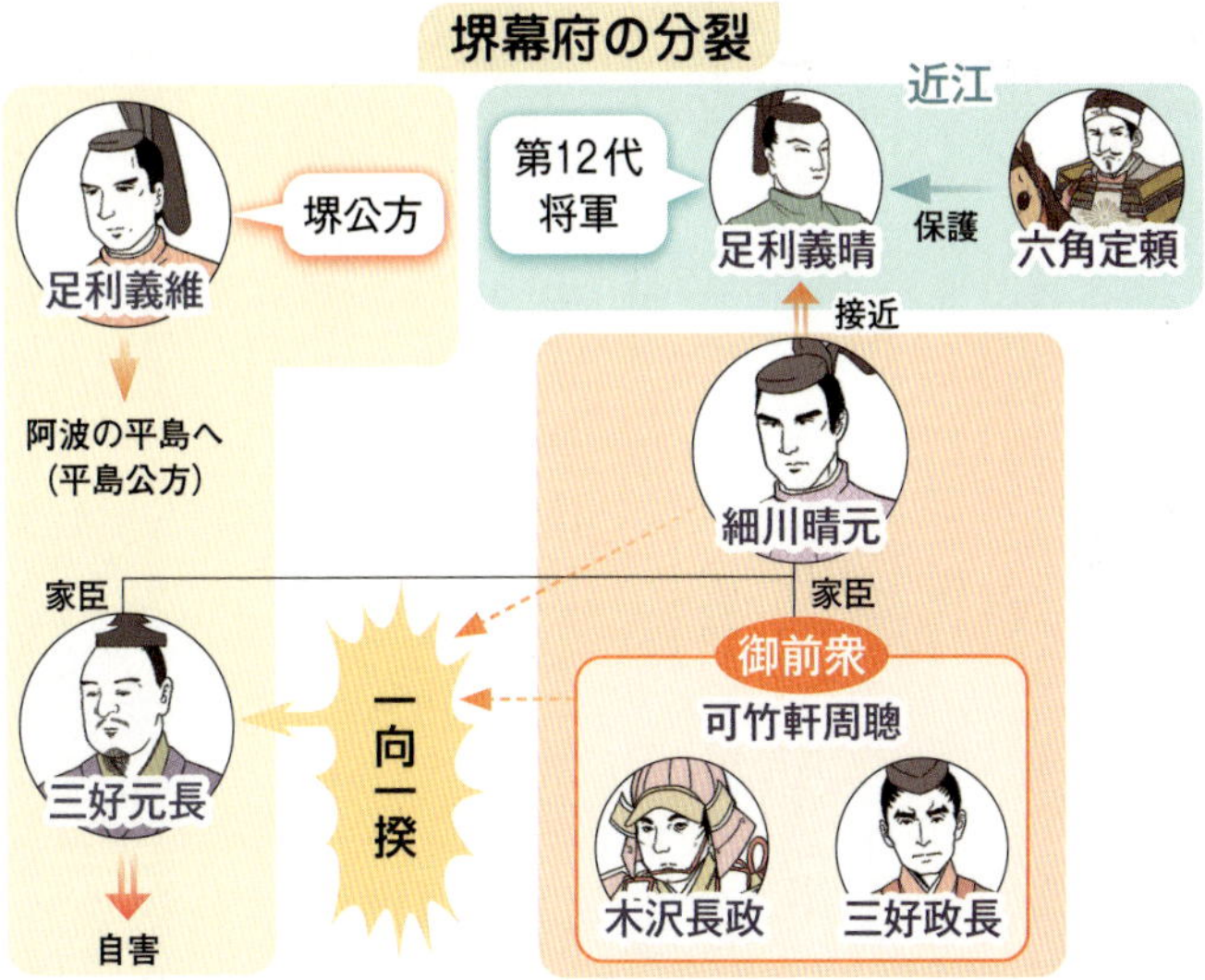

▲細川晴元の家臣団が、「御前衆」と三好元長に分裂した。三好元長は足利義維とのつながりを強めたが、一向一揆を差し向けられ、自害に追い込まれた。

びつきを強めることで対抗しようとした。こうして、堺幕府内部での亀裂《きれつ》が深まっていく。

細川晴元と御前衆は策略をめぐらせ、**本願寺**《ほんがんじ》の10代法主《ほうしゅ》**証如**《しょうにょ》と手を組むことにした。そして**一向一揆**《いっこういっき》を起こさせ、三好元長に差し向けたのである。

一向一揆の大軍は、三好元長を自害に追い込んだ。三好元長側についていた足利義維は、阿波の平島《ひらじま》に落ち、**平島公方**《ひらじまくぼう》と呼ばれるようになる。

こうして、堺幕府は消滅した。細川晴元は、もと敵方の将軍**足利義晴**《あしかがよしはる》に接近する。義晴は、近江国《おうみのくに》守護**六角定頼**《ろっかくさだより》（六角《ろっかく》高頼《たかより》の息子）に保護され、自分こそ正統な将軍であるとアピールを続けていた。

細川晴元と寺社勢力

一向宗、法華宗、延暦寺の実力を利用

1532年	法華一揆
1534年	足利義晴、入京
1536年	細川晴元、入京

一向一揆との対立

将軍**足利義晴**と手を組んだ**細川晴元**は、京に入って政権を確立するために策動《さくどう》する。

まず、**三好元長**を討つのに利用した**一向一揆**の鎮圧である。彼らは勢いを増し、細川晴元にもコントロールできない、独自の行動を取るようになっていた。そのため細川晴元は**法華宗**《ほっけしゅう》（35ページ参照）と同盟を結び、1532年、一向宗の本拠地**山科本願寺**《やましなほんがんじ》（現・京都府京都市）を焼き討ちさせた。**法華一揆**《ほっけいっき》である。

大打撃を受けた本願寺は1533年、摂津《せっつ》の**石山御坊**《いしやまごぼう》（現・大阪府大阪市、65ページ参照）に本拠地を移し、**石山本願寺**《いしやまほんがんじ》を形成した。それと同時に、細川晴元を倒すため、細川高国の弟**細川晴国**《ほそかわはるくに》の軍と連携するようになっていった。

細川晴元は堺を攻められ、淡路《あわじ》に逃げた。その後、細川晴元・法華宗勢力と、細川晴国・一向宗勢力との対立が続いた。

将軍の帰京、晴元の上洛

1534年、将軍足利義晴は、**六角定頼**の息子**六角義賢**《ろっかくよしかた》に守られながら、近江から京に入っ

Point 細川晴元は、一向宗や法華宗などの寺社勢力を利用しつつ反対派を抑え、畿内を平定して権力を握った。

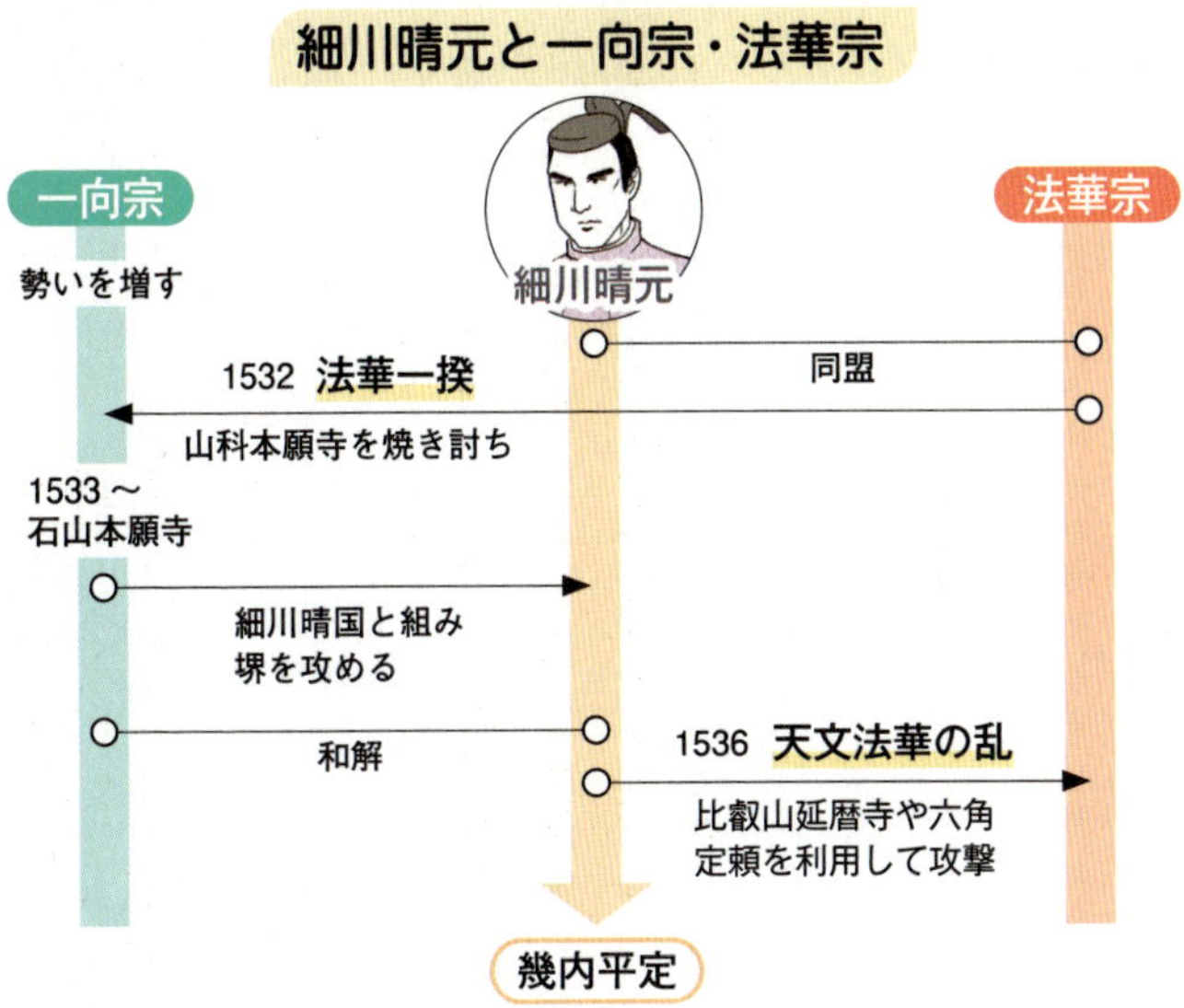

▲法華一揆のあと、一向宗の本拠地は、京の山科本願寺から大坂の石山本願寺に移った。

た。**桂川原の戦い**ののちに逃亡して以来（84ページ参照）、8年ぶりに、京に将軍が戻ってきたのである。

まだ入京できずにいた細川晴元だが、将軍の権威を利用することで、何とか一向一揆と和解した。次は、法華宗の勢力を弱めなければならない。

細川晴元は1536年、法華宗と対立する**比叡山延暦寺**《ひえいざんえんりゃくじ》、および六角定頼を利用して、京の法華宗寺院を焼き討ちさせた。**天文法華の乱**《てんぶんほっけのらん》である。

同年、細川晴国をも自害に追い込み、畿内を平定した細川晴元は、ついに上洛を果たす。**細川京兆家**《ほそかわけいちょうけ》の家督も継いで、権力を独占とまではいかないものの、政権を手中にしたのである。

三好長慶の台頭

細川晴元を脅かす三好元長の遺児

1539年	三好長慶、父の遺領を要求
1541年	木沢長政、細川晴元に逆らう
1542年	太平寺の戦い

◉三好政長は父の仇

細川晴元の家臣の中に、晴元と**御前衆**の策略によって殺された**三好元長**の息子、**三好長慶**《みよしながよし》が加わっていた。

三好元長の死を招いた**河内十七箇所**の代官職（100ページ参照）は、御前衆の**三好政長**が手にしていた。これを不服とする三好長慶（当時は三好利長《みよしとしなが》）は1539年、代官職を自分に与えるよう、細川晴元に求めた。

幕府は三好長慶に理解を示したが、三好政長を重用《ちょうよう》する細川晴元は、首を縦に振らない。そこで三好長慶は、武力を背景に主君にプレッシャーをかけ、さらには実際に戦闘まで行った。戦いは小《こ》競《ぜ》り合い程度にとどまり、**六角定頼**らの仲介で和睦に至るが、三好長慶は摂津を拠点に大きな軍事力をもち、発言権を高めていった。

◉太平寺の戦いで木沢長政を倒す

1541年、御前衆のひとりで河内の半国守《はんごくしゅ》護代《ごだい》（ひとつの国にふたり置かれた守護代の片方）である**木沢長政**が、三好政長との確執《かくしつ》などから、細川晴元に対して反旗を翻《ひるがえ》した。

Point 三好元長の遺児である三好長慶は、細川晴元の家臣となり、ほかの家臣らと対立しながらも力をつけた。

細川晴元と家臣たち

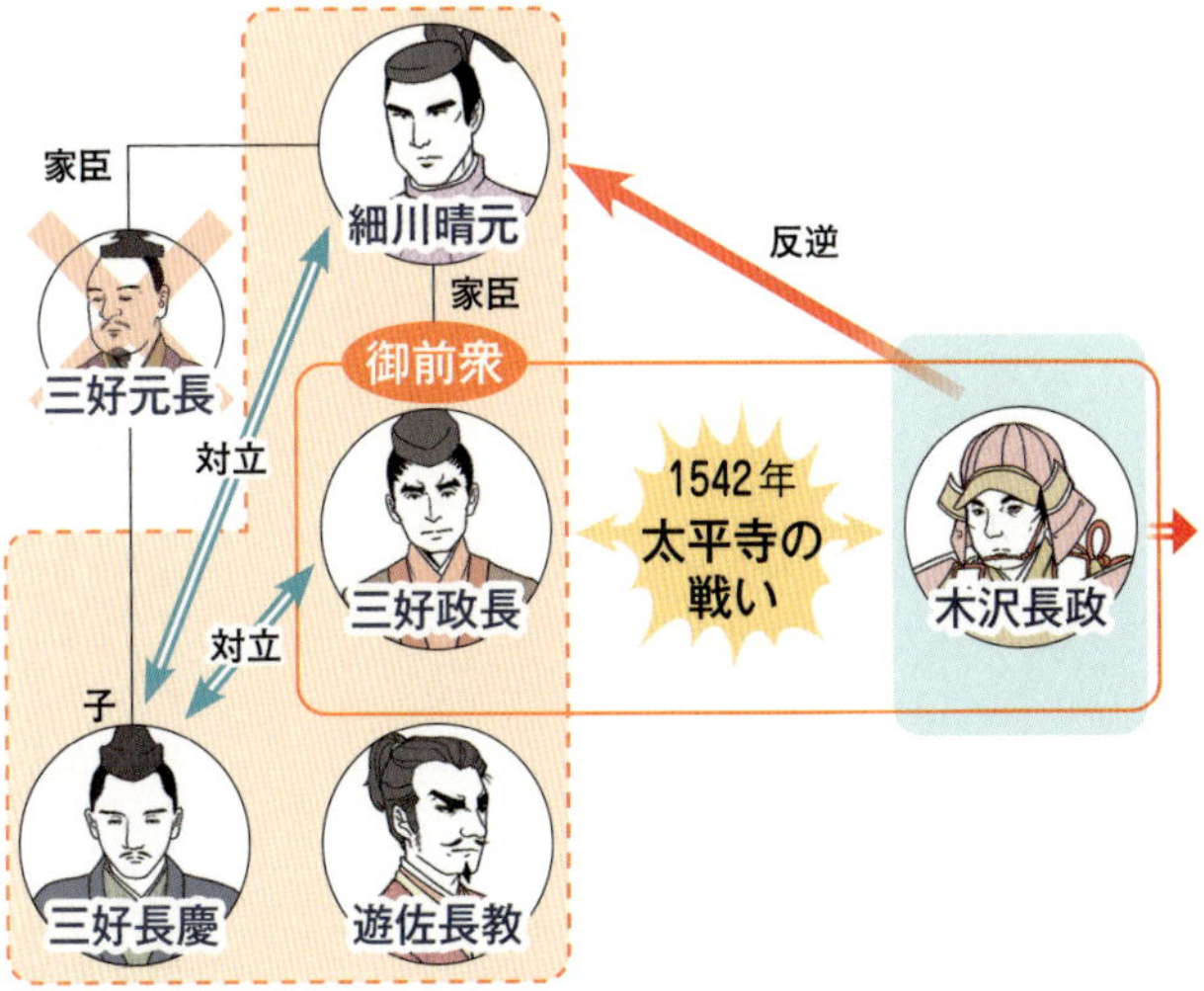

▲三好長慶は、細川晴元の家臣でありながら、河内十七箇所の代官職をめぐって、三好政長や細川晴元と対立した。しかし、木沢長政が細川晴元に反旗を翻すと、三好政長らと手を組んでこれを討った。

細川晴元は、将軍を連れて京から逃亡したが、六角定頼の助けを借りつつ、反撃の準備を整えていった。

翌年、三好長慶は細川晴元方として、木沢長政を討つため、遺恨《いこん》のある三好政長と手を組む。

また、河内のもうひとりの半国守護代**遊佐長教**《ゆさながのり》が細川晴元方につき、木沢長政は孤立していった。

そして三好長慶ら細川晴元軍は、**太平寺の戦い**《たいへいじ》（現・大阪府柏原市《かしわら》）で木沢長政を破る。木沢長政は敗死した。

この戦いで、三好長慶は大きな手柄を立てた。細川晴元政権での彼の発言力はさらに増していった。

細川晴元政権の崩壊

三好長慶が父・元長の復讐を果たす

1546年	足利義輝、第13代将軍に
1547年	舎利寺の戦い
1549年	江口の戦い

細川氏綱の反乱

細川晴元の政権は、まだ安泰《あんたい》ではなかった。1543年、晴元に敗れた**細川高国**の養子**細川《ほそかわ》氏綱《うじつな》**が、養父の仇を討つべく和泉《いずみ》で挙兵した。

これに際し、将軍**足利義晴**は、細川晴元との関係が悪化していたため、細川氏綱を支持する。さらに1546年には、河内守護代の**遊佐長教**までも、細川氏綱についた。

摂津の**三好長慶**は、まだあくまで細川晴元の家臣である。彼は**三好政長**や**六角定頼**とともに、細川氏綱と戦い、敵を圧倒していく。

1546年、細川氏綱の劣勢を見て、将軍足利義晴は近江《おうみ》坂本《さかもと》へ逃れ、息子に将軍位を譲った。第13代将軍**足利義輝《あしかがよしてる》**（当時は足利義藤《あしかがよしふじ》）である。そののち足利義晴・足利義輝親子は、六角定頼の仲介で細川晴元と和睦し、京に戻った。

1547年、晴元方と氏綱方の間で、大規模な**舎利寺《しゃりじ》の戦い**（現・大阪府大阪市）が起こる。三好長慶は大活躍し、畿内に武名を轟《とどろ》かせた。

細川晴元を京から追う

しかし三好長慶は、三好政長や細川晴元への

Point 三好長慶は、細川氏綱と組んで細川晴元を追い落とし、名実ともに畿内最大の勢力を形成した。

三好長慶が細川晴元に反逆

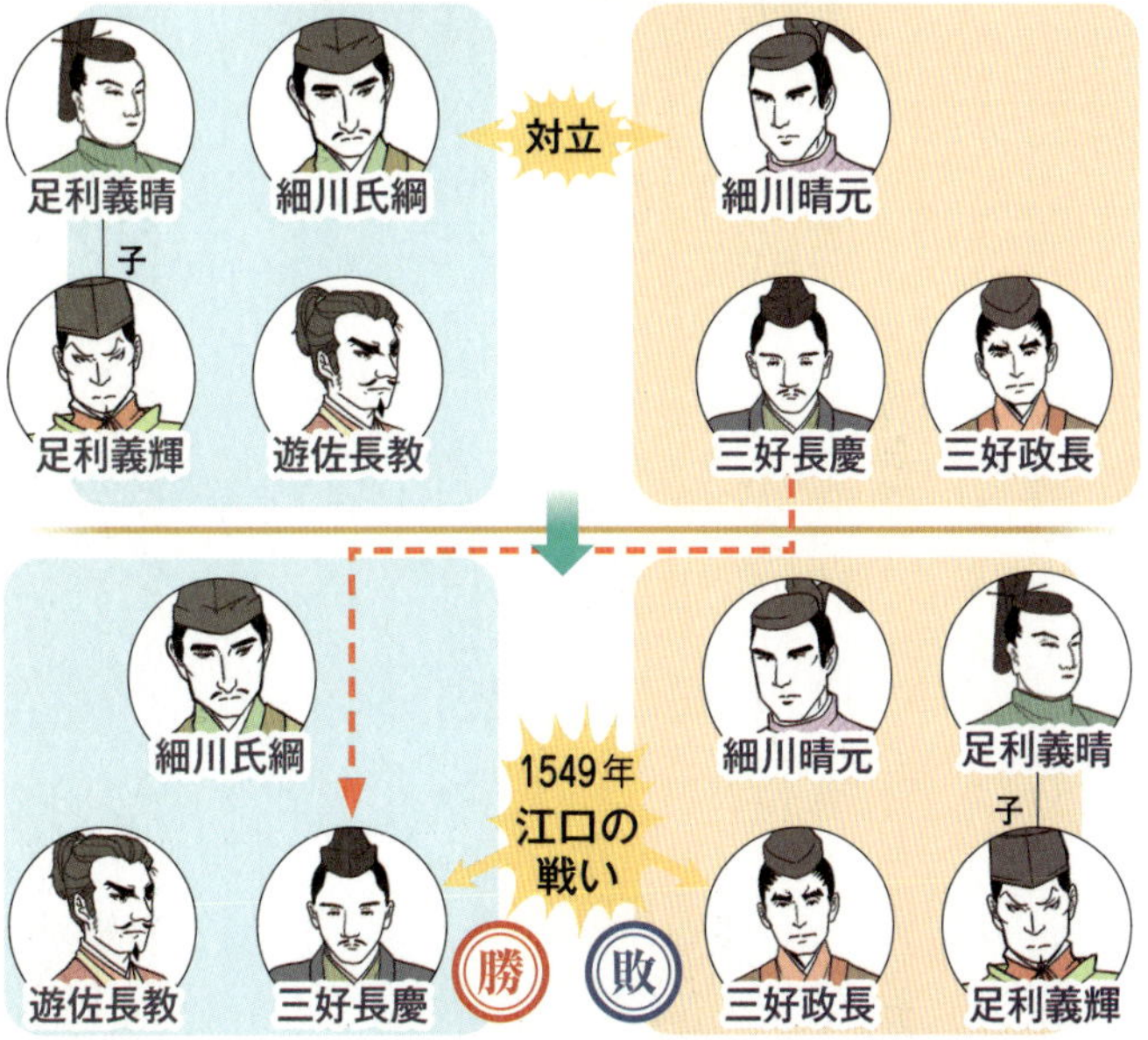

▲舎利寺の戦いののち、三好長慶は細川氏綱方に移り、細川晴元方と戦った。

反感を、いっそうつのらせていた。１５４８年、三好長慶は敵だった遊佐長教と同盟し、細川氏綱方に転じる。そして三好政長を攻めるのである。

１５４９年、**江口《えぐち》の戦い**。三好長慶は、ふたりの弟**安宅冬康《あたぎふゆやす》**と**十河一存《そごうかずまさ》**の協力を受け、摂津の**江口城《えぐちじょう》**（現・大阪府大阪市）を徹底封鎖した末に、三好政長を討ち取った。

支えを失った細川晴元は、近江へ逃亡した。足利義晴も、息子である将軍足利義輝とともに、六角氏を頼って近江へ逃げたが、１５５０年、同地で没した。

三好長慶政権のゆくえ

将軍足利義輝を傀儡にするのに苦心した

１５４９年	三好長慶、入京
１５５８年	足利義輝、三好長慶と和解
１５６４年	三好長慶、没

抵抗勢力は将軍

主君にして因縁《いんねん》の相手である**細川晴元**を、将軍らとともに近江へ追い払った**三好長慶**は、１５４９年、新たに主君とした**細川氏綱**とともに京に入り、畿内での政権を形成していく。

中央での政権を運営するには、権威を失っているとはいえ、将軍を奉ずるのが効率的だった。三好長慶は、近江国守護の**六角氏**を介して**足利義輝**と和睦し、１５５２年、将軍を京に迎える。

しかし足利義輝は、三好長慶を敵視しつづけていた。１５５３年には和睦を破棄して**霊山城**《りょうざんじょう》（現・京都府京都市）に籠《こ》もり、細川晴元と連携しつつ、三好長慶と戦った。そして霊山城が落とされると、細川晴元とともにまたも近江へと逃亡したのである。

全盛、そして衰退と崩壊

京を握る三好長慶と、近江朽木《くつき》（現・滋賀県高島《たかしま》市）の将軍とが並立し、争い合う事態が何年も続いた。その間、**後奈良**《ごなら》**天皇**が没し、**正親**《おおぎ》**町**《まち》**天皇**が践祚《せんそ》した（１５５７年）。

そして１５５８年、**六角義賢**の仲介で、つい

Point 入京した三好長慶は、長い時間をかけて将軍・足利義輝と和解し、全盛期を迎えるも、混乱を残して没した。

三好長慶と足利義輝

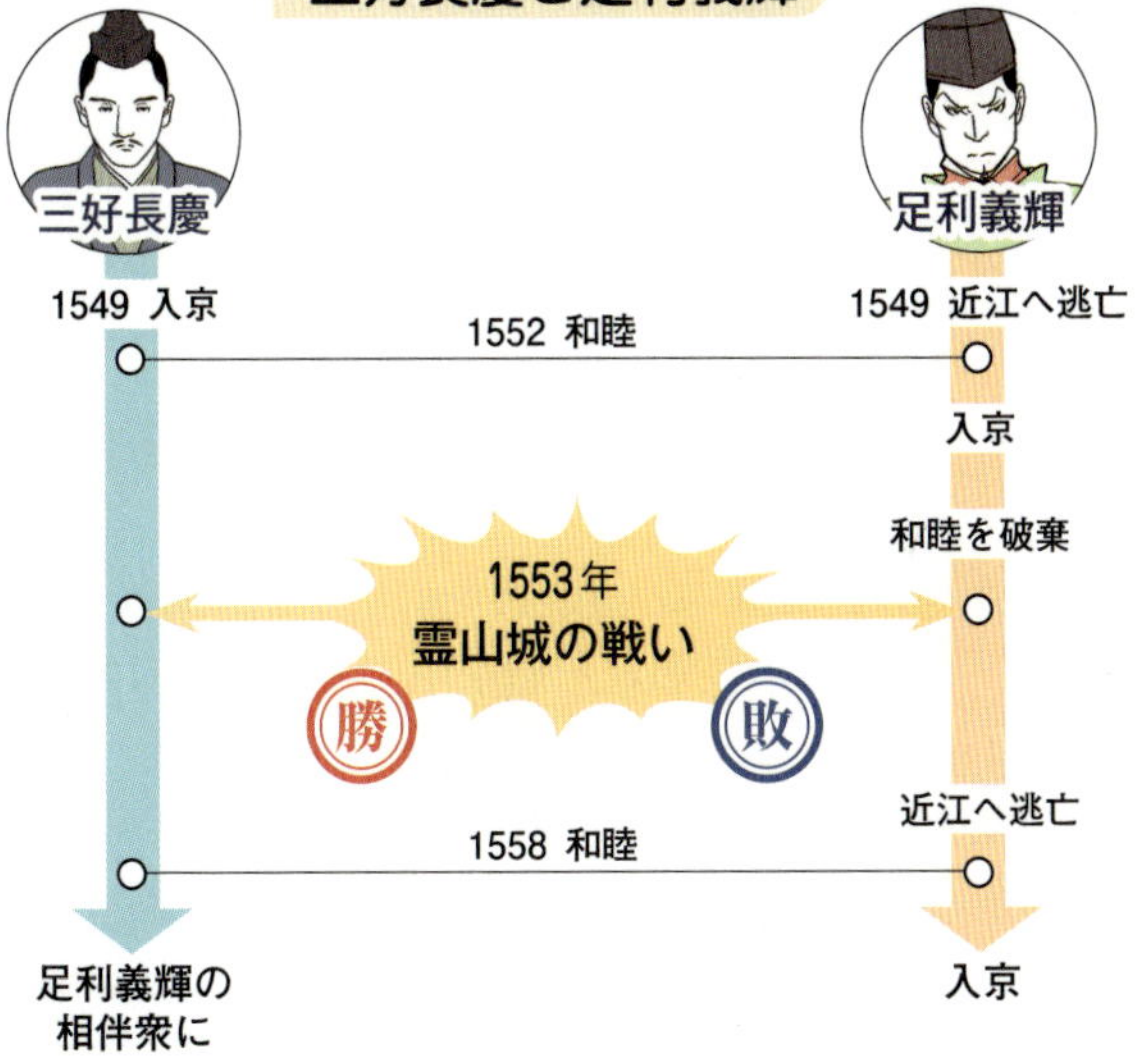

▲三好長慶は、将軍・足利義輝を自分の政権に取り込もうとしたが、足利義輝は将軍親政をめざしており、両者が折り合うまでには長い時間がかかった。

に三好長慶と足利義輝との和解が成立した。

足利義輝は京に戻り、それを迎えた三好長慶は、**相伴衆**《しょうばんしゅう》という重臣の身分につき、全国最大規模の勢力をもつ実力者となった。彼の全盛期である。

しかし、1561年から1563年にかけて、三好長慶の弟の**十河一存**と**三好実休**《みよしじっきゅう》、息子の**三好義興**《みよしよしおき》が次々に没する。力を落とした三好長慶は1564年、家臣の**松永久秀**《まつながひさひで》の讒言《ざんげん》により、最後に残った弟の**安宅冬康**をも殺してしまう。そして同年、三好長慶自身も病没。あとには大きな混乱が残された。

台頭する龍造寺氏

16世紀半ばの九州を席巻

１５３６年	陶興房、少弐資元を討つ
１５４８年	龍造寺隆信、本家の家督を継ぐ
１５５９年	少弐冬尚、没

◉龍造寺家兼の受難と復讐

次に、１５３０年代からの九州に目を転じる。カギを握るのは、少弐氏《しょうにし》家臣の**龍造寺氏**《りゅうぞうじし》、豊後《ぶんご》の**大友氏**《おおともし》、薩摩《さつま》の**島津氏**《しまづし》である。これらを順に見ていこう。まずは龍造寺氏から。

少弐氏・大友氏は、九州での勢力回復をもくろむ周防《すおう》の**大内義隆**《おおうちよしたか》と、激しく争っていた。１５３６年、**少弐資元**《しょうにすけもと》は、大内義隆が派遣してきた**陶興房**《すえおきふさ》に攻められ、自害に追い込まれる。

このとき、**龍造寺家兼**《りゅうぞうじいえかね》は目立った動きをしなかった。そのため、少弐資元の重臣**馬場頼周**《ばばよりちか》から「主君を見捨てた謀反人」とみなされ、子と孫を殺されてしまう。

１５４６年、龍造寺家兼は復讐のために挙兵し、馬場頼周を攻め滅ぼす。そして曾孫《ひまご》の**龍造寺隆信**《りゅうぞうじたかのぶ》（当時は龍造寺胤信《りゅうぞうじたねのぶ》）に家督を継がせ、同年に没した。

◉龍造寺隆信の躍進

龍造寺隆信が曾祖父から継いだ家督は分家のものだったが、彼は１５４８年、龍造寺本家の家督を継承することに成功する。そして反発す

Point 九州では、少弐氏の家臣だった龍造寺氏が力をつけ、少弐氏を滅ぼして勢力を拡大した。

龍造寺氏の躍進

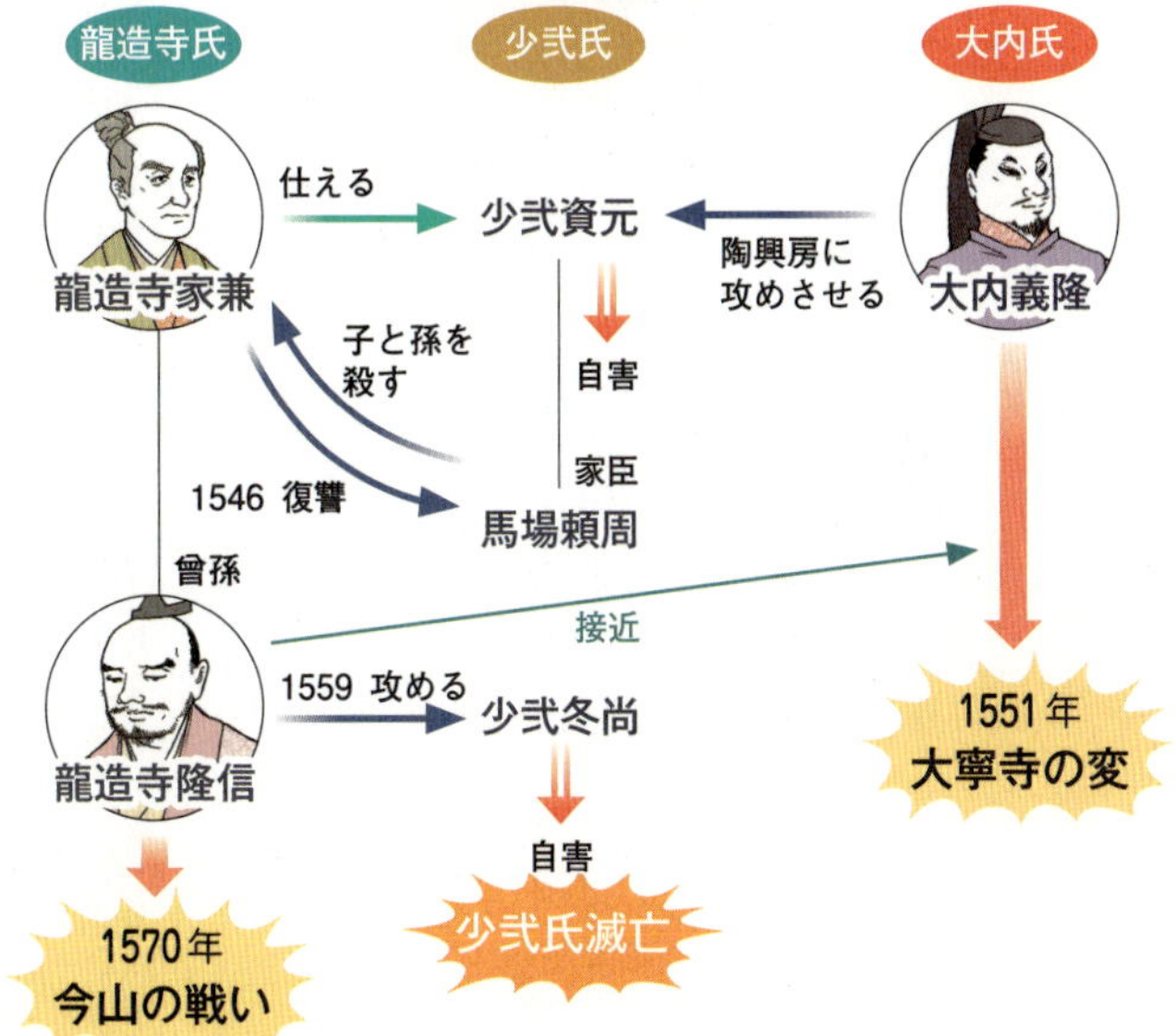

▲龍造寺氏は、少弐氏への臣従から独立し、九州の覇権を狙う大勢力へと成長した。

る家臣らを抑える力を得るため、大内義隆に接近した。

1551年に**大寧寺《たいねいじ》の変**で大内義隆が討たれると（118ページ参照）、後ろ盾を失った龍造寺隆信は本家から追放される。しかし1553年には本家を奪還、当主に返り咲いてさらに勢力を拡大していった。

1559年には少弐氏を攻め、再興をめざす**少弐冬尚《しょうにふゆひさ》**を自害に追い込む。戦国大名としての少弐氏は、ここに滅亡した。

勢いづく龍造寺氏。それを止めようと立ちはだかるのは、豊後を本拠地とする大友氏だった。

大友宗麟と今山の戦い

九州最大となるも新興勢力に押される

１５５０年	大友宗麟、家督を継ぐ
１５５４年	大友宗麟、菊池氏を滅ぼす
１５７０年	今山の戦い

大友義鑑から大友宗麟へ

以前から豊後を中心に強い勢力をもつ**大友氏**は、当主**大友義鑑**《おおともよしあき》の弟を送り込むことで、肥後《ひご》の**菊池氏**《きくちし》を傘下に収めていた（88ページ参照）。

しかし、その**菊池義武**《きくちよしたけ》が１５３４年、兄の大友義鑑に反抗し、独立した。大友義鑑が菊池を攻めると、菊池義武は肥前《ひぜん》に逃亡するが、そののちも何度となく、再起を狙うこととなる。

１５５０年、大友義鑑が家督継承をめぐって重臣と対立し、襲撃される事件が起こる。**二階**《にかい》**崩**《くず》**れの変**である。このときに負った傷により大友義鑑は没し、**大友宗麟**《おおともそうりん》（当時は大友義鎮《おおともよししげ》）が家督を継ぐ。彼はのちに**キリスト教**に改宗《かいしゅう》し、**キリシタン大名**となったことでも有名である。

大友宗麟は１５５４年、叔父に当たる菊池義武を自害に追い込み、菊池氏を滅ぼす。軍事力と政治力を駆使して、当時の九州で最大の勢力となり、大友氏の最盛期をもたらした。

龍造寺との直接対決

大友宗麟は１５６９年、肥前に侵攻し、翌年**龍造寺隆信**と激突する。**今山**《いまやま》**の戦い**（現・佐賀

Point 九州最大の勢力を形成した大友氏は、龍造寺氏と島津氏に敗れて以降、力を落としていった。

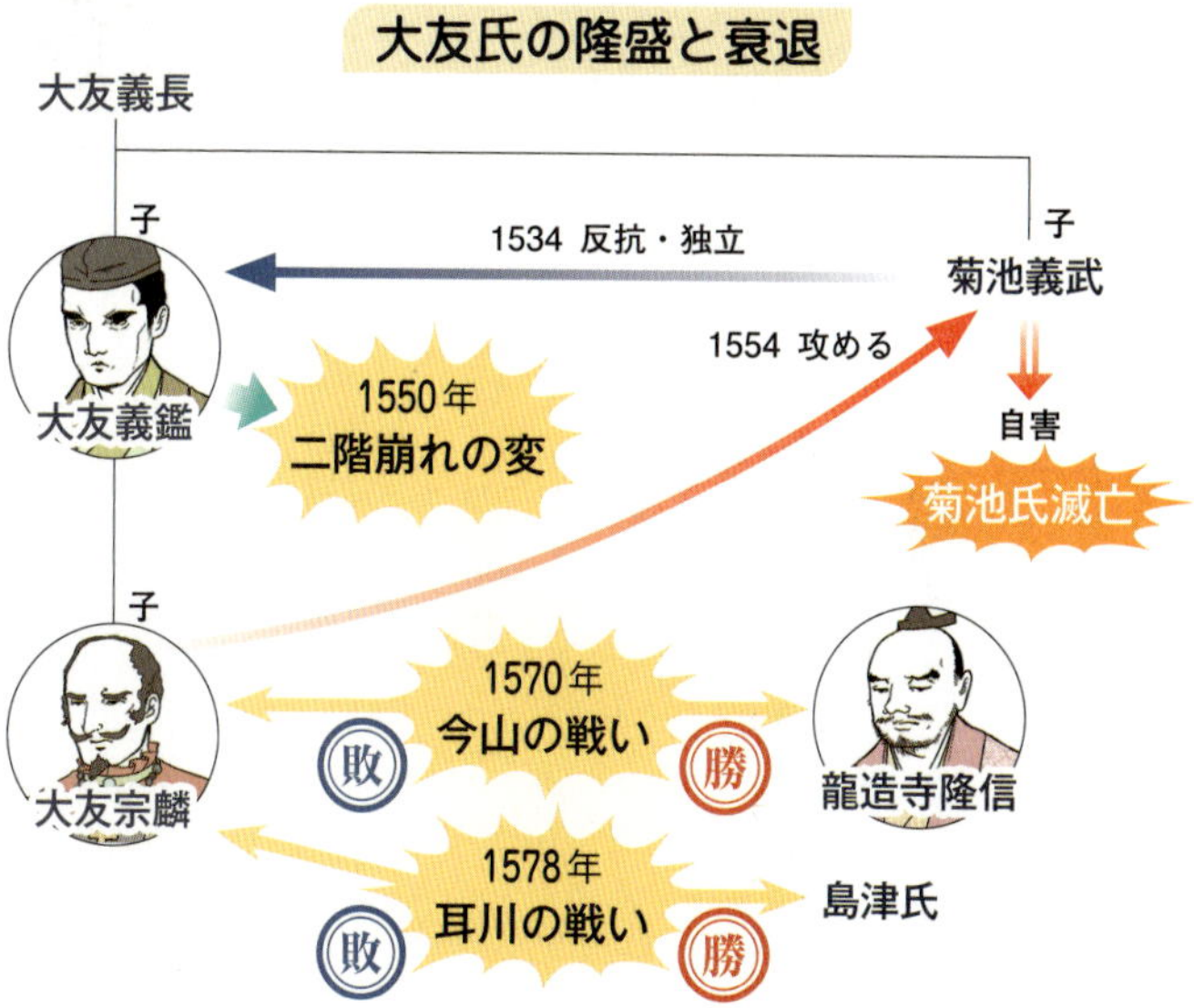

▲大友氏は一時、九州最大の勢力となるが、今山の戦いと耳川の戦いに敗れ、衰退していく。

県佐賀市）である。

数の上では大友方が圧倒的有利だったが、龍造寺方は**鍋島直茂**《なべしまなおしげ》（当時は鍋《なべ》島信生《しまのぶなり》）の提案で夜襲をかけてきた。大友方は大敗し、これをきっかけに和議を結ぶことになる。

大友宗麟は、形の上で龍造寺隆信の主君となり、龍造寺から人質を取った。しかし実質的にはこれ以降、龍造寺氏の版図《はんと》拡大を認めることになる。

さらに1578年、大友宗麟は、力をつけて薩摩から北上してきた**島津氏**を迎え撃とうとするが、**耳川《みみかわ》の戦い**（現・宮崎県木城町《きじょうちょう》）に敗北した。このことで大友氏は覇気《はき》を失い、衰退に向かうのである。

新たなる覇者 島津氏

大友氏と龍造寺氏を破り九州統一をめざす

1576年　島津義久、三国統一を達成
1578年　耳川の戦い
1584年　沖田畷の戦い

◉島津貴久と島津四兄弟

薩摩国は、**島津氏**当主**島津貴久**《しまづたかひさ》によって、1539年に統一された。彼は勢力拡大を続け、1556年には西大隅《にしおおすみ》（現・鹿児島県中部）をも手中に収める。

島津氏を飛躍的に成長させた島津貴久には、4人の息子がいた。世にいう**島津四兄弟**である。そして1566年、長男の**島津義久**《しまづよしひさ》が家督を譲り受けた。

島津義久も、精力的に活動した。1574年に大隅国《おおすみのくに》（現・鹿児島県東部）を、1576年には日向国《ひゅうがのくに》（現・宮崎県）を統一し、三国統一を達成する。

◉耳川の戦いと沖田畷の戦い

島津氏によって日向から追われた**伊東氏**《いとうし》は、**大友宗麟**を頼った。1578年、大友の大軍が日向に侵攻してきて、**耳川の戦い**が勃発する。この戦いで、島津義久と末弟の**島津家久**《しまづいえひさ》は、数で勝る大友軍を撃破した。大友氏は、九州の覇権《はけん》を賭けたレースから脱落する。

利を得たのは、大友の家臣**龍造寺隆信**である。

Point 薩摩の島津氏は、大友氏と龍造寺氏を破り、九州統一に向けて進んでいった。

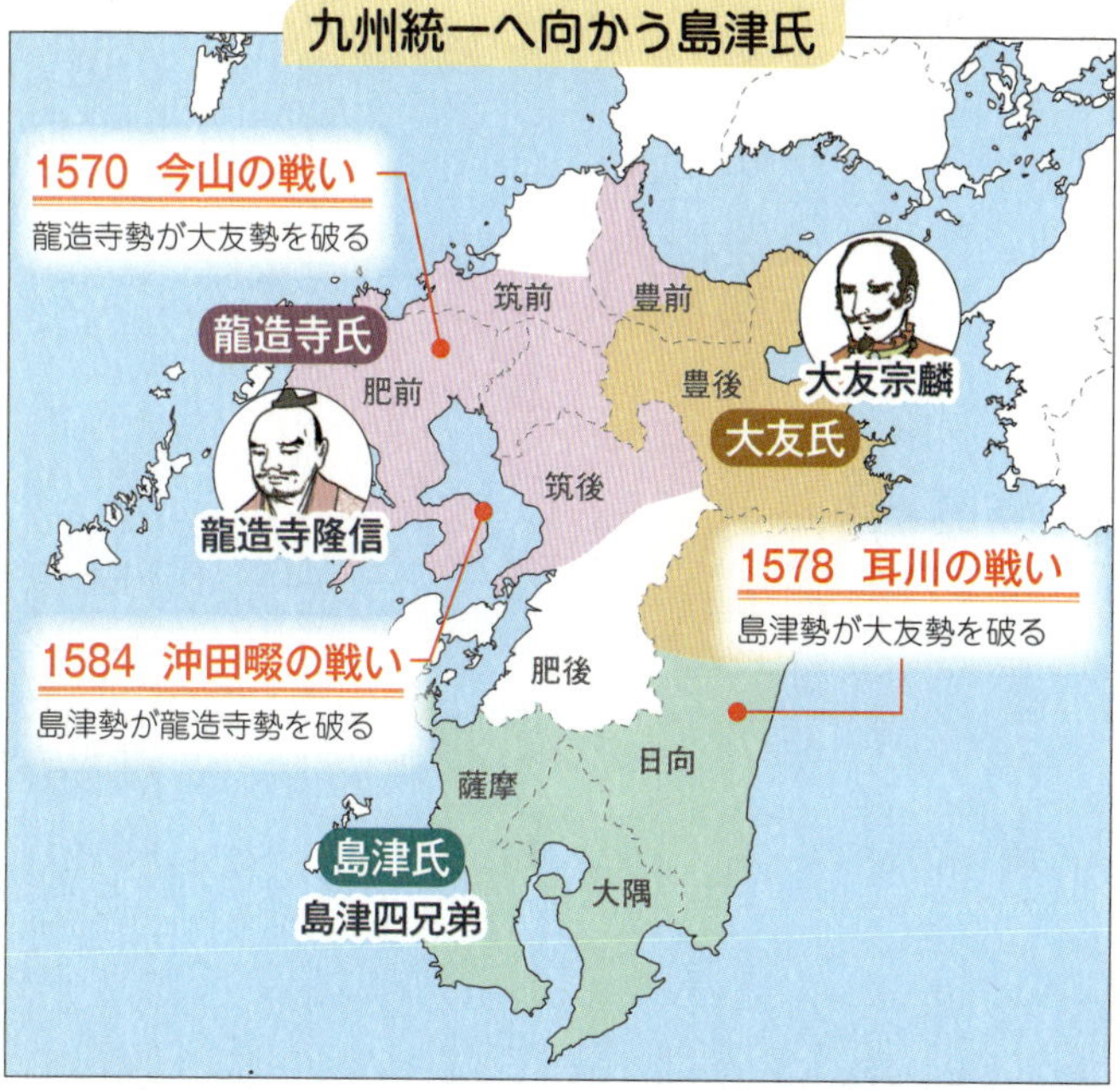

▲南から勢力を伸ばしていった島津氏は、大友氏と龍造寺氏を破ったのち、九州のほとんどを制圧することになる。

彼はここぞとばかりに大友領を切り取り、最盛期を迎えた。

そして1584年、島津氏と龍造寺氏は、ついに直接対決する。**沖田畷《おきたなわて》の戦い**（現・長崎県の島原《しまばら》半島北部）である。島津方を率いるのは島津家久と、龍造寺方から離反した**有馬晴信《ありまはるのぶ》**。数の上では不利だったが、戦場が湿地であることを活かし、鉄砲隊も活用して勝利を収め、龍造寺隆信を討ち果たした。

以後、島津四兄弟は龍造寺氏も一時臣従《しんじゅう》させ、九州統一をめざして進んでいく。

09 毛利氏の自立への道

尼子と大内に頼らない生き残り方を模索

1537年	毛利氏、大内氏の傘下に
1540～1541年	吉田郡山城の戦い
1542～1543年	第1次月山富田城の戦い

尼子から大内に乗り換える

今度は、1530年代からの中国地方に移る。特に、**大内氏**《おおうちし》と**尼子氏**《あまごし》を抑えて覇者《はしゃ》となる**毛利氏**《もうりし》（86ページ参照）を中心に見ていこう。

尼子氏からの独立を望む**毛利元就**《もうりもとなり》は、1537年、嫡子《ちゃくし》の**毛利隆元**《もうりたかもと》を**大内義隆**《おおうちよしたか》のもとに人質に出すことで、信頼を得て大内氏の傘下に入る。

同年に**尼子経久**《あまごつねひさ》から尼子氏の家督を継いだ**尼子晴久**《あまごはるひさ》（当時は尼子詮久《あまごあきひさ》）は、むろんこれを許さない。1540年、毛利元就の**吉田郡山城**《よしだこおりやまじょう》（現・広島県安芸高田市《あきたかたし》）を包囲した。

しかし、毛利元就はもちこたえる。そして翌年、大内から送られてきた**陶隆房**《すえたかふさ》（陶興房《すえおきふさ》の息子）の援軍とともに、尼子軍を撃退した。

第1次月山富田城の戦い

同じ1541年、尼子経久が没し、尼子氏の支配力が低下する。これを受けて大内義隆は、本格的に尼子を攻めることを決意し、翌年、出雲に侵入。毛利元就や陶隆房もこれに従った。

そして尼子晴久の居城を舞台に、**第1次月山**《がっさん》**富田城**《とだじょう》**の戦い**が始まる。大内軍が有利に見えた

Point 毛利元就は、尼子氏と手を切って大内氏の傘下に入ったが、さらなる自立をめざし、家を大きくしていった。

大内氏・尼子氏の間の毛利元就

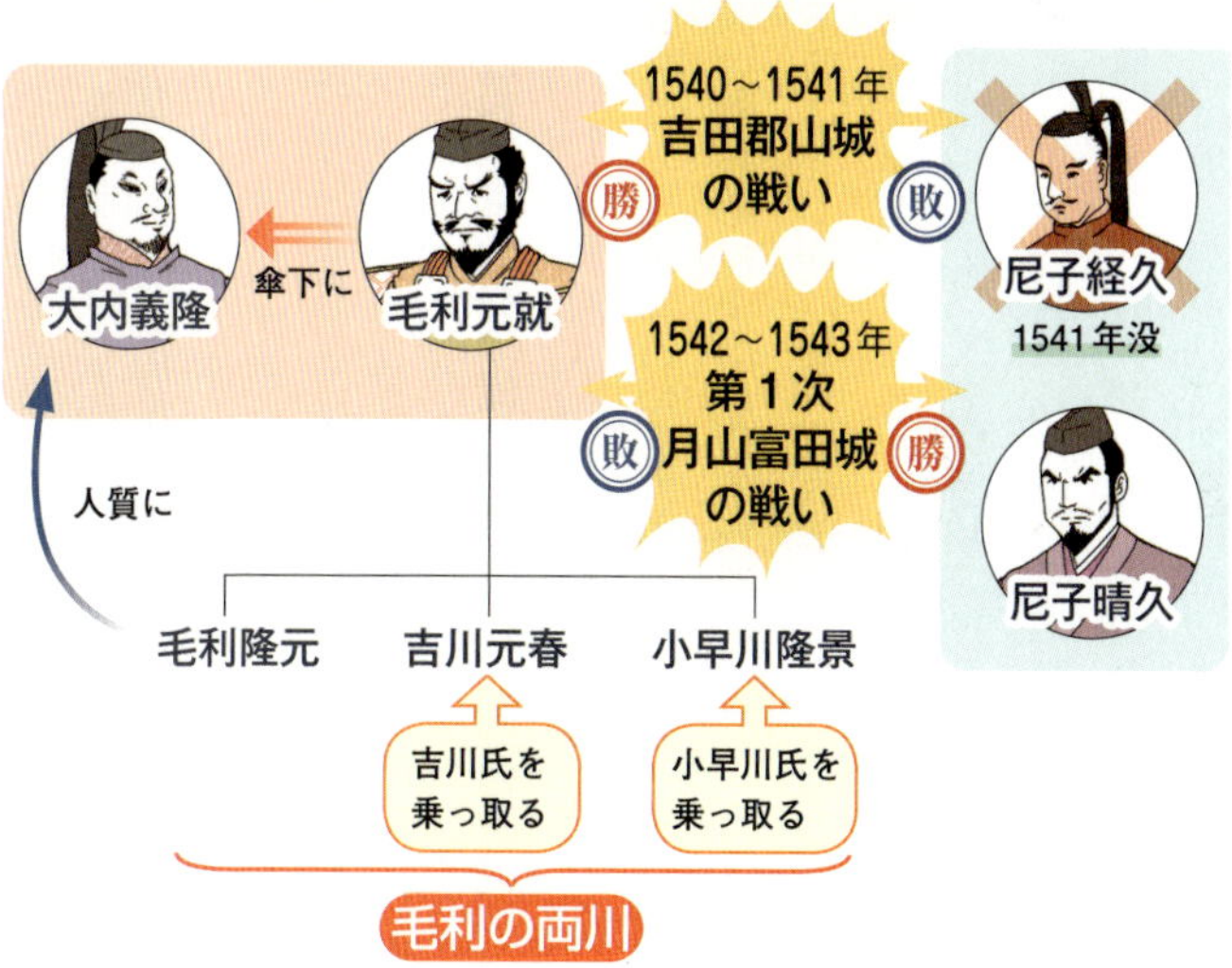

▲毛利元就は、「毛利の両川」のシステムを作り、大内氏からも自立することをめざした。

が、尼子軍が善戦して戦いが長引き、裏切りも起こって形勢は逆転した。1543年、大内方は撤退《てったい》を決める。

毛利元就は、最も危険な**殿**《しんがり》（最後尾）を務めるよう命じられてしまった。このの ち、彼は大内からの自立を模索することになる。

1546年、毛利元就は息子の隆元に家督を譲るも、第一線からは引かなかった。その前後、次男を**吉川氏**《きっかわし》に、三男を**小早川氏**《こばやかわし》に養子として送り込み、家を乗っ取らせている。**吉川元春**《きっかわもとはる》と**小**《こ》**早川隆景**《ばやかわたかかげ》である。ここに、毛利の宗家を吉川氏と小早川氏で支える**毛利の両**《りょう》**川**《せん》なるシステムが生まれ、のちの自立と中国地方制覇の原動力となった。

大寧寺の変と厳島の戦い

陶晴賢が乗っ取った大内氏を毛利元就が倒す

1551年	大寧寺の変
1555年	厳島の戦い
1557年	毛利元就、周防と長門を得る

◉陶隆房のクーデター

第1次月山富田城の戦いに敗れた**大内義隆**は、戦争や政治への関心を失い、文化に慰めを求めるようになる。文化人的な家臣を重用したため、武断派の**陶隆房**は不満をつのらせた。

1551年、陶隆房は謀反を起こし、主君の大内義隆を大寧寺《たいねいじ》（現・山口県長門《ながと》市）に追い詰めて自害させる。**大寧寺の変**である。

陶隆房は、**大内義長**《おおうちよしなが》（当時は大内晴英《おおうちはるひで》）を新当主に擁立する。これは以前、九州で大内氏と緊張関係にあった豊後の**大友氏**から養子に来た人物で、**大友宗麟**の弟である。豊後に帰されていたが、傀儡《かいらい》とするためにまた呼び戻されたのだ。1552年、大内義長が周防に入ると、大内氏の実権を握った陶隆房は**陶晴賢**《すえはるかた》と改名した。

◉毛利元就、大内氏を破る

毛利元就は、謀反を前もって知らされており、謀反後しばらくは陶晴賢に従っていた。しかし、毛利元就が安芸の大内氏の城をことごとく支配下に置き、大きな力をつけた1554年、毛利元就は陶晴賢と対立する。

Point 陶隆房（陶晴賢）が大内氏を乗っ取ったが、毛利元就がこれを破り、周防と長門を手に入れた。

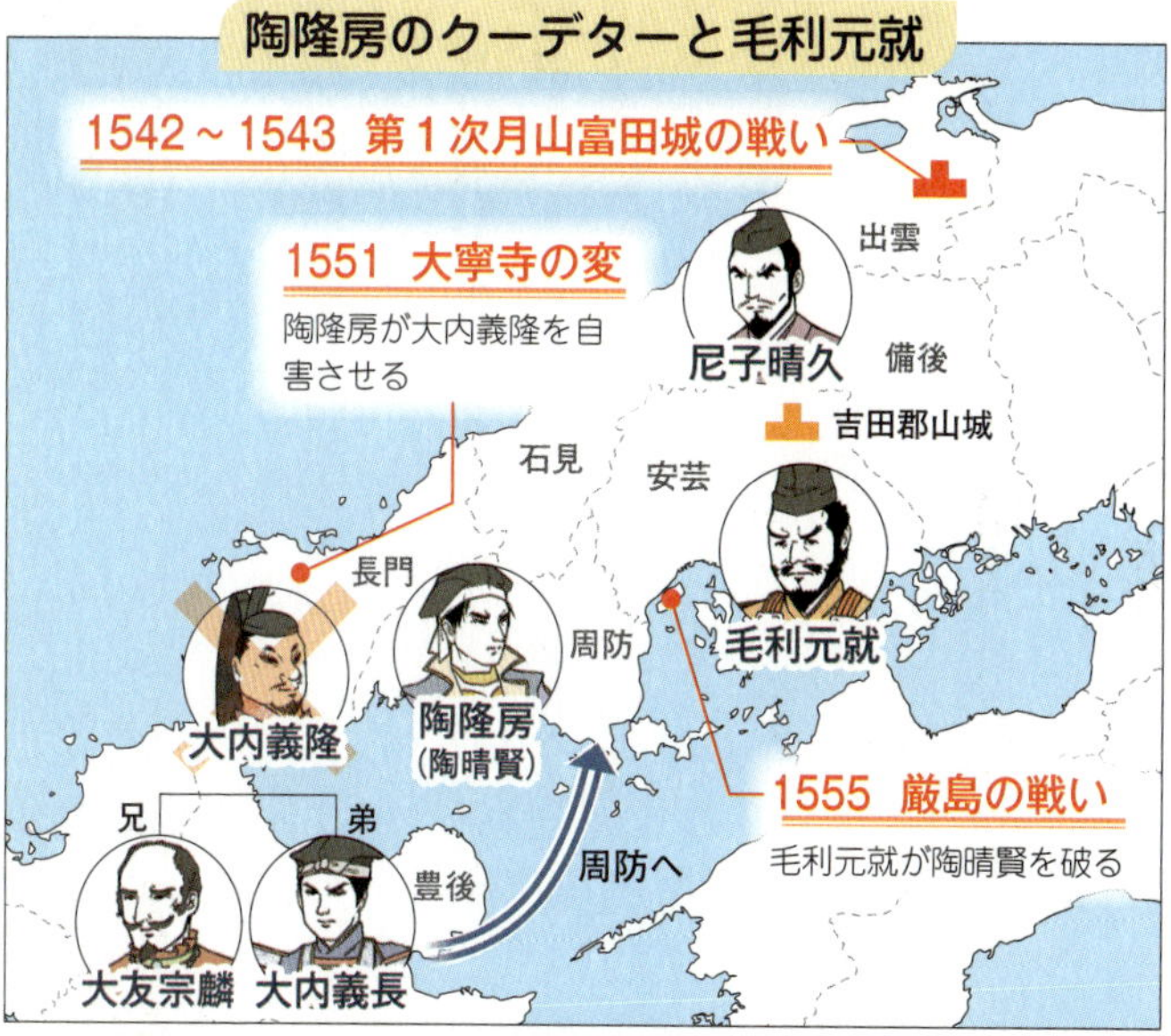

▲大内氏の下剋上は、毛利元就が中国地方を制覇する大きなきっかけとなった。

数の上で圧倒的に不利な毛利元就は、知略を用いて、きわめて高度な作戦を立てた。陶晴賢の家臣の切り崩しを行ったのち、二重スパイを送り込んで、敵軍を狭《せま》い厳島《いつくしま》へ誘い出す。さらに瀬戸内海の海上勢力**村上水軍**《むらかみすいぐん》をも味方につけ、1555年、陶晴賢の大軍を撃破したのである。この**厳島の戦い**で大敗した陶晴賢は自害した。

さらに毛利元就は、大内氏の所領の折半を条件に大友宗麟と話をつけたうえで、周防と長門を支配している大内義長を攻める。世にいう**防長経略**《ぼうちょうけいりゃく》である。1557年、大内義長の自害をもって大内氏は滅亡。毛利元就は周防と長門の2国を手に入れたのである。

毛利元就の中国地方統一

最後まで戦乱を駆け抜けた覇者

１５５８年	門司城の戦い、始まる
１５６２年	毛利氏、出雲に侵攻
１５６６年	毛利元就、中国地方を統一

◉門司城と月山富田城

次に**毛利元就**は、北九州に手を伸ばす。**大友宗麟**との和睦を破棄して**小早川隆景**を派遣し、１５５８年、大友方の**門司城**《もじじょう》（現・福岡県北九州市）を攻略した。大友宗麟は奪還のための兵を送り、**門司城の戦い**は断続的に続いていく。

１５６０年、**尼子晴久**が没し、出雲の尼子氏が動揺する。これを見た毛利元就は１５６２年、出雲に侵入し、**尼子義久**《あまごよしひさ》の**月山富田城**《がっさんとだじょう》へと進軍した。この尼子との戦いに集中するため、毛利方は将軍**足利義輝**に仲介を依頼して、１５６４年に大友氏との講和を成立させている。

第２次月山富田城の戦いは長期化する。その間、毛利元就の長男**毛利隆元**が没し、その息子**毛利輝元**《もうりてるもと》が元就の後見を受けつつ家督を継いだ。

１５６６年、尼子義久が降伏し、戦いは終わる。尼子義久は軟禁され、戦国大名としての尼子氏は、実質的に滅びた。ここに毛利元就は、中国地方を統一したのであった。

◉中国地方の覇者として

１５６７年、毛利元就は小早川隆景に伊予を

Point 毛利元就は尼子氏を倒して中国地方を統一したのち、毛利輝元に次の時代を託した。

毛利元就から毛利輝元へ

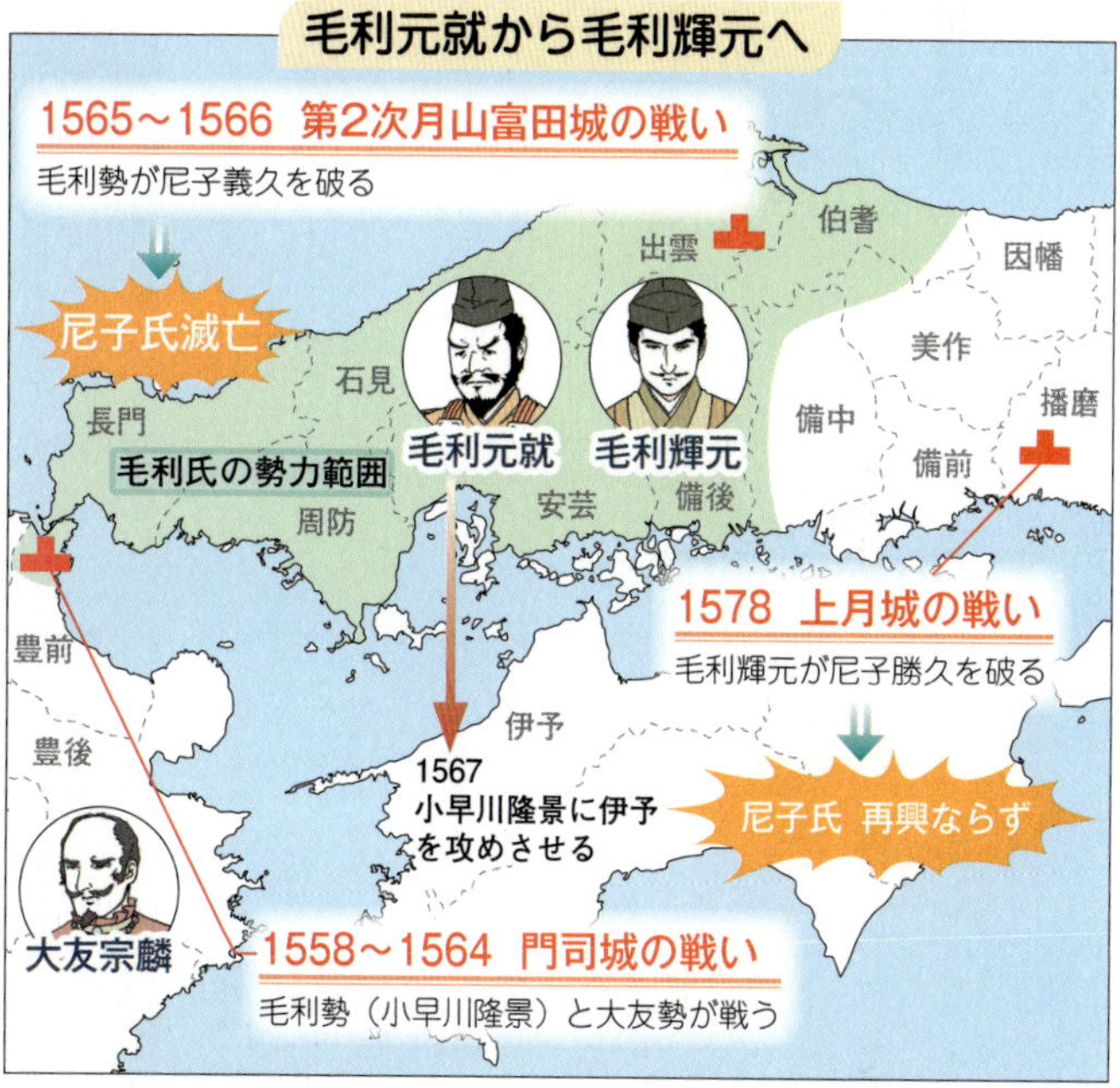

1565～1566 第2次月山富田城の戦い
毛利勢が尼子義久を破る
尼子氏滅亡
出雲
伯耆
因幡
美作
石見
長門
毛利元就
毛利輝元
備中
播磨
備前
毛利氏の勢力範囲
周防
安芸
備後
1578 上月城の戦い
毛利輝元が尼子勝久を破る
豊前
伊予
豊後
1567
小早川隆景に伊予
を攻めさせる
尼子氏 再興ならず
大友宗麟
1558～1564 門司城の戦い
毛利勢（小早川隆景）と大友勢が戦う

▲毛利元就の跡を継いだ毛利輝元は、尼子氏再興を狙う勢力を叩き、中国地方での大勢力を維持した。

攻めさせ、成功を収めるが、その頃から、大友宗麟との戦いが再開される。また、尼子氏の再興をめざす勢力が挙兵したりと、争いは尽きなかった。毛利元就は一線から引かずに戦いつづけ、これらを退けていった。

そして1571年、毛利元就は没する。あとを任された毛利輝元は1578年、尼子氏の生き残りの**尼子《あまご》勝久《かつひさ》**を**上《こう》月城《づきじょう》**（現・兵庫県佐用《さよう》郡）に破り、自害に追い込んで、尼子氏再興の動きを完全に断《た》ったのである。

四国統一をめざす長宗我部

土佐の滅びかけていた一族が下剋上を起こす

１５６０年	長宗我部元親、家督を継ぐ
１５７２年	土佐一条家に内紛が起こる
１５７５年	四万十川の戦い

◉ライバルたちを倒す

四国では、守護職を保持して諸国を支配していた**細川氏**が、畿内での勢力衰退と連動するように力を失っていった。

これに代わって大きな動きを起こすのは、土《と》佐《さ》の**長宗我部氏**《ちょうそかべし》（91ページ参照）である。

16世紀初頭に滅びかけた家を再興した**長宗我**《ちょうそか》**部国親**《べくにちか》が、１５６０年に没すると、息子の**長宗**《ちょうそ》**我部元親**《かべもとちか》が家督を継いだ。

長宗我部元親は**一領具足**《いちりょうぐそく》と呼ばれる半農の兵士らを集め、主筋である**土佐一条家**《とさいちじょうけ》と手を結んで、ライバルの**本山氏**《もとやまし》や**安芸氏**《あきし》を倒していく。

さらに彼は、土佐一条家への臣従から逃れることを考えるようになった。

◉土佐一条家を乗っ取る

土佐一条家の当主は**一条兼定**《いちじょうかねさだ》であったが、１５７２年から、家督相続にもからんだ内紛が起こる。

知略にすぐれる長宗我部元親はここに介入し、新当主となった**一条内政**《いちじょうただまさ》に娘を嫁がせて傀儡とした。

Point 四国では、1560年代から土佐の長宗我部元親が台頭し、四国統一をめざして勢力を拡大していった。

四国の長宗我部元親

毛利氏
同盟
河野氏
讃岐
十河氏
阿波
三好氏
衰退
伊予
土佐
安芸氏
滅亡
長宗我部元親
土佐一条家
1575 四万十川の戦い
長宗我部元親が一条兼定を破る
➡ 土佐平定

▲戦国時代後期の四国は、長宗我部元親によって統一が進められていった。ここには、のちに織田信長と豊臣秀吉が介入してくることになる。

一条兼定は、親戚筋の**大友氏**を頼って豊後に逃げたが、１５７５年に挙兵して、長宗我部元親に戦いを挑んだ。長宗我部元親はこれを**四万十川《しまんとがわ》の戦い**で撃破し、土佐を平定した。

外交に長けた長宗我部元親は、こののち**織田信長《おだのぶなが》**と同盟しつつ、四国統一をめざして進んでいくことになる。**三好氏**の衰退に乗じて阿波《あわ》を勢力下に置き、伊予《いよ》では**毛利氏**と結んだ**河野氏《こうのし》**を攻めた。そこから、織田信長と敵対する状況になるも、織田信長が**本能寺《ほんのうじ》の変**（１７８ページ参照）で没したため、戦わずにすんでいる。

長宗我部元親は、１５８５年までに四国をほぼ統一したというのが通説である（これには異論もある）。

鉄砲とキリスト教の伝来

15世紀末から、ヨーロッパは**大航海時代《だいこうかいじだい》**に入り、おもにポルトガルとスペインが、積極的に海外進出を行っていた。

また16世紀には、キリスト教の**宗教改革《しゅうきょうかいかく》**が起こり、それまで西欧で主流だったローマ・カトリックに対抗するプロテスタンティズムが生じた。これに対し、カトリックの側は**対抗宗教改《たいこうしゅうきょうかい》革《かく》**に打って出る。綱紀粛正《こうきしゅくせい》などを行って教会の権威を高めると同時に、**イエズス会**が世界各地へのカトリックの布教を始めた。このような状況は、日本の戦国時代にも影響を与える。

1543年、九州南方の種子島《たねがしま》に、明《みん》の船が漂着《ひょうちゃく》した。島主**種子島時堯《たねがしまときたか》**は、乗船していたポルトガル人のもつ**鉄砲《てっぽう》**を購入し、刀鍛冶《かたなかじ》に複製を作らせる。それから数年で、日本で鉄砲が量産できるようになった（ただし近年の研究では、ほかの伝来ルートの可能性も注目されている）。

1549年、今度は鹿児島の地に、イエズス会宣教師《せんきょうし》**フランシスコ・ザビエル**が上陸した。ザビエルは、ヨーロッパの品物や技術に興味を示す大名たちの保護を受けつつ、西日本を中心に布教活動を行った。ほかにも何人もの宣教師がやってきて、キリスト教とともに、医学や国際情勢などを伝えた。また、宣教師たちの布教は、貿易と不可分の関係にあった。当時の日本では、ポルトガル人やスペイン人は「南蛮人《なんばんじん》」と呼ばれたため、彼らとの貿易を**南蛮貿易《なんばんぼうえき》**という。

第6章

東の
戦国武将たち

1530年～1535年

駿相同盟 V.S. 扇谷上杉・武田

同盟と対立のからみ合い

１５３０年	扇谷上杉家と武田氏、同盟
１５３５年	山中の戦い 北条氏綱、扇谷上杉軍を破る

北条・今川と扇谷上杉・武田

前章では、１５３０年代から１５６０年頃にかけての（場合によってはそれ以降も）、近畿と西国の状況を見たが、この章では東国の状況を見ていこう（96～97ページの続き）。

まず、すさまじい勢いをもっているのが、**伊**《い》**勢**《せ》**宗瑞**《そうずい》から**北条氏綱**《ほうじょううじつな》に受け継がれた、伊豆国《いずのくに》と相模国《さがみのくに》の**北条氏**《ほうじょうし》である。かつての主家である駿河国《するがのくに》の**今川氏**《いまがわし》からは独立しているが、**駿相同盟**《しゅんそうどうめい》と呼ばれる良好な関係を保っていた。

その北条氏のターゲットにされているのは、隣接する武蔵国《むさしのくに》の**扇谷上杉家**《おうぎがやつうえすぎけ》。当主**上杉朝興**《うえすぎともおき》は、北条氏に対抗するため、１５３０年、甲斐国《かいのくに》の**武田信虎**《たけだのぶとら》と本格的な同盟を結んだ。この同盟は効果を発揮し、扇谷上杉家は北条氏から切り取られた武蔵の領地の、部分的奪回に成功した。

甲斐（武田氏）・駿河（今川氏）・相模（北条氏）と上杉氏の間の、同盟や対立に注目すると、東国の複雑な戦国時代を把握しやすくなる。

一進一退の混戦

１５３５年、今川氏当主**今川氏輝**《いまがわうじてる》（今川氏親《いまがわうじちか》

Point 武蔵の扇谷上杉家と甲斐の武田氏が同盟し、相模の北条氏と駿河の今川氏の同盟と対立していた。

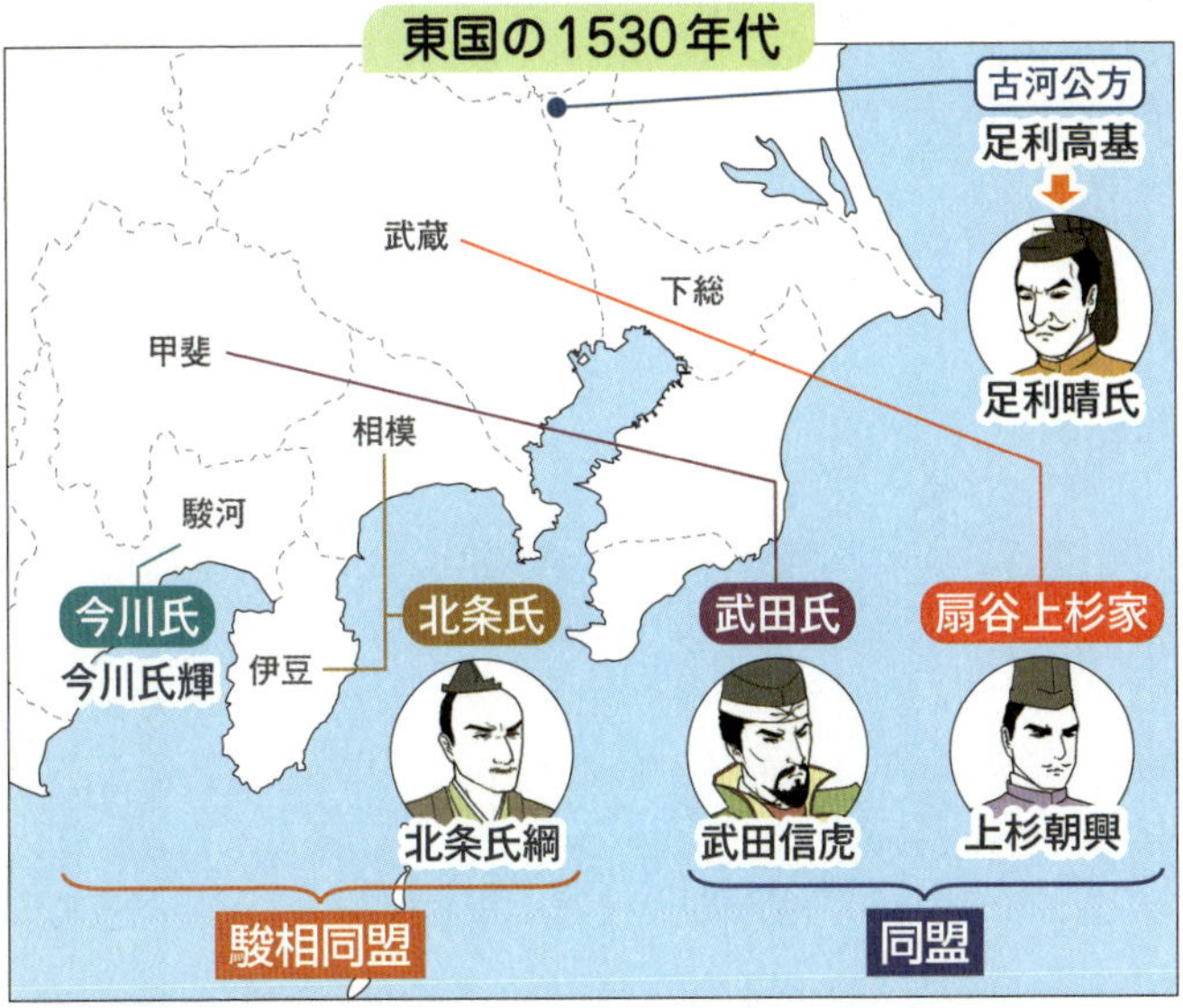

▲関東に勢力を拡大しようとする北条氏と、以前から関東を領有していた扇谷上杉家との対立を、ひとつの軸としてとらえると、東国情勢を把握しやすい。

の子）の要請を受け、北条氏綱は武田氏を攻めるため、甲斐に出兵した。**山中《やまなか》の戦い**（現・山梨県南都留《みなみつる》郡）で、北条氏綱は武田信虎の軍を破る。

武田信虎は、上杉朝興に支援を求めた。扇谷上杉軍は、相模湾沿岸へ進軍して北条領を攻撃した。

北条氏綱はすぐに反撃に出る。武蔵へ軍勢を進め、入間川《いるまがわ》（現・埼玉県狭山《さやま》市）で扇谷上杉軍を破った。このように東国では、一進一退の戦いがくり広げられていた。

また同年、**古河公方《こがくぼう》**家で**足利高基《あしかがたかもと》**が没し、子の**足利晴氏《あしかがはるうじ》**が古河公方を継いでいる。これもすぐに、争いの火種になる。

甲駿同盟と第1次河東一乱

北条氏綱は孤立しつつも東西に力を示す

1536年	今川義元、家督を継ぐ
1537年	甲駿同盟
	第1次河東一乱

今川の代替わり、武田との同盟

1536年、駿河の今川氏で、**今川氏輝**が若くして急死した。僧籍に入っていた弟が還俗し、**今川義元**《いまがわよしもと》と改名して新当主となる。

家督争いの**花倉**《はなくら》**の乱**も制した彼は、他家や朝廷などとの折衝《せっしょう》を行う**外交僧**《がいこうそう》の**太原雪斎**《たいげんせっさい》から助言を受け、これまで敵だった甲斐の武田氏と手を組むことを決める。1537年、武田氏と今川氏は**甲駿同盟**《こうしゅんどうめい》を結んだ。

これまで今川氏と同盟し、今川氏のために**山中の戦い**で武田氏を破りもした**北条氏綱**から見ると、これは今川の裏切りだった。北条氏綱は駿河に出兵し、富士川《ふじがわ》以東（河東《かとう》）を勢力下に入れる。これを**第1次河東一乱**《かとういちらん》という。

扇谷上杉の代替わりと河越城

ちょうどその頃、**小弓公方**《おゆみくぼう》の**足利義明**《あしかがよしあき》（95ページ参照）が、新しく**古河公方**となった**足利晴氏**を攻撃するべく進軍し、相手を圧迫した。

さらに同じ頃、**扇谷上杉家**では、**上杉朝興**が没し、子の**上杉朝定**《うえすぎともさだ》が家督を継いだ。上杉朝定は、足利義明の進軍と呼応するように、武蔵に

Point 今川氏の新当主・今川義元は武田氏と同盟を結ぶ。北条氏綱は孤立するが、圧倒的な軍事力で生き残った。

北条氏の孤立

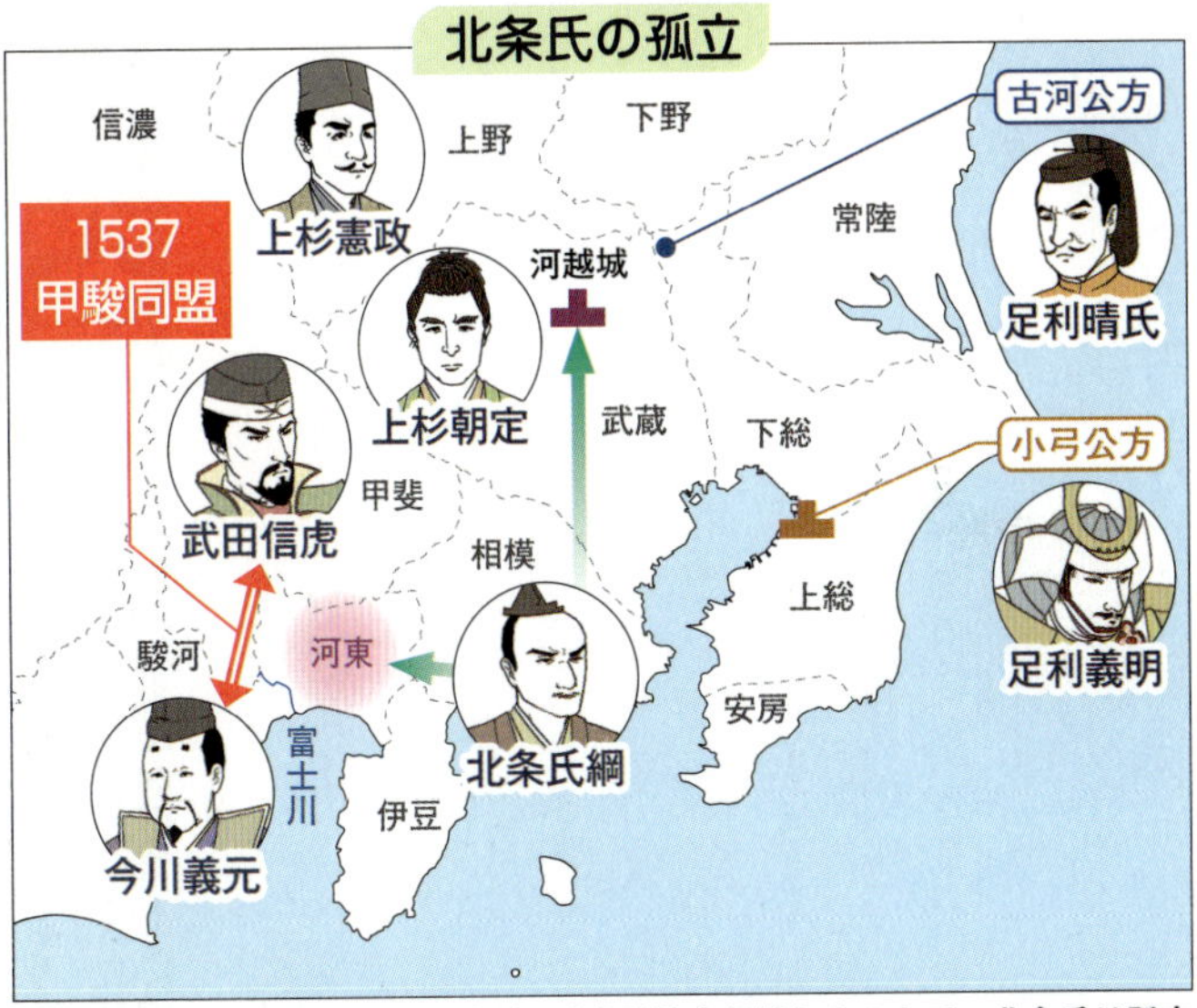

▲今川義元が今川氏の家督を継ぎ、外交政策を転換したことで、北条氏は孤立したが、北条氏綱は卓越した武力を示し、敵対勢力を退けた。

おける北条氏の拠点を攻め取った。

　これは放置できないということで、北条氏綱は駿河から戻り、拠点を奪還する。そしてそのまま、上杉朝定の本拠地へと進軍。扇谷上杉軍を破って**河《かわ》越城《ごえじょう》**を略取《りゃくしゅ》した。

　困り果てたのは上杉朝定である。新当主になってすぐに敵を攻めたところ、猛烈な逆襲を受け、代々の拠点を奪われてしまったのだ。翌1538年、上杉朝定は**山内上杉家《やまのうちうえすぎけ》**の**上杉憲政《うえすぎのりまさ》**と協力し、河越城奪還の軍を出す。

　しかし、北条氏綱はまたも返り討ちにした。そして追撃の際、足利義明が上杉朝定を支援したのを見て、北条氏綱は小弓公方を敵視するようになる。

北条氏綱と古河公方

第1次国府台合戦で小弓公方を滅亡させた

1538年	第1次国府台合戦
1539年	北条氏、古河公方の姻戚に
1541年	北条氏康、家督を継ぐ

北条氏綱、小弓公方を滅ぼす

孤立しつつも武力で周囲を恐れさせていた**北条氏綱**に、新**古河公方**の**足利晴氏**が接近してきた。彼は、**小弓公方**勢力の圧迫から守ってもらうため、北条氏綱と手を組むことを選択する。

足利晴氏の依頼を受けた北条氏綱は、1538年、小弓公方や安房国《あわのくに》（現・千葉県南部）の**里見義堯**《さとみよしたか》らの軍を叩くために出陣する。そして、**第1次国府台合戦**《こうのだいかっせん》（現・千葉県市川市《いちかわ》）で敵を打ち破った。

小弓公方**足利義明**だけでなく、その弟や息子も、この戦いで戦死した。ここに、関東における**足利氏**《あしかがし》の権威の一角として20年ほど続いてきた小弓公方は滅亡した。

ちなみに、里見義堯は逃げ延び、そののち執《しつ》拗《よう》に北条氏の関東支配を苦しめることになる（**房相一和**《ぼうそういちわ》と呼ばれる手打ちが成立するのは、氏綱と義堯の孫の代、1577年である）。

北条氏綱の武力のおかげで邪魔者《じゃまもの》を一掃《いっそう》できた足利晴氏は、1539年、北条氏綱の娘との婚姻《こんいん》を成立させた。北条氏綱は古河公方の姻戚《いんせき》となり、関東における権威を手に入れたのである。足利晴氏は北条氏綱を、半ば私的に「関東管領」としたともいう。

Point 北条氏綱は古河公方・足利晴氏と手を組み、古河公方を圧迫する小弓公方・足利義明を滅ぼした。

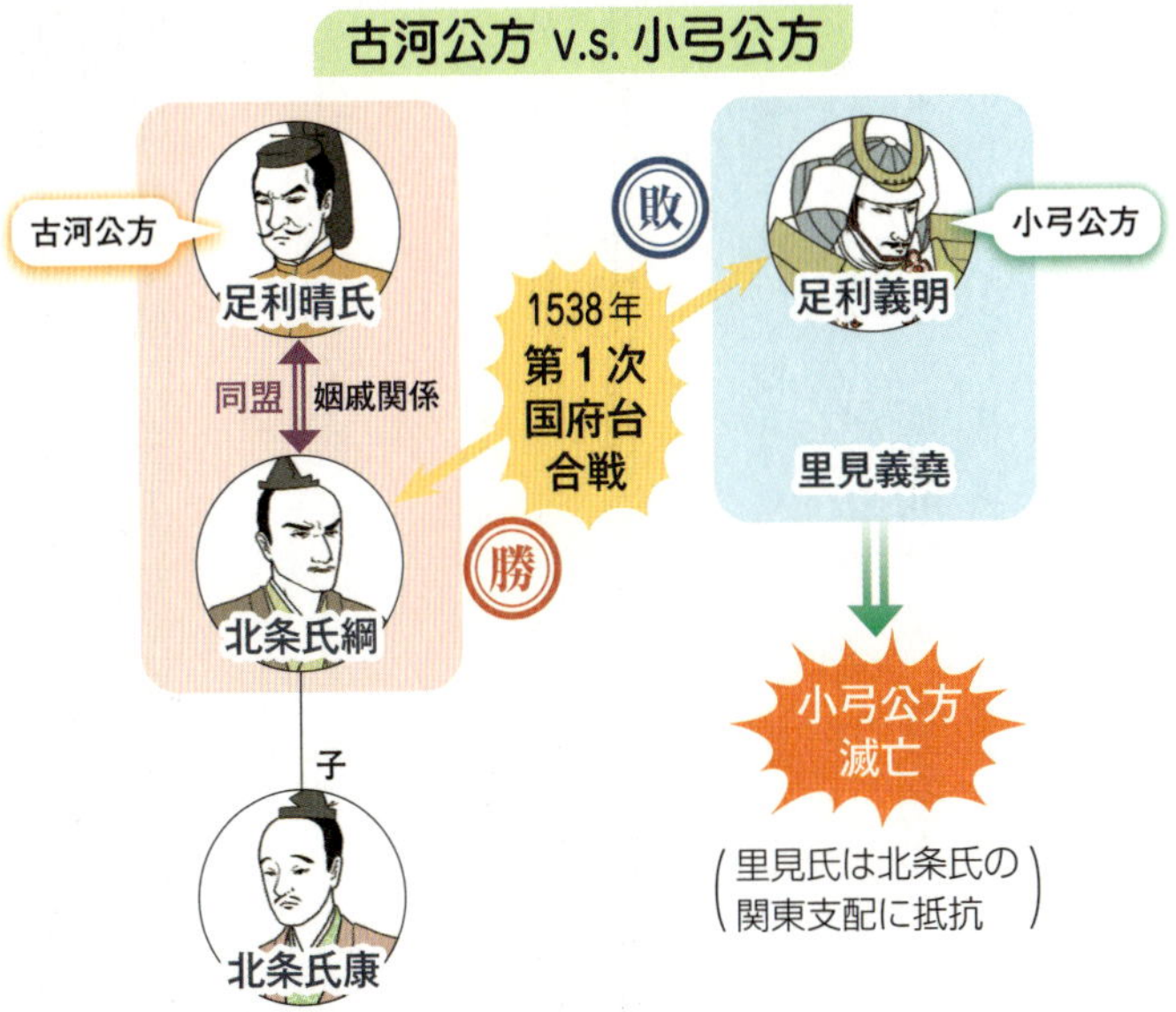

▲古河公方の足利晴氏は、北条氏綱の力を借り、小弓公方の足利義明を倒した。

北条氏康が跡を継ぐ

こうして、伊勢宗瑞から継いだ領地をさらに東へ広げ、古河公方をも抱き込んだ北条氏綱は、1541年に没する。家督は、子の**北条氏康**《ほうじょううじやす》が継承した。

同じ年、甲斐でも代替わりが起こった。**武田信虎**《たけだのぶとら》の息子**武田晴信**《たけだはるのぶ》が、家臣に担がれて父を追い落とし、武田氏の家督を継いだのだ。戦国時代のスターのひとり、のちの**武田信玄**《たけだしんげん》である。

武田晴信は、さっそく北隣の信濃国《しなののくに》（現・長野県と岐阜県の一部）への進出をはかり、諏訪《すわ》を攻めてこれを押さえ、勢いに乗っていく。

第2次河東一乱と河越夜戦

再起をはかった扇谷上杉家が滅ぼされる

1545年	第2次河東一乱
1546年	河越夜戦
	扇谷上杉家、滅亡

北条氏康包囲網

強大な力をもった**北条氏**は、西では駿河の河東を押さえて**今川氏**を圧迫しており、東では武蔵の**扇谷上杉家**の**河越城**を占拠していた。**今川義元**と**上杉朝定**、そして上杉氏の本家**山内上杉家**の**上杉憲政**（関東管領）は、共同戦線を敷いて**北条氏康**に対抗する。

1545年、今川義元が、甲斐の**武田晴信**と連携を取りながら、北条氏に占拠されていた河東に侵攻した。**第2次河東一乱**である。

当然、北条氏康は軍をそちらに向けるが、今度は武蔵で、山内上杉家と扇谷上杉家の軍が河越城を包囲する。それだけでなく、せっかく関係を結んだ**古河公方**の軍も、包囲に加わっていた。周囲の主要勢力が、北条氏包囲網を形成したのだ。

扇谷上杉家の滅亡

しかし、絶体絶命の北条氏康は、きわめて冷静に行動する。

まずは西をあきらめ、武田晴信に仲介を依頼して今川義元と和睦。駿河から全面撤退した。

Point 第２次河東一乱で一斉攻撃を受けながら、北条氏康は武蔵の河越城を守り、扇谷上杉家を滅ぼした。

包囲網を破る北条氏康

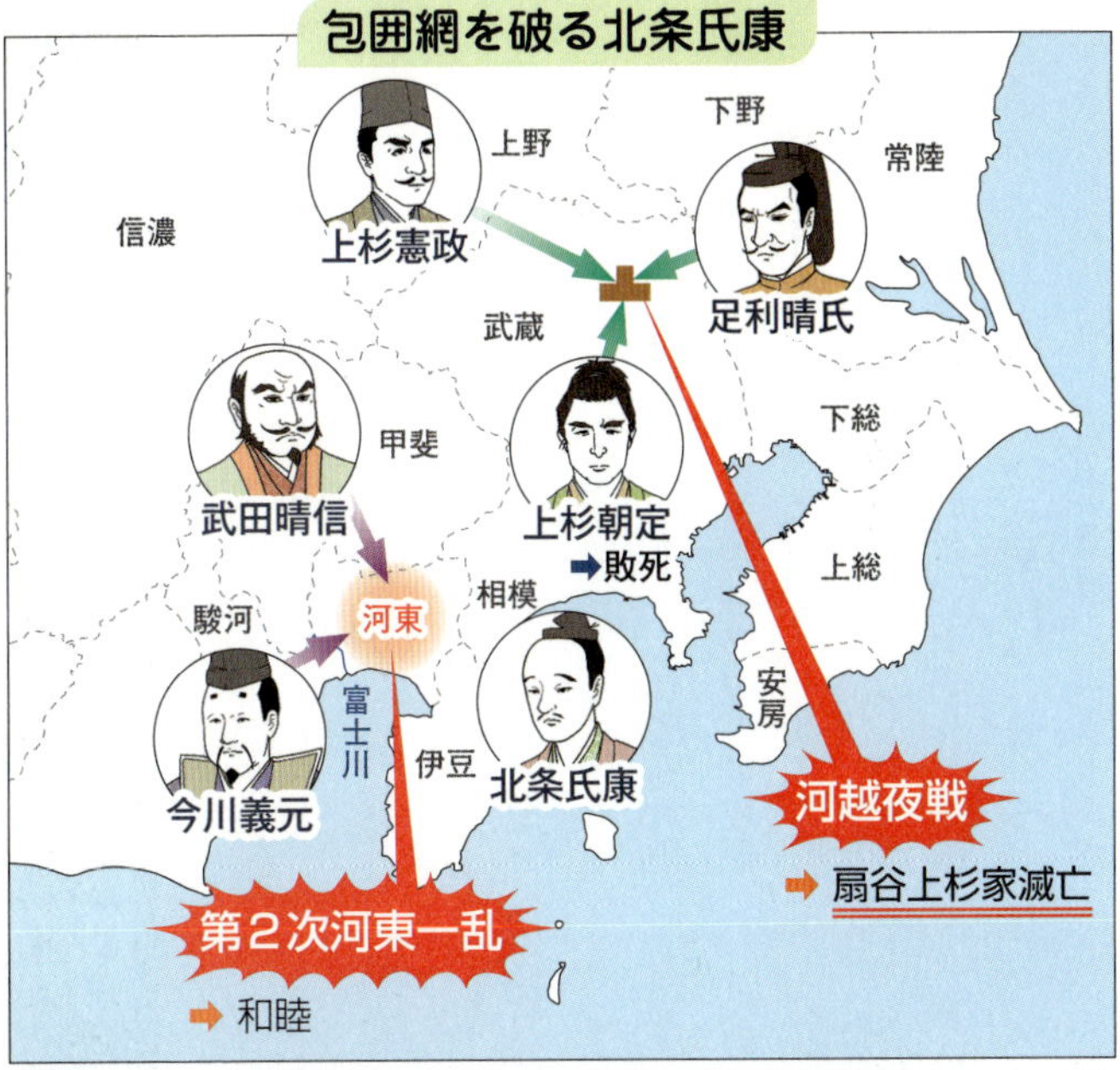

▲駿河の河東と武蔵の河越城をほぼ同時に攻められた北条氏康だったが、河東をあきらめつつ河越城を守りきり、関東での勢力を伸ばした。

その分、兵力を武蔵に集中させ、北条氏康は河越城を包囲している敵軍を奇襲する。この**河《かわ》越《ごえ》夜《よ》戦《いくさ》**で北条軍は大勝を収め、**上杉朝定**を戦死させた。扇谷上杉家は、ここに滅亡した。

山内上杉家も、この敗戦によって衰退が決定的になる。そしてもちろん、婚姻による同盟を裏切りながら敗北した古河公方の**足利晴氏**は、立場を失った。厳しく責められた足利晴氏は、北条氏康に対して頭が上がらなくなる。

こうして関東の覇権は、北条氏康によって握られたのである。

1534年～1547年

05 織田氏と松平氏

信長、そして家康が産声を上げる

1535年	守山崩れ
1542年	第1次小豆坂の戦い
1547年	竹千代、織田氏の人質に

織田信長の父、織田信秀

駿河よりも西に目を移そう。1534年、尾《お》張国《わりのくに》（現・愛知県西部）で、戦国後期の主役ともいえる男が誕生している。**織田信長**《おだのぶなが》である。

尾張の守護代**織田氏**《おだし》は、本家である**織田**《おだ》**大和**《やまとの》**守家**《かみけ》を、**三奉行家**《さんぶぎょうけ》と呼ばれる**因幡守家**《いなばのかみけ》・**藤左衛**《とうざえ》**門家**《もんけ》・**弾正忠家**《だんじょうのじょうけ》の3つの分家が支えるシステムであった。織田信長の父**織田信秀**《おだのぶひで》は、本家ではなく弾正忠家の家長だったが、すぐれた知略と経済力により、織田氏の中で台頭していく。

1535年、三河《みかわ》の**松平清康**《まつだいらきよやす》（96ページ参照）が尾張東部に侵入し、織田信秀の弟が守る**守山城**《もりやまじょう》を攻めようとしているときに、家臣に殺されるという事件が起こった（**守山崩**《もりやまくず》**れ**）。

すぐれた当主を失った松平氏は、駿河の**今川氏**の傘下に降《くだ》る。一方、織田信秀はこの機をとらえ、三河に進出した。1542年には三河の小豆坂《あずきざか》（現・愛知県岡崎《おかざき》市）で、**今川義元**の軍を破ったとされる（**第1次小豆坂の戦い**）。

竹千代、尾張へ

1543年、松平氏に、松平清康の孫の**竹千**《たけち》

Point 三河の松平氏をはさんで、尾張の織田氏と駿河の今川氏が対立。松平氏の竹千代は、織田氏の人質になった。

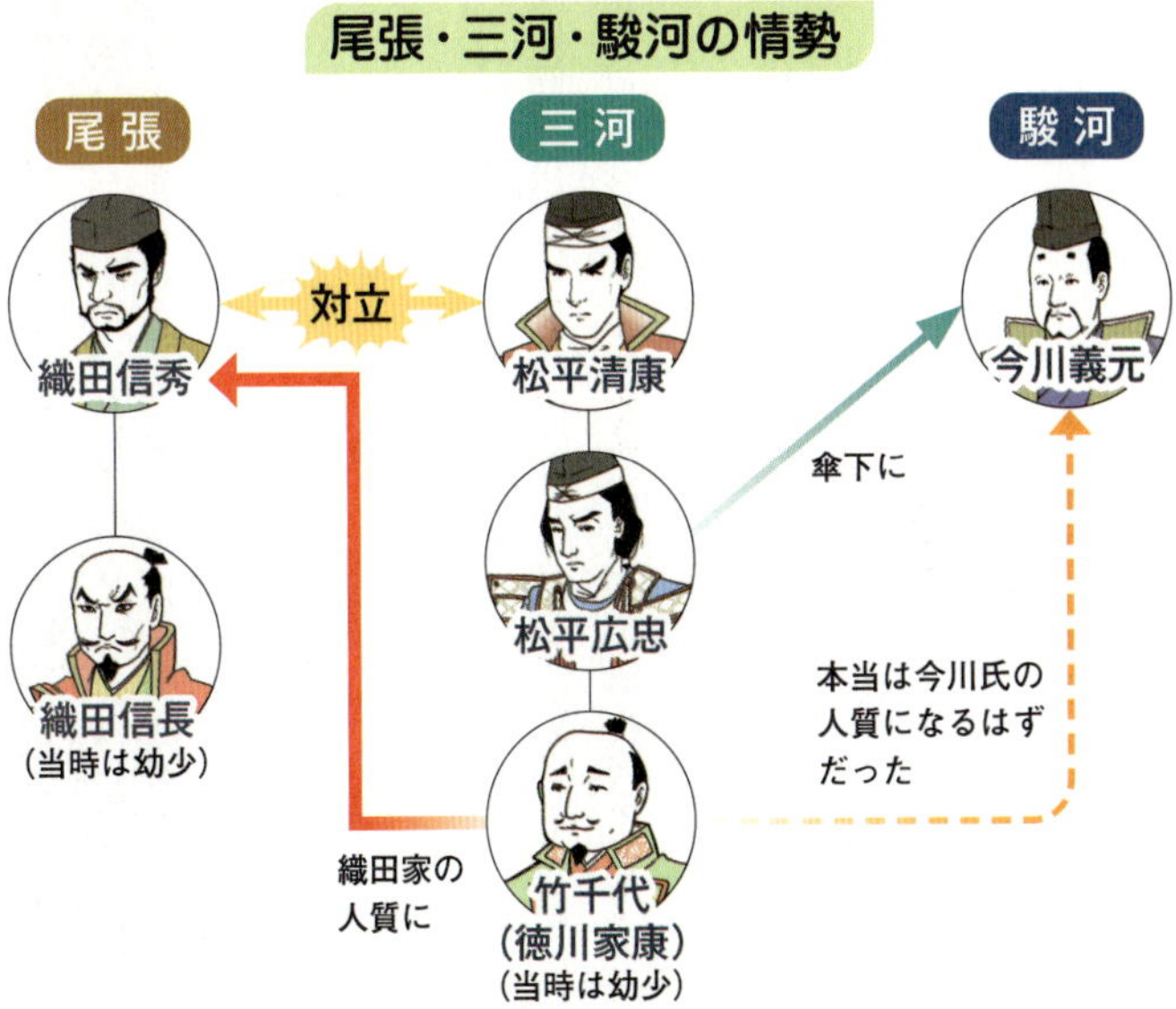

▲三河の松平清康が「守山崩れ」で没すると、松平広忠は今川氏の傘下に入ることを決めた。ここから、「織田氏 v.s. 今川氏・松平氏」の構図ができる。

代《よ》が生まれた。彼こそ、のちの**徳川《とくがわ》家康《いえやす》**である。

竹千代は1547年、松平氏の忠誠の証として、今川氏のもとに人質に送られることになった。しかし、護送《ごそう》に当たった三河の国人《こくじん》**戸田康光《とだやすみつ》**は驚くべきことに、人質の竹千代を駿河にではなく、尾張に連れていって織田信秀に渡してしまうのだ（買収説や、今川氏への怨恨《えんこん》説がある）。

人質を横流しされて激怒した**今川義元**は、戸田の地元に軍を送り、戸田宗家を滅ぼした。しかしそれで人質を取り戻せるわけではなく、竹千代はしばらく、織田氏のもとに身を置くのだった。

織田氏と今川氏の争い

三河の支配権はどちらの手に？

1548年	第2次小豆坂の戦い 斎藤道三、大垣城を奪還
1549年	織田信長、濃と結婚

今川が三河を支配

竹千代（徳川家康）を人質として手に入れた**織田信秀**は、竹千代の父**松平広忠**《まつだいらひろただ》（松平清康の子）に、「今川氏と手を切って織田氏についてはどうか」と話を持ちかける。しかし、松平広忠は首を縦に振らず、あくまで今川方についた。

そして1548年、**今川義元**と松平氏の軍が、織田信秀の軍と激突する（**第2次小豆坂の戦い**）。**太原雪斎**（128ページ参照）らの活躍により、戦いは今川方の勝利に終わった。今川義元は、三河を支配下に置いたのである。

織田・斎藤同盟

敗れて三河から駆逐されてしまった織田氏だが、無策だったわけではない。同じ頃、織田信秀は将来につながる布石を打っている。「大《おお》うつけ」（大馬鹿者《おおばかもの》）と呼ばれていた息子の**織田信長**と、美濃《みの》の**斎藤道三**《さいとうどうさん》（当時は斎藤利政《さいとうとしまさ》）の娘**濃**《のう》（帰蝶《きちょう》）とを、政略結婚させたのだ。

斎藤道三は、下剋上の代名詞のように考えられている人物である。近年の研究によると、その成り上がりは、彼の父から2代かけて達成されたもののようである。

Point 三河の支配権は今川氏が手に入れたが、これに対抗するため、尾張の織田氏は美濃の斎藤氏と同盟を結んだ。

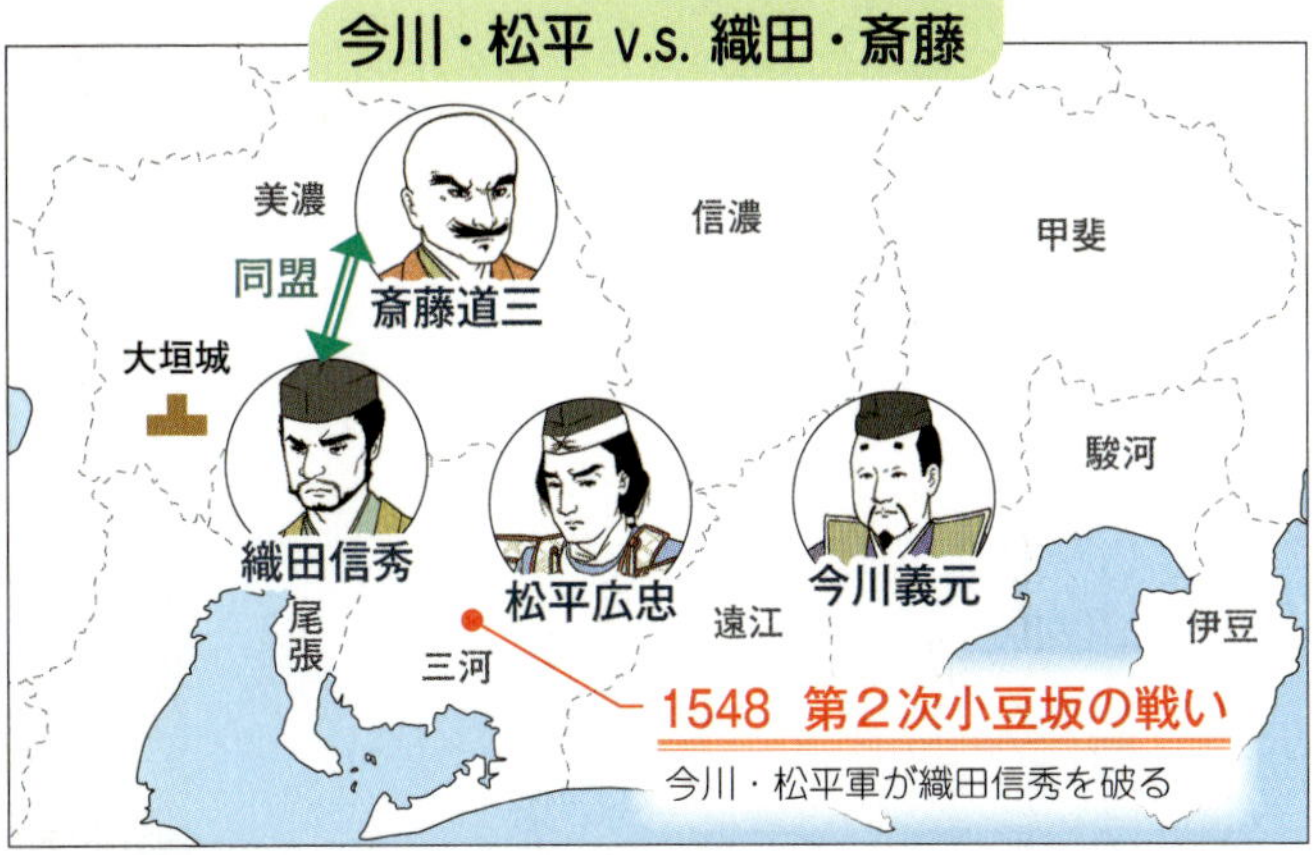

▲織田氏の勢力拡大に大きな貢献をした織田信秀だったが、1540年代半ばから敗戦が続き、求心力を失っていた。「この状況で、北と東の２方向と戦うことはできない」との判断から、織田信秀は斎藤道三と同盟を結んだ。

斎藤道三の父はもともと京の僧で、油売りになったあと美濃にやってきて、守護代の家臣の地位に収まったらしい。そしてその息子が、主人の家を滅ぼし、美濃国守護代の斎藤姓を名のりはじめた。これが斎藤道三である。彼はさらに守護の**土岐《とき》氏《し》**を追放して美濃を支配し、「美濃の蝮《まむし》」と恐れられるようになった。

織田信秀は１５４４年に美濃を攻めた際、斎藤道三に大敗している。のみならず、１５４８年にも、以前奪った**大垣城《おおがきじょう》**（現・岐阜県大垣市）を奪還されて苦い思いをしているのだ。子どもどうしの婚姻は、その長年の戦いの講和である。

「斎藤道三と同盟を結ぶことができれば、北を恐れることなく、東の今川氏と戦える」というのが、織田信秀の狙いだったと考えられている。

1549年～1553年

松平氏と織田氏は転換期を迎える

人質の交換と信長の登場

1549年	竹千代、駿河へ
1552年	織田信長、家督を継ぐ
1553年	聖徳寺の会見

● 竹千代、駿河へ

1549年、松平氏の当主**松平広忠**が没した。松平氏の主君となっていた**今川義元**はこれを機に、松平氏の家臣である三河の武士たちを、今川配下に組み込んでしまう。三河武士たちは、この措置に対して不満を抱いていた。

同年、**織田信秀**の息子（織田信長の異母兄）**織田**《おだ》**信広**《のぶひろ》が、今川軍に攻められて捕らえられ、人質とされる。そして、織田方が握っている人質の**竹千代**と、今川方が握っている人質の織田信広を、交換することになった。

こうして竹千代は、本当は2年前に行くはずだった駿河へと送られた。駿河での竹千代は、人質ではありながら、今川氏から重臣として扱ってもらったようである。

● 織田信長、家督を継ぐ

1552年、尾張の織田氏では、織田信秀が没する。**弾正忠家**の家督は**織田信長**が継いだ。織田信長が、戦国の世に登場するのである。

その時点の信長は、まだ「大うつけ」と見られていた。尾張の親族や織田氏家臣も、三河ま

Point 松平氏と織田弾正忠家の当主が没する。竹千代は尾張から駿河に移され、織田信長は家督を継いだ。

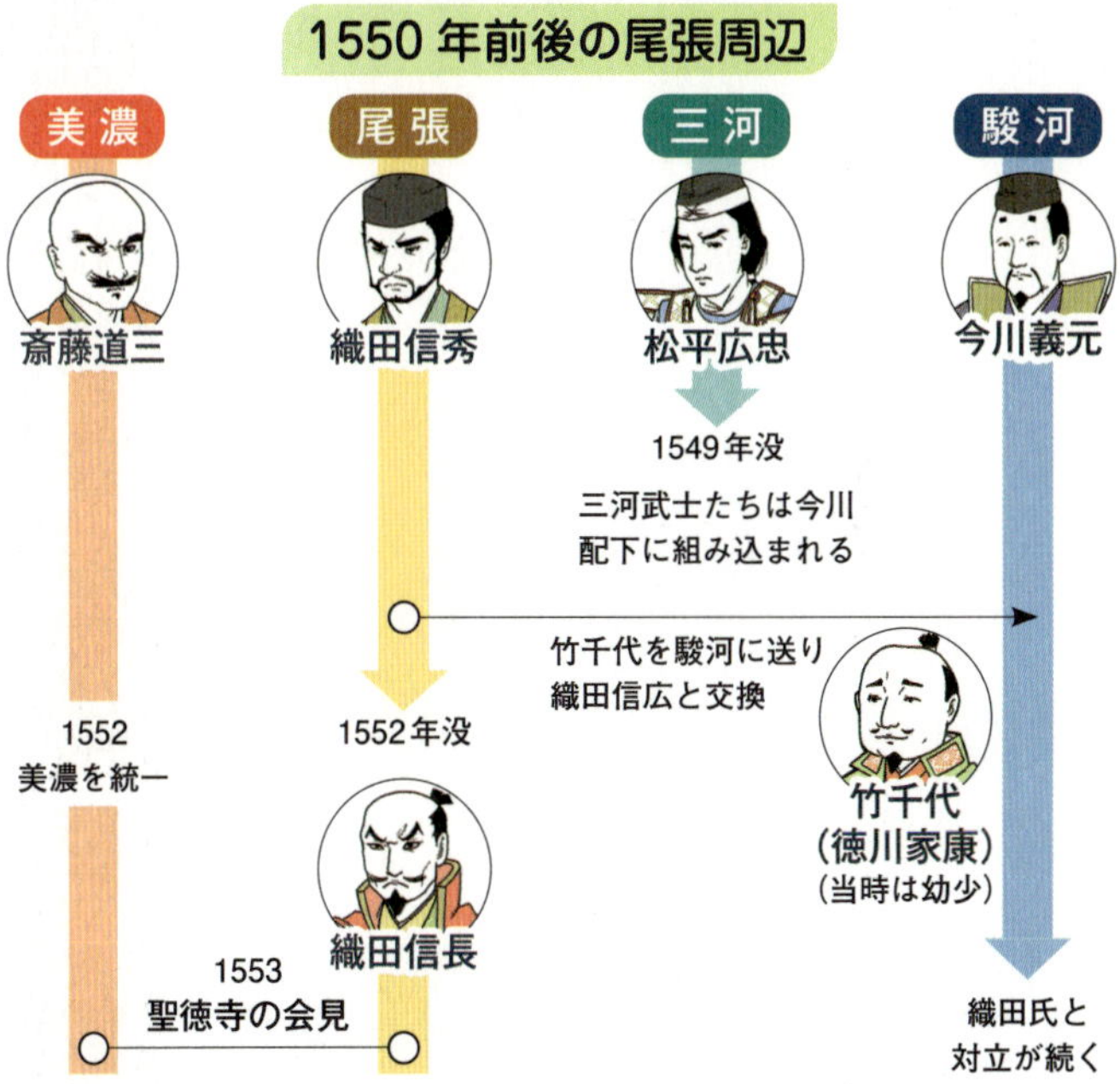

▲1552年に父の跡を継いだ織田信長は、いよいよ戦国の世に打って出る。

で勢力を伸ばした今川氏も、若き織田信長を倒そうと狙ってきた。織田信長は、何とか敵対勢力をはねのけて生き延びる。

同年、織田信長の舅《しゅうと》である**斎藤道三**が美濃を統一した。そして1553年、聖徳寺《しょうとくじ》（現・愛知県名古屋市）で織田信長は斎藤道三と会見する。娘婿《むすめむこ》が本当に「大うつけ」かどうかを確かめようとした斎藤道三だったが、織田信長が連れた兵の装備などを見て、その実力を思い知ったとされる。以後、斎藤道三は、織田信長の頼れる庇護者《ひごしゃ》となるのである。

武田晴信の信濃進出

強敵を越後へと駆逐し、宿敵を呼び起こす

1548年	上田原の戦い
1550年	砥石崩れ
1553年	村上義清、越後へ逃げる

強敵・村上義清に2度の惨敗

同時期、1540年代後半から1550年代前半にかけて、甲斐の**武田晴信**は、すでに押さえている諏訪などからさらに北上して、北信濃を経略（攻め取って支配すること）しようとする。戦う相手は、現地の国人**村上氏**《むらかみし》である。

1548年、武田晴信は**上田原**《うえだはら》**の戦い**（現・長野県上田《うえだ》市）で**村上義清**《むらかみよしきよ》と激突した。これは武田晴信の大惨敗《だいざんぱい》に終わり、多くの武将を失ってしまう。

武田方が敗れたと聞き、信濃に反武田の動きが起こる。信濃国守護の**小笠原長時**《おがさわらながとき》も、武田に制圧されている諏訪に向けて侵攻した。武田晴信は、これを**塩尻峠**《しおじりとおげ》**の戦い**で撃退。勢いを取り戻し、再び北の村上義清を圧迫していく。

悪夢はくり返された。1550年、村上義清の**砥石城**《といしじょう》（現・長野県上田市）を攻めた武田晴信は、またしても大敗を喫《きっ》する。世にいう**砥石**《といし》**崩**《くず》**れ**である。武田の信濃での勢力は停滞した。

村上義清を越後に追いやる

しかし、武田晴信はあきらめなかった。今度

Point 武田晴信は北信濃へと進出し、2度も大敗しながらも、強敵・村上義清を越後へと追いやった。

信濃での戦い

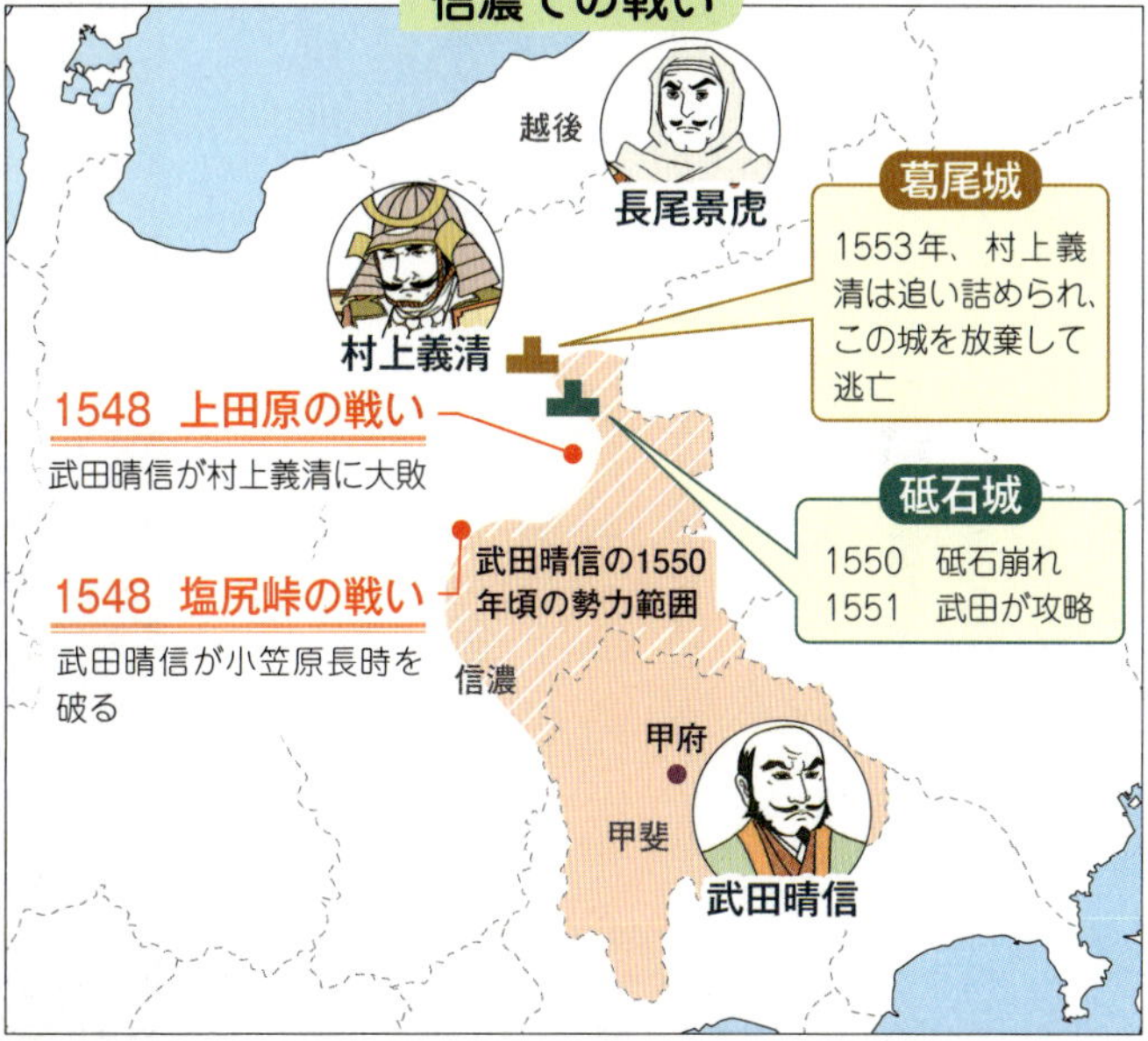

▲甲斐から北上し、信濃へと進出した武田晴信は、村上義清らの激しい抵抗に苦戦した。さらにこののち、越後の長尾景虎（上杉謙信）と戦うことになる。

は調略《ちょうりゃく》も用いつつ村上を攻める。信濃出身の**真田幸隆**《さなだゆきたか》が、現地の国人の切り崩しなどに活躍し、1551年には砥石城を攻略した。

そして1553年、村上義清は領地を放棄して、北へと逃亡した。武田晴信は、ついに北信濃に勢力を広げたのである。

しかし、村上義清の逃げた先が問題だった。越後《えちご》の**春日山城**《かすがやまじょう》（現・新潟県上越《じょうえつ》市）には、越後国主**長尾景虎**《ながおかげとら》がいた。この長尾景虎は、のちに**上杉謙信**《うえすぎけんしん》と名のるようになる。武田信玄の宿命のライバルとされる男である。

長尾景虎 戦いの中へ

上杉憲政も村上義清も越後のこの男を頼った

1551年 長尾景虎、越後を統一
1552年 北条氏康、平井城を落とす
1553年 村上義清、長尾景虎を頼る

越後の頼れる男

長尾景虎は、半世紀近く前に**相模の永正の乱**（94ページ参照）のきっかけを作った越後国守護代**長尾為景**《ながおためかげ》の息子である。1548年に家督と守護代職を継ぐと、1551年には越後を統一している。

その翌年、関東でことが起こる。**第2次河東一乱**を切り抜けて**河越夜戦**で**扇谷上杉家**を滅ぼした、当時関東最強ともいえる**北条氏康**が、今度は**山内上杉家**が上野国《こうずけのくに》（現・群馬県）にもつ**平井城**《ひらいじょう》（現・群馬県藤岡《ふじおか》市）を攻めたのである。

山内上杉家当主であり関東管領である**上杉憲政**は、城を追われ、越後の長尾景虎を頼った。代々、長尾氏は上杉氏に仕える家系である。長尾景虎は上杉憲政の保護を引き受けるとともに、北条氏康を敵とみなした。そして上野国に出兵し、北条方を撃退したのだった。

武田晴信との決戦へ

そんな長尾景虎のもとへ、**武田晴信**によって信濃を追われた信濃国守護**小笠原長時**が逃げてくる。さらに1553年、**村上義清**も身を寄せ

Point 越後を統一した長尾景虎は、上杉憲政や村上義清から頼られて、北条氏康と武田晴信を敵として認識した。

越後の長尾景虎

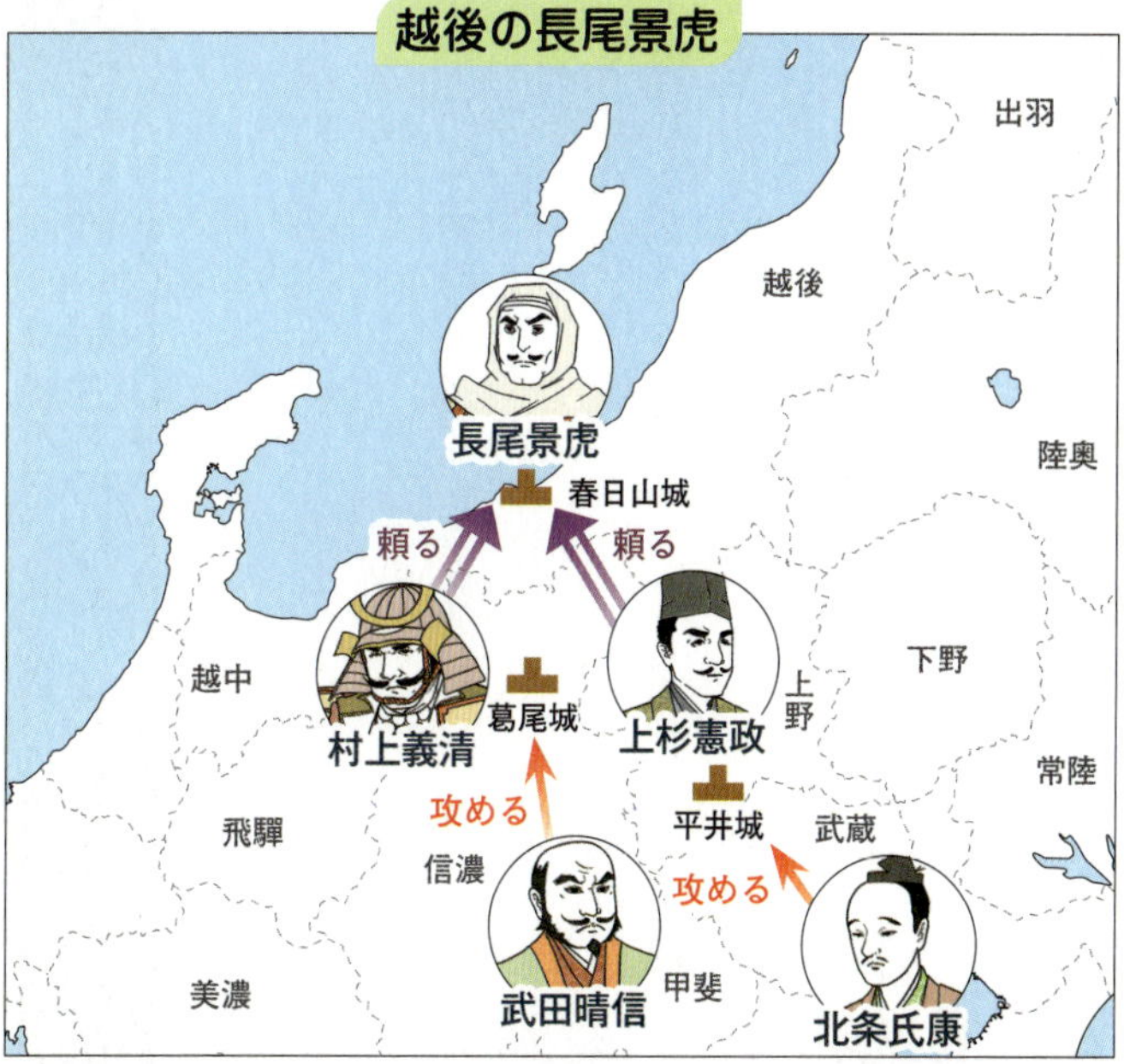

▲北条氏康から攻められた上杉憲政、武田晴信から攻められた村上義清や小笠原長時は、越後の長尾景虎のもとへ逃げたとされるが、彼らが領国を出たのちすぐに越後に入ったかどうかは、はっきりと確認されておらず、諸説ある。

てくるわけである（141ページ参照）。

上杉謙信こと長尾景虎は、大義名分を重んじる「義の人」だったとされる。彼から見ると、他人の国である信濃へと勝手に侵攻し、守護や国人を追い出した武田晴信の行動は、許しがたいことだった。

長尾景虎は、北条氏に加えて武田晴信をも、敵として認識する。そしてこののち南下して、**川中島《かわなかじま》の戦い**をくり広げることになるのである。

川中島の戦い

甲斐の武田と越後の長尾がにらみ合う

1554年	甲相駿三国同盟
1558年	武田晴信、信濃守護に
1561年	長尾景虎、関東管領に

最初の戦いと甲相駿三国同盟

甲斐の**武田晴信**と越後の**長尾景虎**の戦いは、千曲川《ちくまがわ》と犀川《さいがわ》の中洲《なかす》（現・長野県長野市）を中心に、5回にわたって行われた。これを**川中島《かわなかじま》の戦い**と総称する。

第1次は1553年で、両軍大きな戦果も被害もないまま退却《たいきゃく》した。

その頃、武田晴信は、信濃経略および長尾景虎との戦いのために、ほかの東国勢力から攻められる危険を断《た》っておきたいと考えていた。三河方面を向いている駿河の**今川義元**と、上野を狙う相模の**北条氏康**も、同じ思いだった。三者は互いに婚姻関係を結び、1554年までの間に、**甲相駿《こうそうすん》三国同盟**を成立させていった。

一方、長尾景虎は、上洛して**後奈良《ごなら》天皇**や将軍**足利義輝《あしかがよしてる》**に拝謁し、戦いの大義名分を得た。

関東管領 上杉謙信

川中島の戦いは何度もくり返されたが、多くの場合は小競り合い程度で、1555年の第2次は今川義元の仲介で、1557年の第3次は将軍の勧告で和解した。

Point 10年以上川中島の戦いを断続的に行いながら、武田信玄も上杉謙信も、地位や同盟関係を充実させた。

川中島の戦いと東国の武将たち

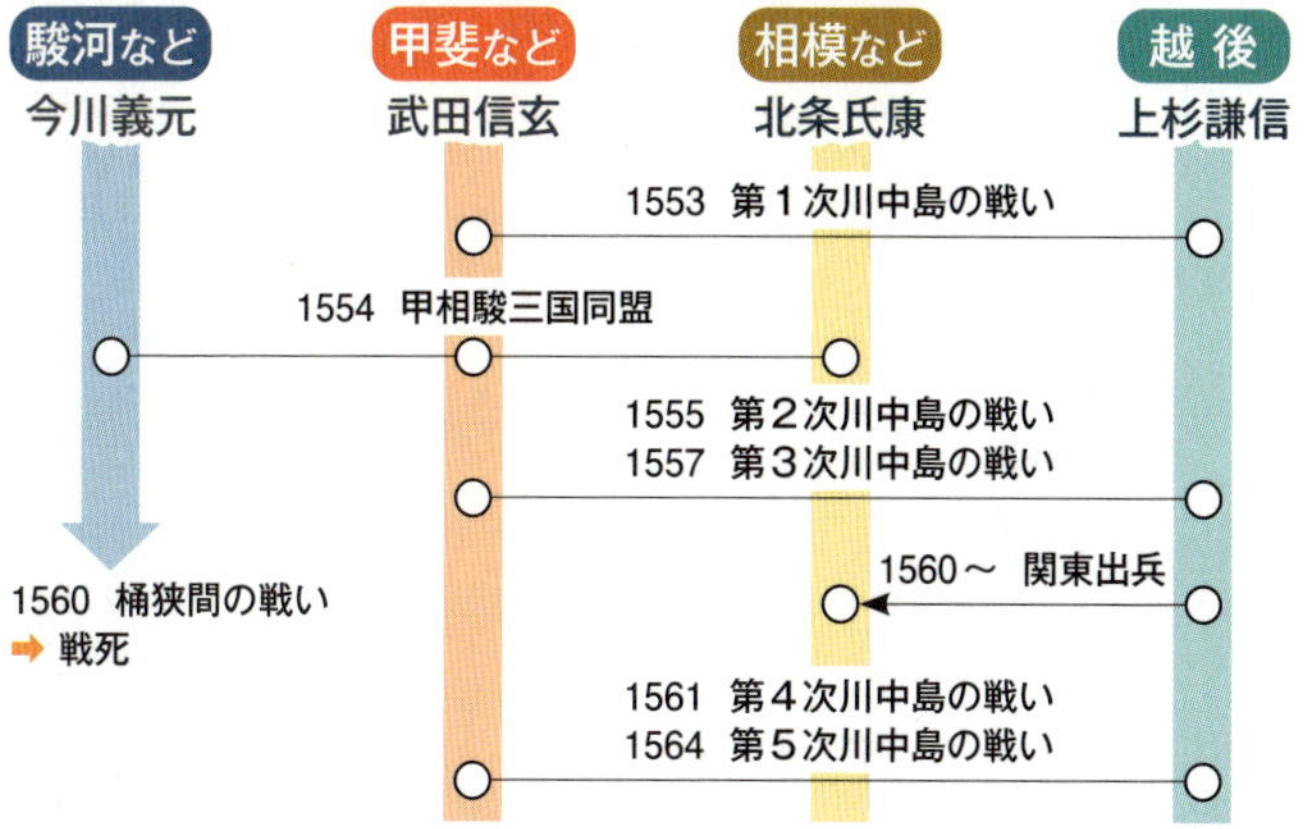

▲武田信玄と上杉謙信の川中島の戦いがくり返される中で、東国の情勢は大きく変わっていった。

1558年、武田晴信は信濃国守護に任ぜられ、翌年、**武田信玄**《たけだしんげん》と名のるようになる。

長尾景虎は1559年、また上洛して**正親町**《おおぎまち》**天皇**と将軍に拝謁し、**関東平定**の命《めい》を受けた。この命に応《こた》えるべく、長尾景虎は1560年から1561年にかけて、関東管領**上杉憲政**を擁して関東へ侵攻する。**小田原城**は落とせなかったものの、北条氏の諸城を攻めた。以後、長尾景虎の関東出兵は、毎年のようにくり返された。

そして1561年、長尾景虎は、上杉憲政から山内上杉家の家督を譲られ、上杉姓と関東管領職を手に入れた。彼はこののち何度も改名するが、以下、表記を**上杉謙信**《うえすぎけんしん》に統一する。

同年の第4次川中島の戦いは、最大の激戦だったが痛み分けに終わった。そして1564年の第5次は、にらみ合うだけにとどまった。

信長の尾張統一

戦国最大のスターも足場固めには苦労した

1554年	織田信長、清洲城に入る
1556年	長良川の戦い
1559年	織田信長、尾張を統一

清洲城を手に入れる

川中島の戦いと同時期に、苦心しながらも力をつけていったのが、尾張の**那古野城**《なごやじょう》（現・愛知県名古屋市）を拠点とする**織田信長**である。

当時の尾張国守護は、**清洲城**《きよすじょう》（現・愛知県清《きよ》須《す》市）にいる**斯波義統**《しばよしむね》だった。これを1554年、**織田大和守家**（本家）の**織田信友**《おだのぶとも》が殺害し、城を乗っ取った。下剋上である。斯波義統の息子は那古野に逃げ、織田信長に保護を求めた。

織田信友は、織田信長を倒そうと狙っている敵対勢力だった。信長にとってこれは、「主君の仇を討つ」という名目でライバルを追い落とし、堅城《けんじょう》と名高い清洲城まで獲得するチャンスである。叔父の**織田信光**《おだのぶみつ》とも連携した織田信長は1554年、織田信友を自害に追い込んで、清洲城に入る。ちなみにこの頃、**木下藤吉郎**《きのしたとうきちろう》が信長の家臣になっている。

後ろ盾を失いながらも

1554年、織田信長の舅である美濃の**斎藤道三**は、息子**斎藤義龍**《さいとうよしたつ》に家督を譲った。しかし翌年、このふたりの間で争いが起こる。

Point 織田信長は、義父・斎藤道三を討った美濃の斎藤義龍と対立しつつ、尾張の統一を達成した。

織田信長関係図

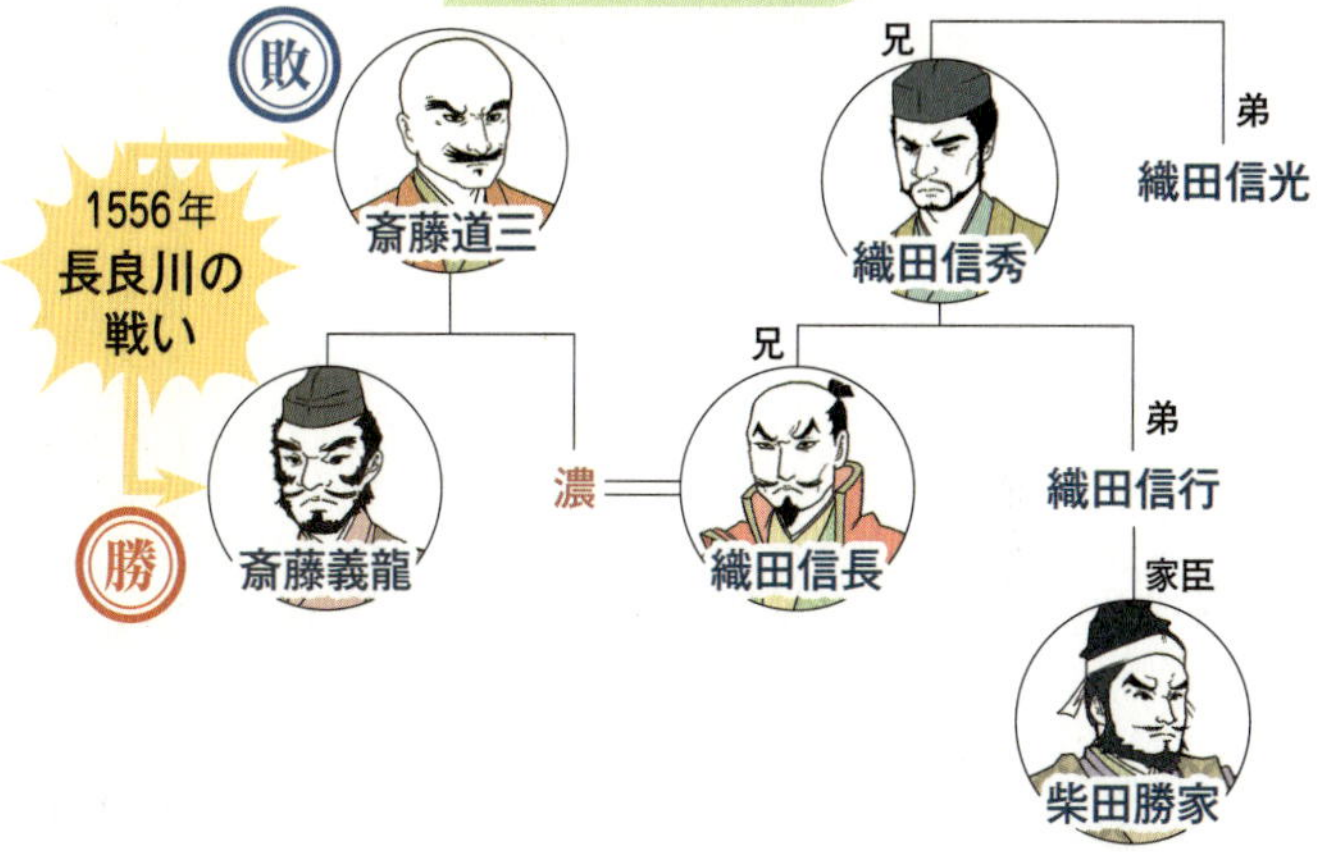

▲織田信長は、尾張の織田氏の中に敵を抱え、隣国・美濃の斎藤義龍（およびその息子の斎藤龍興）とも対立したが、時間をかけてこれらを克服していく。

１５５６年、**長良川《ながらがわ》の戦い**（現・岐阜県岐阜市）で斎藤道三は討たれた。織田信長は義父を救おうと駆けつけたが、間に合わなかった。以後、織田信長と美濃の斎藤義龍は対立することとなる。

織田信長が後ろ盾を失ったのを見て、同年、信長の弟**織田信行《おだのぶゆき》**とその家臣**柴田勝家《しばたかついえ》**らが謀反を起こした。織田信長は**稲生《いのう》の戦い**（現・愛知県名古屋市）でこれを打ち破る。意外にも、勝った信長は信行を許し、柴田勝家を自分の臣下に組み入れた。ただし、織田信行は１５５８年に再び謀反を計画、露見《ろけん》して誅殺されている。

ほかにも次々に反対勢力を倒していった織田信長は、１５５９年、上洛して将軍**足利義輝**に拝謁し、権威を得た。そして同年、尾張織田家の統一を達成したのである。

12 桶狭間の戦い

東国の情勢はこの戦いを機に一変する

1558年　松平元康、旧領の一部を得る
1560年　桶狭間の戦い
今川義元、没

織田信長が今川義元を倒す

尾張を統一した**織田信長**の前に、強敵が立ちふさがる。駿河を本拠地とし、三河までも勢力圏に収める、**今川義元**である。

今川義元は、これから尾張を切り取っていくため、織田信長が勢いづく前に叩いておこうと考えた。彼は1560年、**松平元康**らとともに尾張に侵攻した。この松平元康とは、成人し、旧領の一部を返還してもらった**竹千代**、つまりのちの**徳川家康**である。

大軍でやってきた今川方の勝利は確実に見えた。しかし織田信長は、激しい戦いの末に勝利し、今川義元を戦死させた。この**桶狭間《おけはざま》の戦い**（現・愛知県名古屋市と豊明《とよあけ》市）は、以後の東国の情勢を大きく変えてしまう。

時代は大きく動いた

今川義元は、2年前すでに息子の**今川氏真《いまがわうじざね》**に家督を譲っていたため、以後、氏真が今川氏を率いることになる。しかし、思ってもみないタイミングでの当主の死に、今川氏は動揺した。

今川氏は、甲斐の**武田氏**、相模の**北条氏**と、

Point 尾張に侵攻してきた今川義元を、織田信長が桶狭間の戦いで破ったことで、東国の情勢は大きく変わる。

決戦の地 桶狭間

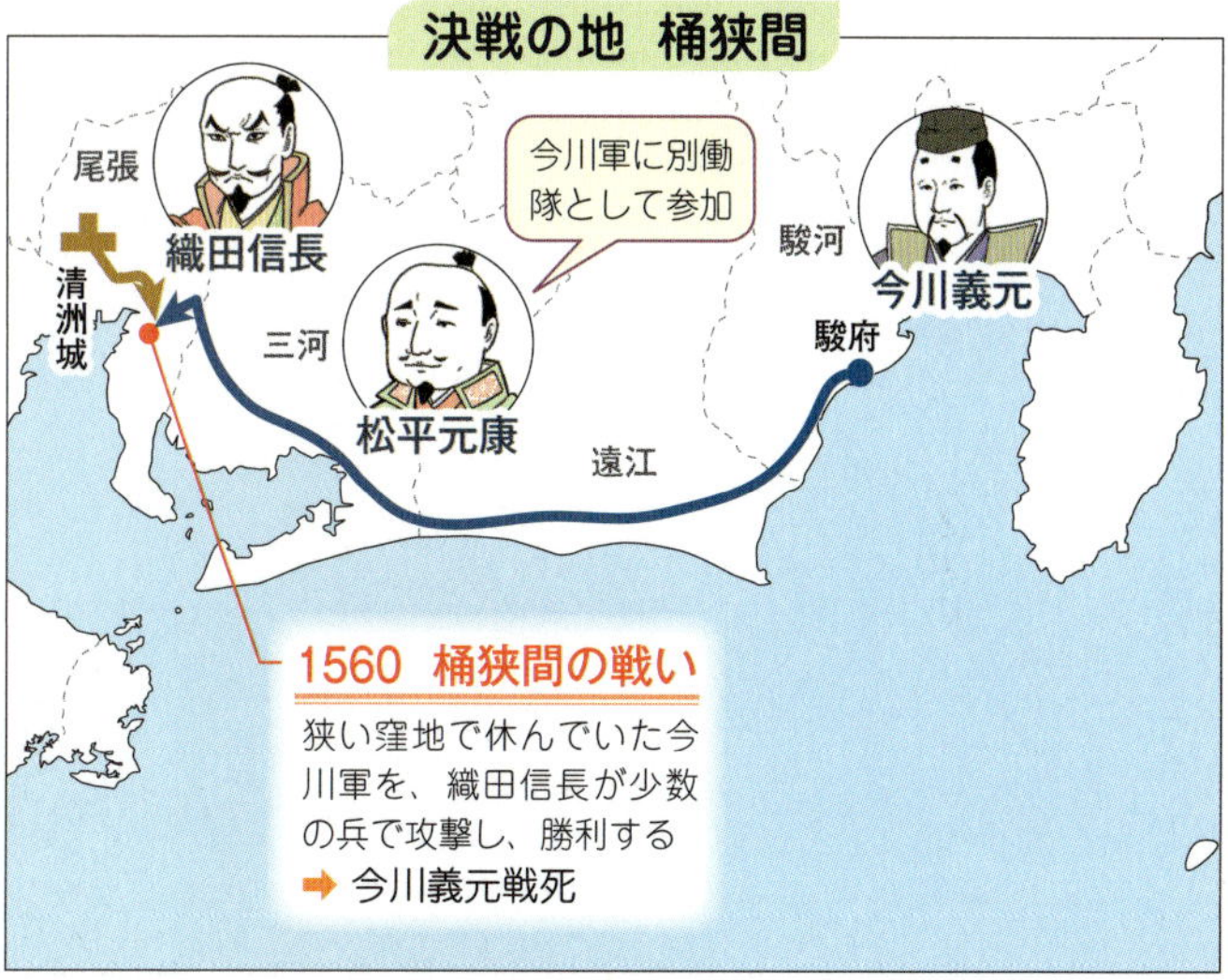

▲今川義元は、駿河・遠江・三河の三国を領有する、東国でも特に強い大名だったが、桶狭間の戦いで織田信長に敗れ、戦死してしまう。

甲相駿三国同盟（144ページ参照）を結び、一定の秩序を保っていた。今川義元が没したことで、この同盟のバランスは危うくなる。これを機に、今川領を切り取ろうという動きが起こるのである。

また松平元康は、桶狭間の戦いのあと、三河まで退却し、今後の身の振り方に悩む。そして結局、**今川氏からの独立**をめざして動いていくことになる。

そして織田信長。彼はこれまで、もっぱら尾張の国内平定のために動いてきた。しかし、外から侵入した敵を見事に打ち破ったこの戦いのあと、**対外拡張路線**に転じている。今川義元が攻めてくることがなかったら、織田信長の天下統一事業もなかったといえるかもしれない。

COLUMN 6

織田信長の内政政策

織田信長には、前例や常識にとらわれない規格外の人物、といったイメージがある。近年の研究では、彼の個々の政策には先行するモデルが存在したことなどがわかってきており、破天荒なイメージが実情に合っているかは疑問だが、それでも、かなり斬新《ざんしん》でしかも充実した手法を取ったことは確かである。

まず織田信長は、臨機応変に居城を変え、本拠地を移動した。また、徹底した実力主義者で、適材適所の人事を行った。もとの身分が高くない**木下藤吉郎**が活躍できたのもそのためである。

内政面を見てみよう。ほかの多くの大名は、領地で商売をする商工業者たちに、多額の税金を課していた。しかし織田信長は**楽市令**《らくいちれい》を発し、城下町で開催される市の税を免除した。そのため、多くの商工業者が集まり、城下町が栄えた。

また関所も廃止し、通行税をなくすことによって、人が自由に行き来できるようにもした。これも商業・交通の発展につながった。

堺の直轄地化をはかったことも慧眼《けいがん》といえる。堺は日本最大級の商業都市で、鉄砲鍛冶もさかんだった。

宗教面では、しばしば寺社勢力と対立する一方、キリスト教を保護したことが知られているが、これは織田信長自身がキリスト教徒になったことを意味しているわけではない。軍事的あるいは経済的政策として判断した結果だった。

第7章

革命児
織田信長の夢

信長のライバルたち

強豪ひしめく東国の主要勢力

1561年	武田信玄、南へ目を向ける
1562年	清洲同盟
1567年	武田義信、自害

東国の主要勢力

この章では、天下統一事業を進めた尾張《おわり》の**織田**《おだ》**信長**《のぶなが》を中心に、1560年代から1580年代初めまでを見ていこう。まず、信長のライバルになってくる東国の主要勢力を確認しておく（144～145ページも参照）。

尾張の隣国三河《みかわ》の**松平元康**《まつだいらもとやす》は1562年、駿河《するが》の**今川氏**《いまがわし》と手を切り、織田信長と**清洲同盟**《きよすどうめい》を結んだ。松平元康は1564年に三河をほぼ統一し、その前後に**徳川家康**《とくがわいえやす》と改名している。

駿河の**今川氏真**《いまがわうじざね》は、三河から駆逐されただけでなく、家臣の離反にも苦しんだ。

その今川氏の同盟国を見ると、相模《さがみ》の**北条氏康**《ほうじょううじやす》は、関東平定をめざして毎年のように侵攻してくる越後《えちご》の**上杉謙信**《うえすぎけんしん》と争っていた。

もうひとつの同盟国、甲斐《かい》の**武田信玄**《たけだしんげん》は、やはり越後の上杉謙信と対立しており、**川中島**《かわなかじま》**の戦い**の決着がつかないため、北へ進めなかった。

そこで、南に進路を変え、**今川領の切り取り**を狙うことになる。むろんこれは、**甲相駿**《こうそうすん》**三国同盟**を裏切る方針である。同盟締結《ていけつ》にあたって今川氏真の妹と結婚した**武田義信**《たけだよしのぶ》（武田信玄の息子）は、今川氏を裏切ることに反対したが、信玄暗殺の計画に関与したとして自害させられる。

Point 織田信長の天下統一事業には、桶狭間の戦いに敗れた今川氏をめぐる、東国諸勢力の動きがからんでくる。

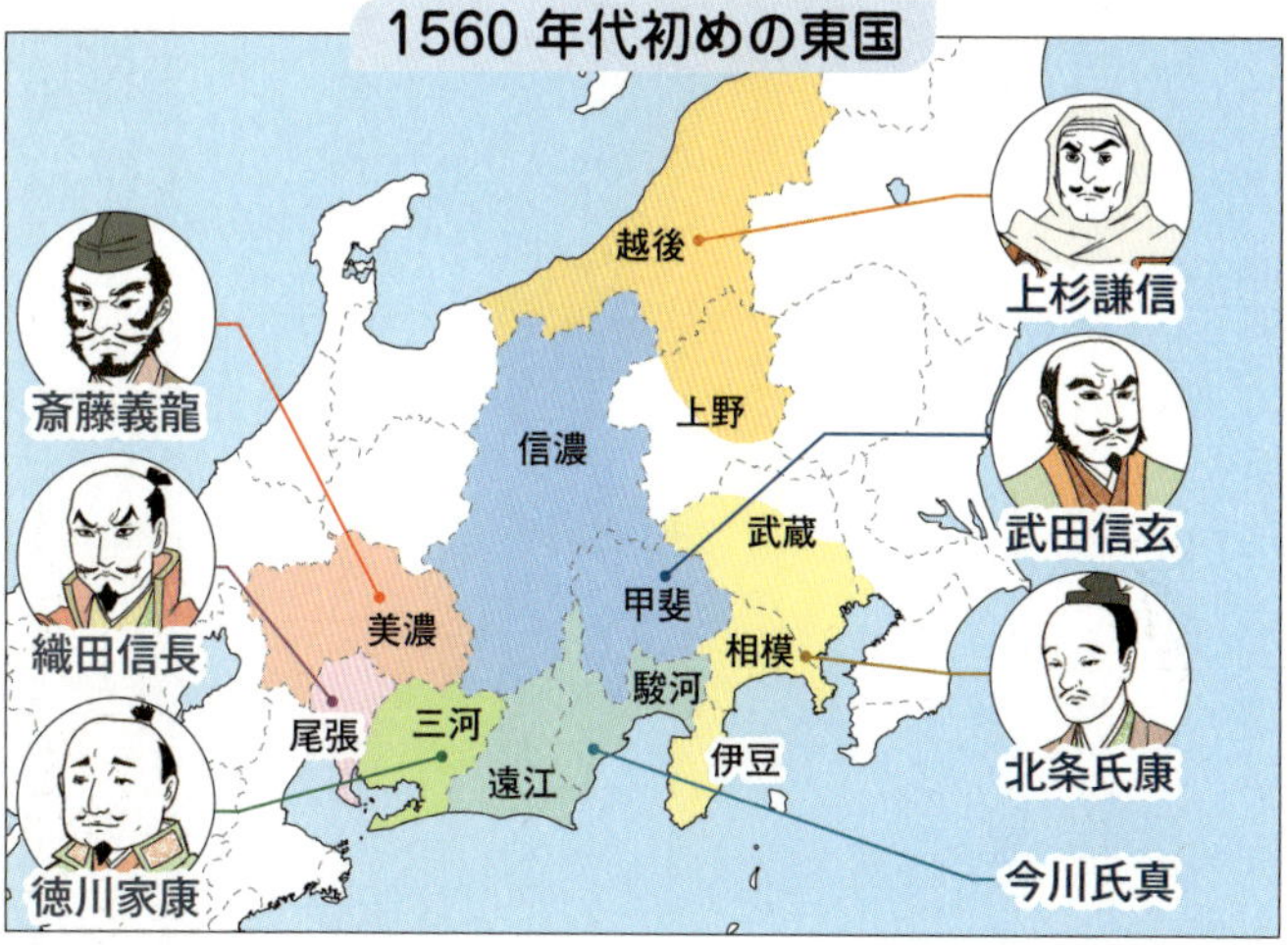

▲東国には強力な武将が多いが、織田信長は、三河の徳川家康と清洲同盟を結ぶことで、東にあまり気を取られずに西（京方面）へ進出できるようになった。

古河公方と関東管領

室町時代の東国における権威は、**足利氏**《あしかがし》が継承する**鎌倉公方**《かまくらくぼう》と、**上杉氏**《うえすぎし》（**山内上杉家**《やまのうちうえすぎけ》）が継承する**関東管領**《かんとうかんれい》だった。

関東管領の地位には、山内上杉家の家督を譲り受けた上杉謙信が就いている。

鎌倉公方の系譜は、16世紀後半には**古河**《こが》**公方**《くぼう》しか残っていない。その古河公方家は、**足利晴氏**《あしかがはるうじ》が1560年に没したが、それ以前から、晴氏の長男**足利藤氏**《あしかがふじうじ》を上杉謙信が、晴氏の次男**足利義氏**《あしかがよしうじ》を北条氏康が擁立し、争い合っていた。二転三転の末、足利義氏が最後の古河公方を務め、彼の死をもって1583年に古河公方は滅びることになる。

信長の美濃制覇

対外進出の第一歩で斎藤氏を駆逐

1563年	織田信長、小牧山城に移る
1565年	織田信長、武田氏と同盟
1567年	織田信長、岐阜城に移る

美濃の斎藤龍興を追い詰めていく

尾張の北隣の美濃《みの》には、**織田信長**の義父**斎藤**《さいとう》**道三**《どうさん》の仇である**斎藤義龍**《さいとうよしたつ》がいたが、彼は1561年に没し、息子の**斎藤龍興**《さいとうたつおき》が跡を継いでいた。織田信長は、対外拡張路線の第一歩として、この美濃の制覇をめざした。

1562年、後顧《こうこ》の憂《うれ》いを断つため、三河の**徳川家康**（当時は松平元康）と**清洲同盟**を結ぶ。翌年、美濃進出の拠点として**小牧山城**《こまきやまじょう》（現・愛知県小牧《こまき》市）を築き、**清洲城**《きよすじょう》から移った。

1565年には、甲斐の**武田信玄**と同盟し、信玄の子**武田勝頼**《たけだかつより》と縁組みをしている。

またこの頃（時期には諸説ある）、自分の妹**市**《いち》を、美濃の隣国である北近江《おうみ》の武将**浅井長政**《あざいながまさ》の正室《せいしつ》とし、同盟を成立させた。

岐阜城から「天下布武」に向けて

1566年、織田信長は本格的な美濃攻めを始める。そして1567年、敵の本拠地である**稲葉山城**《いなばやまじょう》（現・岐阜県岐阜市）を落とした。斎藤龍興は伊勢《いせ》長島《ながしま》（現・三重県桑名《くわな》市）へ逃亡し、戦国大名としての斎藤氏は滅んだ。

Point 織田信長は美濃を制圧し、岐阜城を新たな拠点として、室町幕府の再興をめざすようになった。

美濃を攻める織田信長

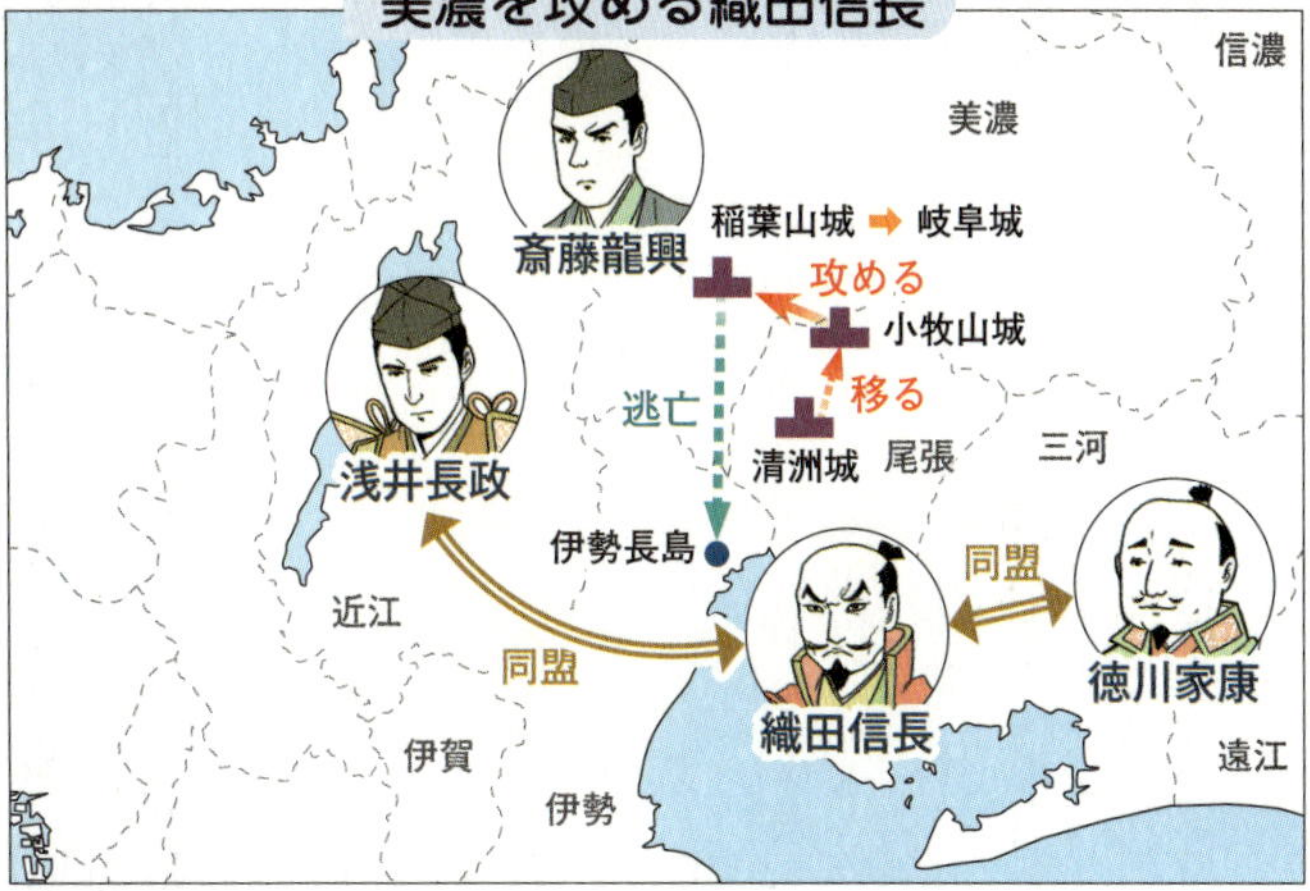

信濃
美濃
稲葉山城 ➡ 岐阜城
斎藤龍興
攻める
小牧山城
移る
逃亡
清洲城
尾張
三河
浅井長政
伊勢長島
同盟
近江
同盟
徳川家康
織田信長
伊賀
伊勢
遠江

▲美濃制覇は、織田信長の西への進出の足がかりとなる。

「井《い》ノ口《くち》」と呼ばれていた城下を**岐阜《ぎふ》**と名づけ、稲葉山城あらため**岐阜城《ぎふじょう》**に拠点を移した織田信長は、同年、**「天下布武《てんかふぶ》」**と刻《きざ》まれた印《いん》を使いはじめている。この言葉は俗に「武力によって全国を統一する」といった意味だと考えられてきたが、近年の研究では、ここでいう「天下」とは畿内（京および山城《やましろ》、大和《やまと》、摂津《せっつ》、河内《かわち》、和泉《いずみ》の五畿内《ごきない》）のことだと解釈されている。「天下布武」とは、「**室町幕府を再興して、畿内を将軍の力で治める**」というほどの意味だとするのが、現在の定説である。

なぜ「幕府」や「将軍」が出てくるのか。じつは1565年、将軍家のある人物が、織田信長に連絡を取ってきていたのだ。信長の今後の動きに大きくかかわるその事情を押さえるため、同時期の京の情勢を見てみよう。

永禄の変とふたりの将軍候補

義輝の次の将軍は足利義栄か足利義昭か

1564年	三好長慶、没
1565年	永禄の変 足利義昭、近江（のち越前）へ

足利義輝の死

京では1564年、権力を掌握《しょうあく》していた**三好《みよし》長慶《ながよし》**が没した（108～109ページの続き）。

以前から親政《しんせい》（自ら執政すること）を望んでいた将軍**足利義輝《あしかがよしてる》**は、これを機に将軍権力を取り戻そうとした。一方、**三好氏《みよしし》**や家宰の**松永久《まつながひさ》秀《ひで》**には、将軍のそのような動きは好ましくない。

そこにからんでくるのが、かつて細川晴元に担がれて**堺公方《さかいくぼう》**となり、今は阿波《あわ》に閑居《かんきょ》している**平島公方《ひらじまくぼう》**の**足利義維《あしかがよしつな》**と、その息子**足利義栄《あしかがよしひで》**（当時は足利義親《あしかがよしちか》）である。彼らは、京に入って権威として迎えられることを望んでいた。三好氏の勢力は、この平島公方父子と手を組む。

そして1565年、**三好三人衆《みよしさんにんしゅう》**と呼ばれる**三《み》好長逸《よしながやす》・三好政康《みよしまさやす》・岩成友通《いわなりともみち》**と、松永久秀の息子**松永久通《まつながひさみち》**が、足利義輝を襲撃して自害に追い込んでしまった。**永禄《えいろく》の変**である。

足利義昭　幕府再興の野望

このとき、足利義輝の弟で僧籍にあった**覚慶《かくけい》**も捕らえられたが、のちに軟禁《なんきん》先から脱出した。

三好三人衆は、「覚慶を取り逃がしたのは、

Point 京では、三好三人衆らが将軍・足利義輝を襲撃。逃亡した義輝の弟・足利義昭は、将軍家再興を望んだ。

永禄の変

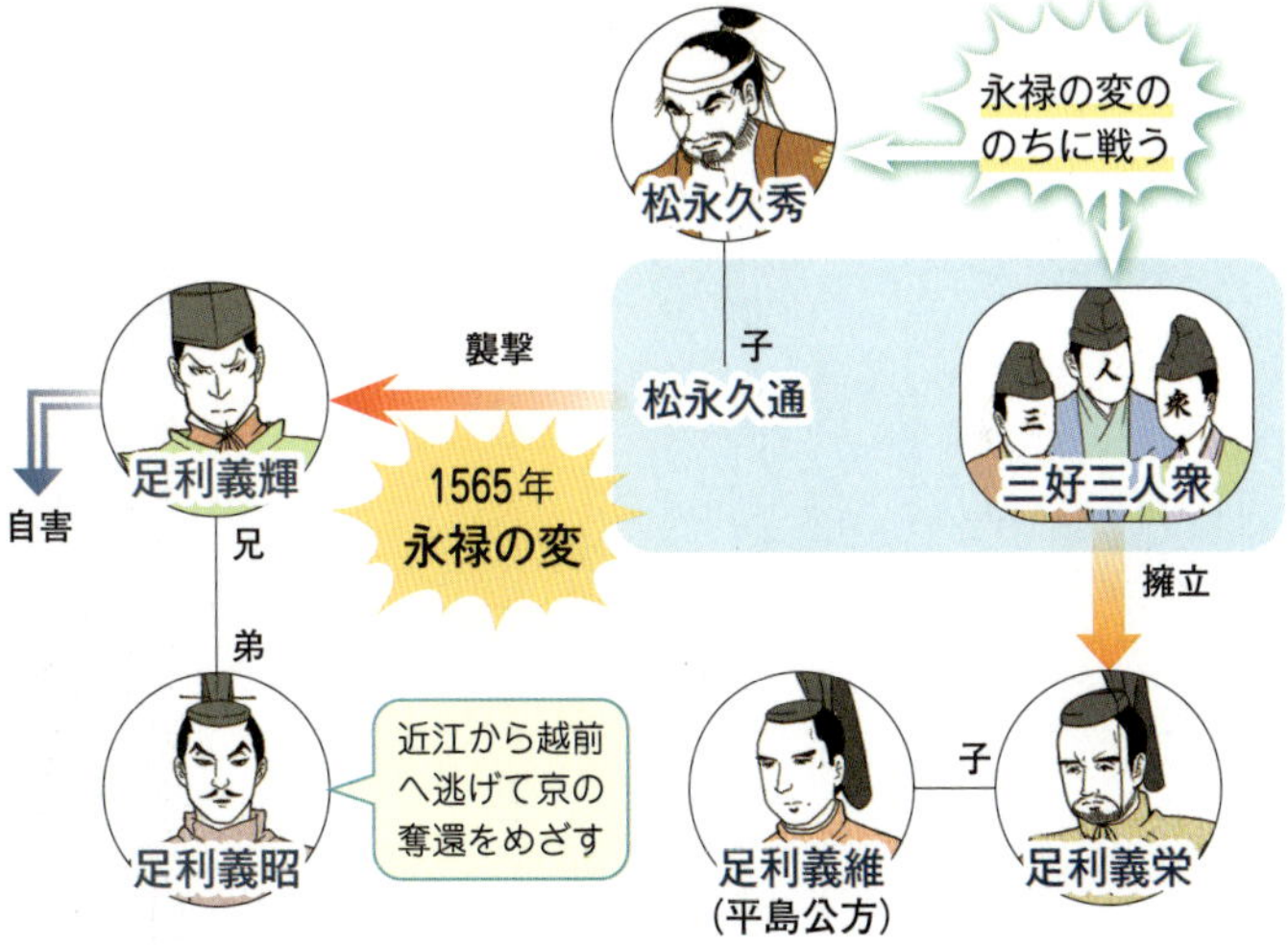

▲永禄の変で将軍・足利義輝が没したのち（殺害説もある）、足利義栄と足利義昭が、それぞれ「自分が将軍である」と主張するようになった。

松永久秀の失態だ」と主張し、松永父子を失脚させた。このことから松永久秀は、足利義栄を将軍に擁立しようとする三好三人衆と、対立するようになった。

さて、逃げた覚慶は、近江で還俗する。のちの**足利義昭**《あしかがよしあき》（当時は足利義秋《あしかがよしあき》）である。彼は正統な将軍家の再興をめざすことを決意し、さまざまな大名に、「私の上洛と将軍就任に協力してもらいたい」と連絡した。

このとき連絡した武将のうちのひとりが、**織田信長**だったのである。足利義昭を将軍位に就ければ、大きな見返りが期待できる。岐阜制覇の前から織田信長は、**足利義昭を連れての上洛**を目標とするようになったことがわかっている。

信長の上洛と将軍・足利義昭

織田信長の武力で室町最後の将軍が生まれる

１５６７年	織田信長、伊勢侵攻を開始
１５６８年	織田信長、上洛
	足利義昭、第15代将軍に

◉北伊勢平定、上洛への布石

織田信長は上洛への布石として、京を制圧している**三好三人衆**と敵対する**松永久秀**父子を取り込み、畿内のほかの勢力にも協力を要請した。

また、京方面へ勢力を広げるため、家臣の**滝**《たき》**川一益**《がわかずます》を先鋒《せんぽう》に、伊勢国《いせのくに》（現・三重県北部など）への侵攻を始めた。１５６８年、国人領主の**神**《かん》**戸具盛**《べとももり》と和議を結んだことで、伊勢北部が織田信長の支配下に入る。このとき、信長の三男**織**《お》**田信孝**《だのぶたか》が、神戸具盛の養子になった。

さて、１５６５年のうちに近江を離れ、越前《えちぜんの》国《くに》守護**朝倉義景**《あさくらよしかげ》のもとに身を寄せていた**足利義昭**が、１５６８年、仲介者の**明智光秀**《あけちみつひで》をともなって岐阜にやってきた。織田信長は彼らを受け入れ、いよいよ上洛に取りかかる。

◉足利義昭、将軍に

織田信長は、まず足利義昭を岐阜に待たせ、京までの道を武力でこじ開けていった。この上洛軍には、三河の**徳川家康**の軍勢も加わった。

途中、三好三人衆と通じた近江の**六角義賢**《ろっかくよしかた》・**義治**《よしはる》父子が敵対姿勢を見せたが、織田信長はこ

Point 織田信長は、自分を頼ってきた足利義昭を奉じて上洛し、義昭を将軍位につけた。

織田信長の上洛

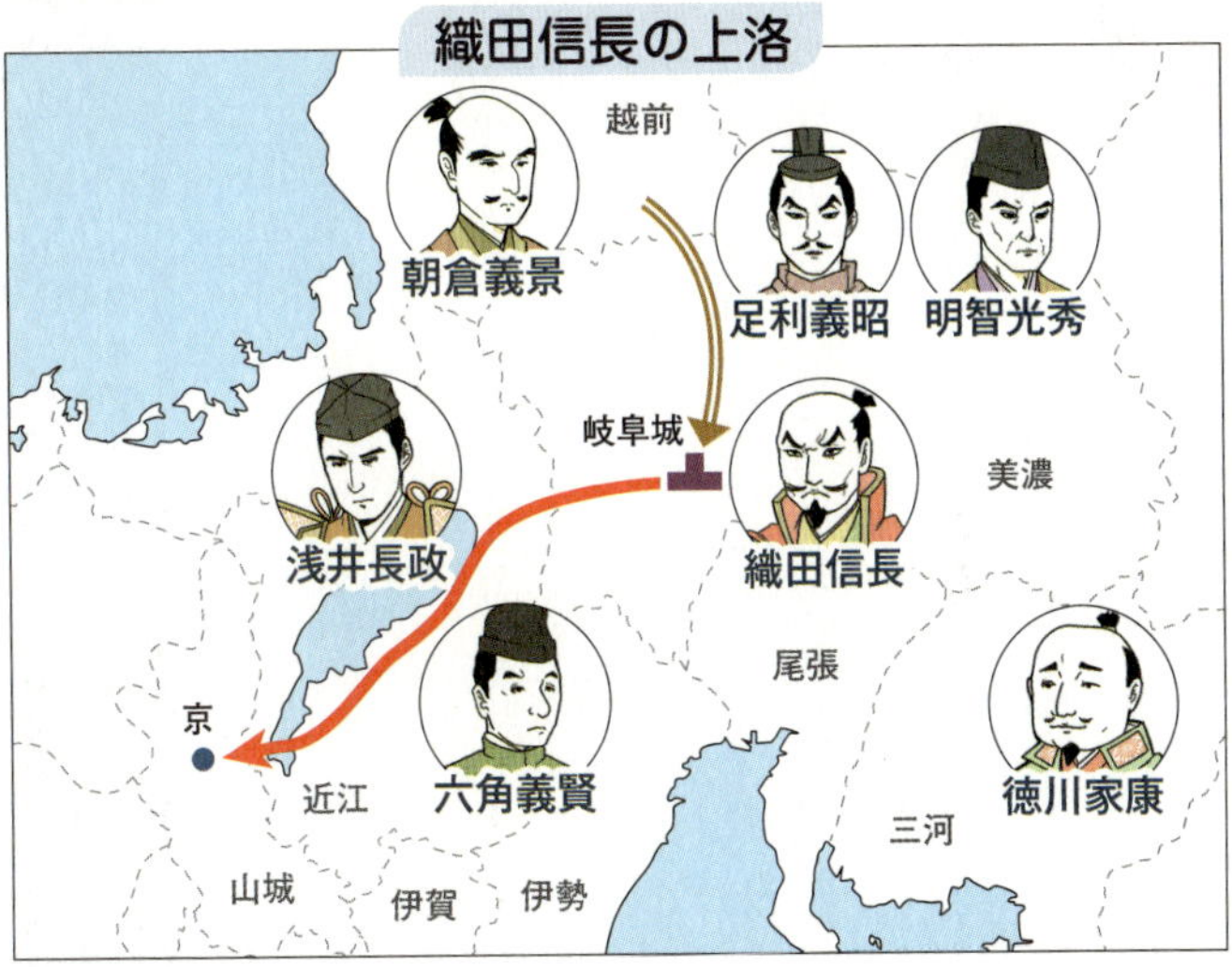

▲織田信長は、足利義昭を京に戻して将軍位に就けることで、幕府の権力の一角を占めることになった。

れを蹴《け》散《ち》らす。安全なルートを確保した信長は、足利義昭を呼び寄せ、京に入った。

同年に将軍となっていた**足利義栄**は、織田信長らの入京の直前に病没、三好三人衆は阿波へと逃亡した。

こうして足利義昭は、第15代将軍となる。織田信長は、尾張と美濃の領有の認可、和泉の守護職、堺《さかい》など要地に代官を置く権利を得て、岐阜へと戻った。

1569年正月、三好三人衆が、織田信長への復讐を狙う**斎藤龍興**と手を組み、京に上《のぼ》って足利義昭を急襲した。**本圀寺《ほんこくじ》の変**（**六条合戦**《ろくじょうかっせん》）である。京の織田勢らは何とかこれを撃退した。駆けつけた織田信長は、御所として**二条城**《にじょうじょう》（現在の二条城とは場所が異なる）を築き、足利義昭に進呈《しんてい》した。

1568年〜1569年

05 武田信玄の駿河侵攻

今川氏の領国は武田の手に渡った

1568年	武田信玄、駿河に侵攻
1569年	三増峠の戦い 武田信玄、駿河を支配

同盟国の裏切りと援助

1568年から1569年にかけては、東国でも大きな、複雑な動きが起こった。南を狙っていた甲斐の**武田信玄**が、ついに**今川氏**との同盟を破棄し、駿河に侵攻したのである。

武田方は、電光石火《でんこうせっか》で今川の本拠地**駿府城**《すんぷじょう》（現・静岡県静岡市）を落とした。**今川氏真**は遠江《とおとうみ》の**懸川城**《かけがわじょう》（現・静岡県掛川《かけがわ》市）へ逃げたが、そこへも、武田と同盟した三河の**徳川家康**の軍が迫ってきた。

今川の旧同盟国が相次いで裏切ったわけだが、**北条氏康**は違った。彼は今川との同盟を守り、駿府《すんぷ》に軍を送って、武田の占領軍と対峙した。懸川城にも援軍を派遣し、今川氏真を救うべく、徳川家康と交渉。さらに、武田に対抗するため、敵対しつづけてきた越後の**上杉謙信**と**越相同盟**《えつそうどうめい》を結びさえするのである。

武田が駿河を手に入れる

遠江に侵攻して懸川城を包囲していた徳川家康は、武田方への不信感もあり、やがて今川・北条と和睦。その見返りに遠江を併合している。

Point 武田信玄は、弱体化した今川氏の領国へと侵攻。今川氏を守ろうとする北条氏康を破って駿河を獲得した。

今川領をめぐる動き

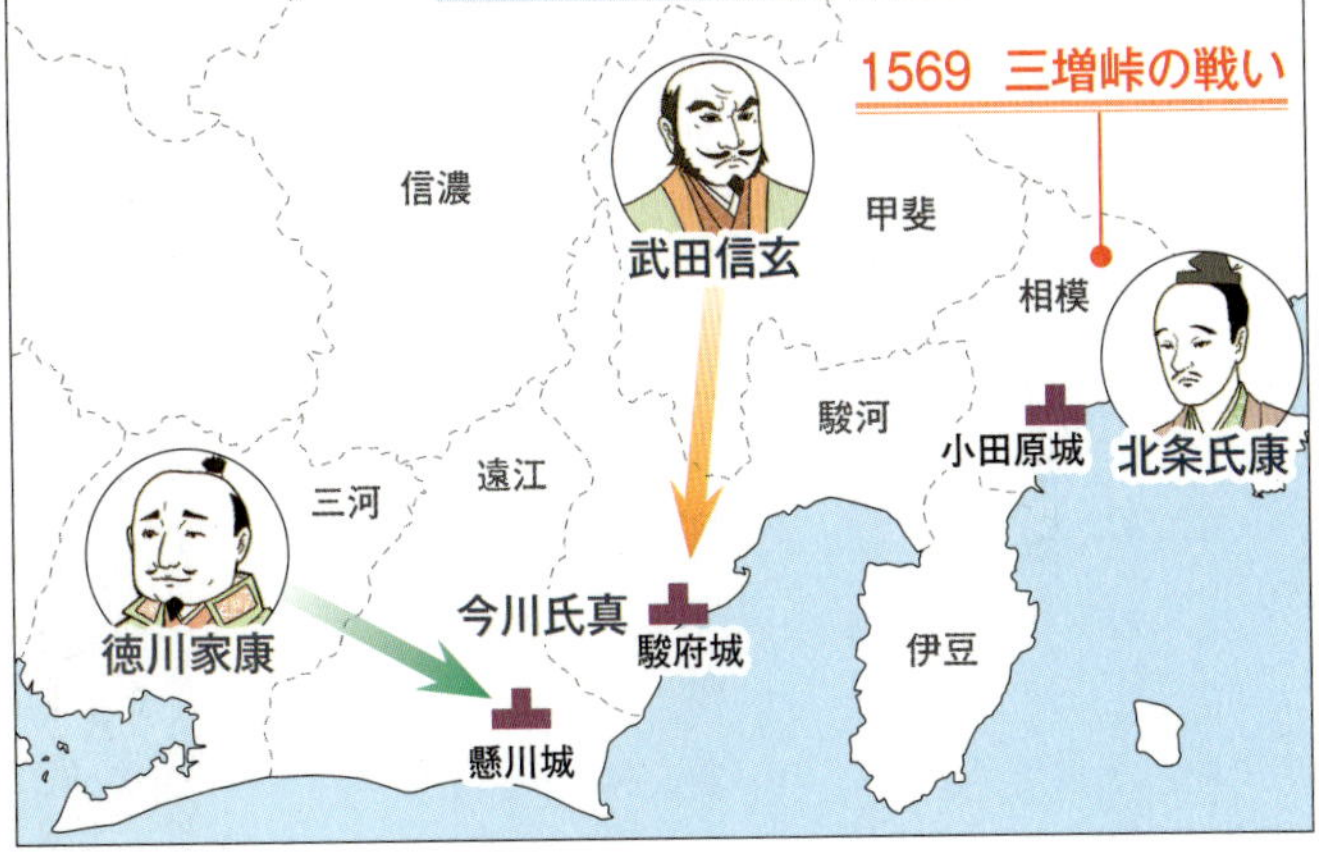

▲駿河侵攻により、武田信玄はその軍事力の強さを見せつけた。戦国大名としての今川氏は滅び、駿河は武田氏が、遠江は徳川氏が支配することになった。

逆に孤立した武田信玄は、駿河から兵を引いた。今川氏真は駿府を奪還するが、駿河の実質的な支配権を、北条氏に譲る。ここに、戦国大名としての今川氏は滅んだ。

さて、一度は退いた武田信玄だが、駿河を北条に取られたまま黙ってはいない。将軍**足利義昭**と**織田信長**に仲介してもらい、宿敵である上杉謙信と和睦（**甲越和与**《こうえつわよ》）したうえで、北条氏康の**小田原城**《おだわらじょう》を攻めた。

北条氏康は小田原城を守りきる。しかし、退却する武田軍を追った際、**三増峠**《みませとうげ》**の戦い**（現・神奈川県愛甲郡《あいこう》）で敗れてしまった。

こののち、武田信玄は再度、駿河に侵攻。事実上、駿河を支配した。さらに武田信玄は、かつての同盟相手だった北条氏康の領国をも脅《おびや》かすようになった。

浅井長政の裏切り

越前の朝倉を討とうとするも思わぬ危機に

1570年
殿中御掟
織田信長、越前へ侵攻
金ヶ崎の退き口

信長、畿内での実権を握る

1569年、**甲越和与**を仲介して存在感を増した**織田信長**は、伊勢中南部で抵抗を続けていた**北畠具教**《きたばたけとものり》に対し、次男の**織田信雄**《おだのぶかつ》を養子に出すことで和議を結び、伊勢を平定した。

そんな織田信長を、将軍**足利義昭**は、最初は慕《した》っていた。しかしやがて自立をめざし、勝手な動きをするようになる。信長は業を煮やし、1570年、足利義昭の行動を制限する**殿中御**《でんちゅうおん》**掟**《おきて》を突きつけて、将軍を傀儡《かいらい》にしようとした。

同時に織田信長は、自分が畿内の頂点に立っていることを示すため、各地の大名や領主に対して「天下を乱すつもりがないなら、上洛してくるように」との命令を発する。多くの大名がこれに従ったが、越前の**朝倉義景**は応じなかった。信長は、これを機に危険な勢力を抑えておこうと、京から越前へ侵攻しはじめた。

朝倉攻めと金ヶ崎の退き口

織田信長は、朝倉氏の本拠地**一乗谷城**《いちじょうだにじょう》（現・福井県福井市）へ向けて快調に進撃した。しかし突然、同盟を結んで義理の兄弟になっていた

Point 足利義昭を傀儡とした織田信長だが、朝倉義景を攻める最中、浅井長政の裏切りに遭った。

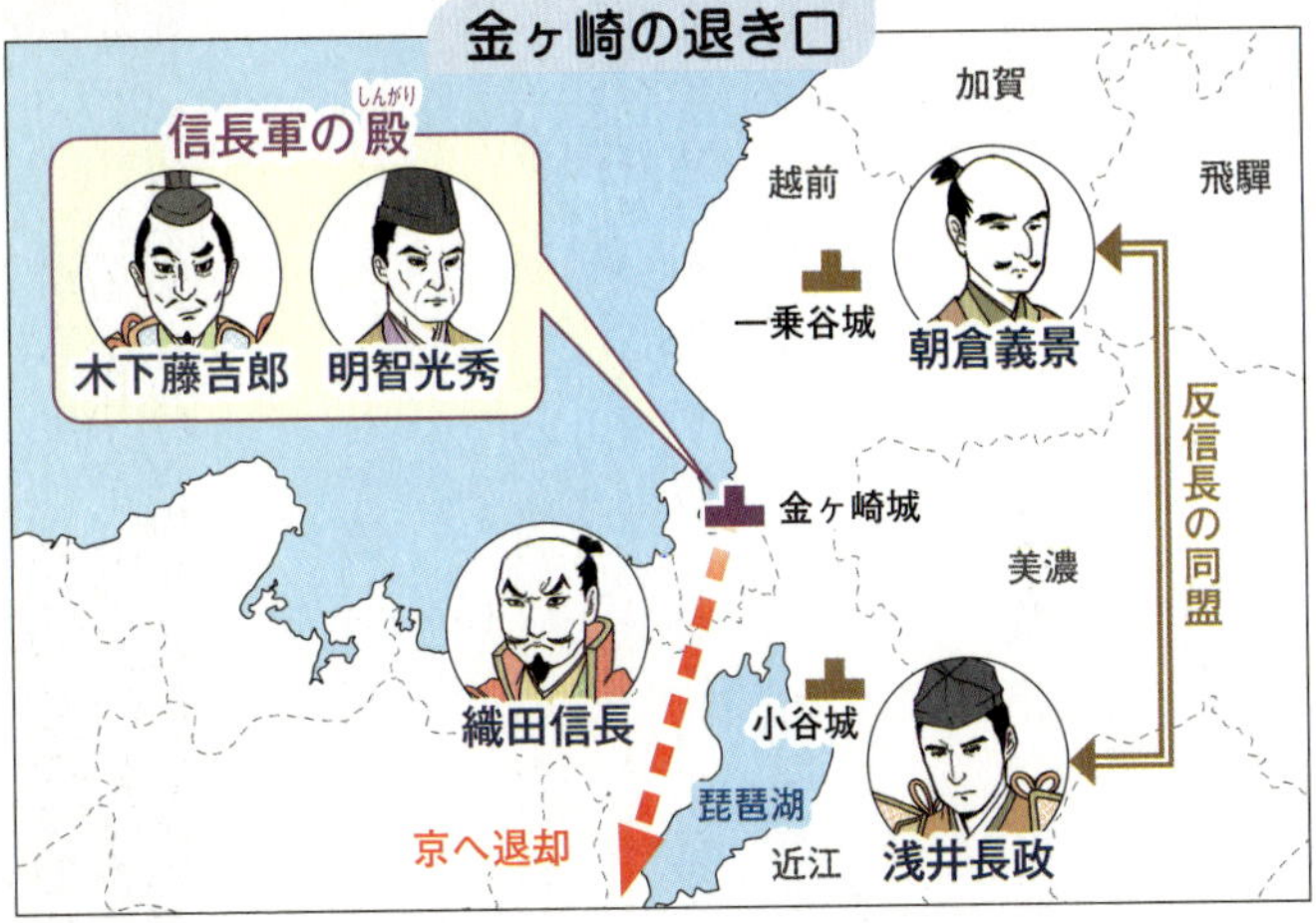

金ヶ崎の退き口
信長軍の殿《しんがり》
木下藤吉郎
明智光秀
加賀
越前
飛騨
一乗谷城
朝倉義景
反信長の同盟
金ヶ崎城
美濃
織田信長
小谷城
琵琶湖
京へ退却
近江
浅井長政

▲織田信長は、若狭《わかさ》の武藤友益《むとうともます》の討伐を口実に兵を北に進め、越前の朝倉義景を攻めようとしていたが、浅井長政の裏切りを知り、京へ引き返した。

北近江の**浅井長政**（154ページ参照）が、信長に反旗を翻す。さらに南近江でも、**六角氏**が一揆を煽った。はさみ撃ちにされそうになった織田信長は、退却を決める。

金ヶ崎城《かながさきじょう》（現・福井県敦賀《つるが》市）に**木下藤吉郎**《きのしたとうきちろう》や**明智光秀**《あけちみつひで》を殿《しんがり》として置き、近江の地元領主**朽木元綱**《くつきもとつな》の助けも借りつつ、織田信長は何とか京に戻った。木下藤吉郎らも、**金ヶ崎の退き口**《かながさきののきぐち》と呼ばれる過酷な撤退戦を生き抜いた。危機を脱した織田信長は、六角氏の扇動《せんどう》した近江の一揆を追い払い、**長光寺城**《ちょうこうじじょう》（現・滋賀県近江八幡《おうみはちまん》市）に**柴田勝家**《しばたかついえ》を置くなどして、岐阜へ戻る。

六角義賢・**義治**父子は、長光寺城方面へ攻めてきた。柴田勝家は、織田家家臣団の筆頭格**佐**《さ》**久間信盛**《くまのぶもり》とともに、**野洲河原の戦い**《やすがわらのたたかい》（現・滋賀県野洲《やす》市）でこれを撃退し、南近江を平定した。

迫りくる危機　信長包囲網

浅井・朝倉、三好三人衆、本願寺、延暦寺

1570年	
姉川の戦い	
石山戦争、始まる	
第1次信長包囲網	

姉川の戦いには勝利するが……

1570年、裏切った**浅井長政**を討つべく、**織田信長**は兵を整えて近江に攻め入った。織田方には**徳川家康**の援軍が、浅井方には**朝倉義景**が送った援軍が加わり、両者は浅井長政の本拠地**小谷城**《おだにじょう》（現・滋賀県長浜市）の南で激突する。

この**姉川**《あねがわ》**の戦い**で、織田信長は勝利を収めるが、織田方の被害も大きく、険《けわ》しい山に作られた小谷城を落とすことまではできなかった。

織田信長が岐阜に戻って戦力を回復している間に、今度は**三好三人衆**が、摂津で反織田信長の動きを起こした。織田信長は**足利義昭**にも兵を出させ、三好三人衆を攻めて滅ぼそうとしたが、ここに新たな敵が現れる。

織田信長から圧力を受けていた**本願寺**《ほんがんじ》の11代法主《ほうしゅ》**顕如**《けんにょ》が、織田信長を仏教の敵とみなし、これと戦うよう各地の門徒に指示したのだ。**石山**《いしやま》**戦争**の始まりである。顕如の本拠地**石山本願寺**《いしやまほんがんじ》は、織田方と三好方の戦う戦場の近くであり、織田軍は突然の攻撃を受けて窮地《きゅうち》に陥った。

浅井長政・朝倉義景も、石山本願寺と手を組んで動き出した。近江で**比叡山延暦寺**《ひえいざんえんりゃくじ》の僧兵を吸収し、京に迫ってくる。この敵対勢力の団結は、**第1次信長包囲網**《ほういもう》と呼ばれる。

Point 織田信長が浅井・朝倉を滅ぼせずにいるうちに、石山本願寺をはじめとする反信長勢力が襲ってきた。

第1次信長包囲網

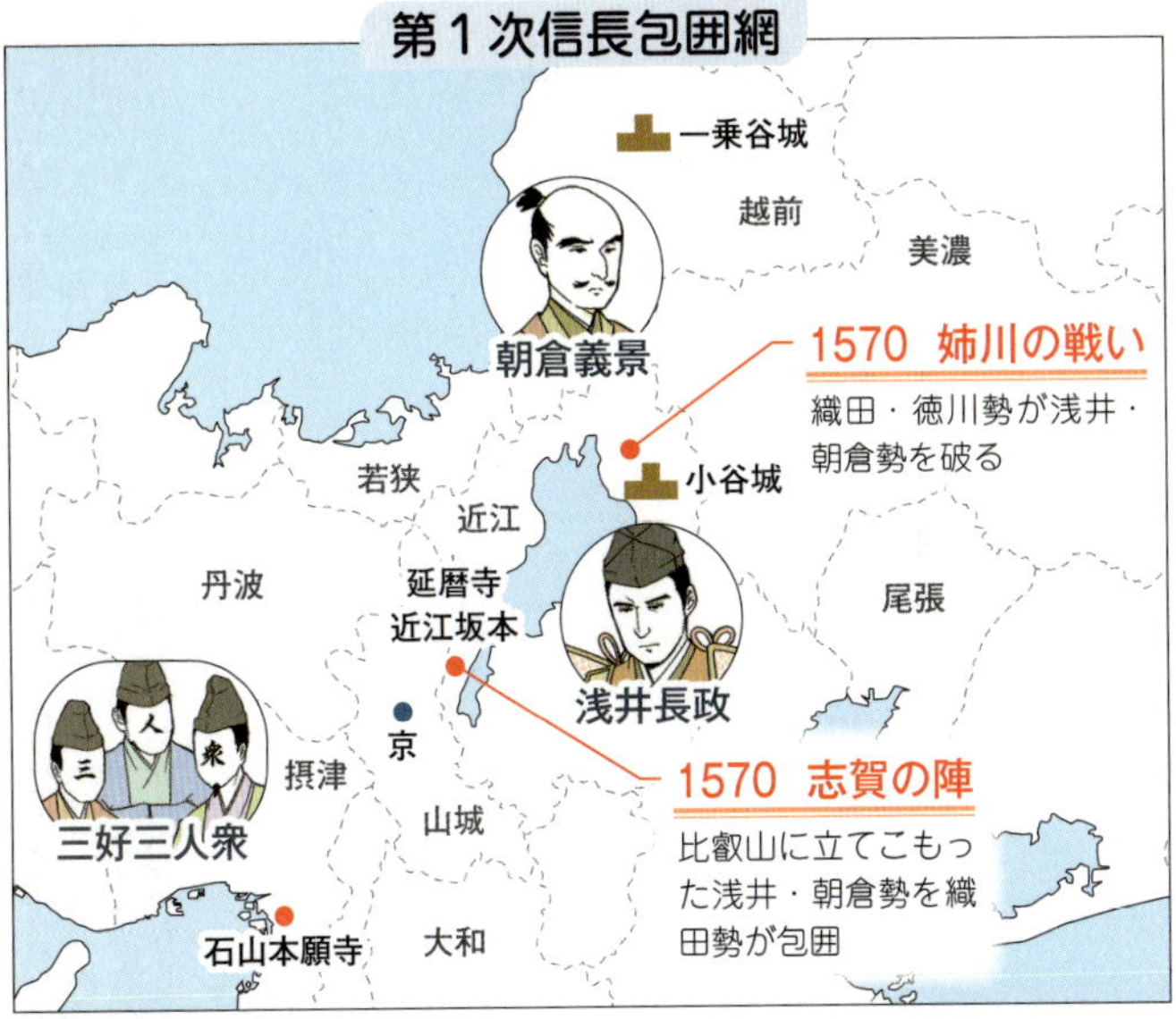

▲権力を握った織田信長に対して、敵対勢力が連携して包囲網を敷いた。

志賀の陣

織田信長は足利義昭とともに急いで京へ戻った。それを知ると浅井・朝倉勢は、延暦寺に協力をあおいで、比叡山に立てこもる。

織田信長は延暦寺に「織田方につくか、中立を保つように」と通告するも、延暦寺はこれを無視した。織田方と浅井・朝倉方は3か月の間にらみ合う（**志賀《しが》の陣**）。そうしているうちに、各地で三好勢や一向一揆勢といった反信長勢力が活発化した。鎮圧に動かなければならない織田信長は、朝廷と将軍の仲介を取りつけて、浅井・朝倉と和議を結んだ。

武田信玄の西上作戦

強大な力をもつ武将の最後の戦い

1571年	第2次信長包囲網
1572年	武田信玄、西上作戦を開始
1573年	足利義昭、挙兵

第2次信長包囲網と武田信玄

1571年、いよいよ**織田信長**と不仲になった将軍**足利義昭**は、信長に対抗できる力をつけようと暗躍しはじめた。それと同時に、**第2次信長包囲網**も形成されていく。

同年、相模で**北条氏康**が没した。息子の**北条**《ほうじょう》**氏政**《うじまさ》は、**武田信玄**が駿河に侵攻したとき（160ページ参照）以来の外交政策を転換する。**上杉謙信**との**越相同盟**を破棄し、武田との同盟を復活させたのである（**甲相**《こうそう》**同盟**）。

その甲斐の武田信玄のもとには、**延暦寺**の僧たちが逃げ込んできた。織田信長が、敵対勢力の拠点となる比叡山を取り囲み、火を放って攻めたのだ。信長によるこの**比叡山延暦寺の焼**《や》**き討**《う》**ち**を、武田信玄は非難した。

三方ヶ原の戦い、足利義昭の挙兵

そして1572年、大軍を率いて甲斐を出た武田信玄は、織田信長の同盟者**徳川家康**の拠点である遠江に侵攻した。**西上**《せいじょう》**作戦**の開始である。当時全国最強クラスともいえる武田信玄のこの動きは、足利義昭をはじめとする反信長勢力に

Point 武田信玄は西上作戦を開始し、徳川家康を破った。これを受けて、足利義昭は反信長の兵を挙げた。

武田信玄をめぐる動き

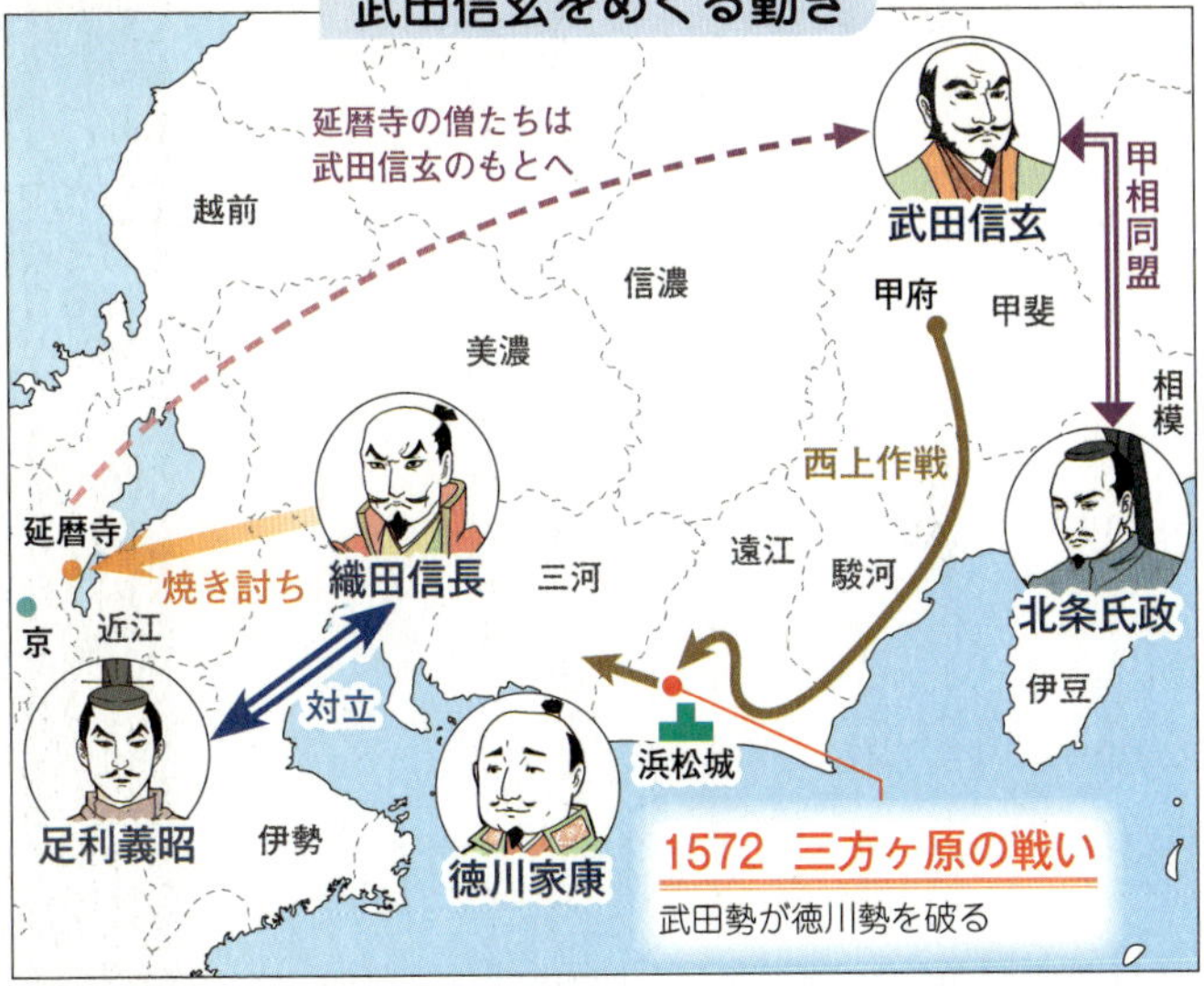

▲従来、第２次信長包囲網および武田信玄の西上作戦は、足利義昭が仕組んだものだとされていたが、近年の研究では、それぞれが独自の思惑で動いていたことがわかっている。

とって、大きな朗報《ろうほう》だった。

武田軍は、徳川家康の居城**浜松城《はままつじょう》**（現・静岡県浜松市）を攻めるかと思われたが、予想に反して素通《すどお》りしていった。徳川家康は城から出てこれを追撃、戦闘に入る。この**三方ヶ《みかたが》原《はら》の戦い**は、武田方の大勝に終わった。徳川家康は屈辱《くつじょく》を抱いて浜松城へ逃げ帰り、武田信玄は三河方面へ軍を進めたのである。

強力な騎馬隊《きばたい》をもち、徳川家康をも破った武田軍が、このまま西上を続けて京に来れば、織田信長を倒すことも夢ではない。足利義昭は１５７３年、ついに自ら、織田信長を敵に回して挙兵した。

09 室町幕府が滅んだ日

将軍は追放され、朝倉・浅井も絶えた

1573年	
	武田信玄、没
	室町幕府、滅びる
	朝倉氏、浅井氏、滅びる

足利義昭、追放される

1573年、反信長勢力の期待を集めていたであろう**武田信玄**の**西上作戦**は、ふいに停止する。武田信玄が陣中で病に苦しみ、甲斐へと引き返したのだ。信玄はそのまま没する。以後、息子の**武田勝頼**《たけだかつより》が、武田氏を率いることになる。

それと前後して、**織田信長**は**足利義昭**の御所を包囲し、上京《かみぎょう》（京都の北側）に火を放った。相手が説得に応じなかったため、武力を見せつけたのである。そのうえで、**正親町天皇**《おおぎまち》の勅命《ちょくめい》を得て和議を結んだが、織田信長は、足利義昭がまた挙兵するだろうと読んでいた。そうなれば、相手は天皇の命《めい》に背いたことになり、遠慮なく攻撃できる。

予想どおり、足利義昭は再び反旗を翻した。織田信長はこれを攻めて降伏させると、京から追放する。ここに室町幕府は、240年近い歴史に幕を下ろしたとされる（何をもって幕府の滅亡とみなすかという点では、異説もある）。

小谷城と一乗谷城

最強の敵が没し、歯向かってきた将軍もいな

Point 武田信玄の病死もあって、足利義昭の挙兵は失敗。織田信長は、室町幕府、朝倉氏、浅井氏を滅ぼした。

将軍追放前後の動き

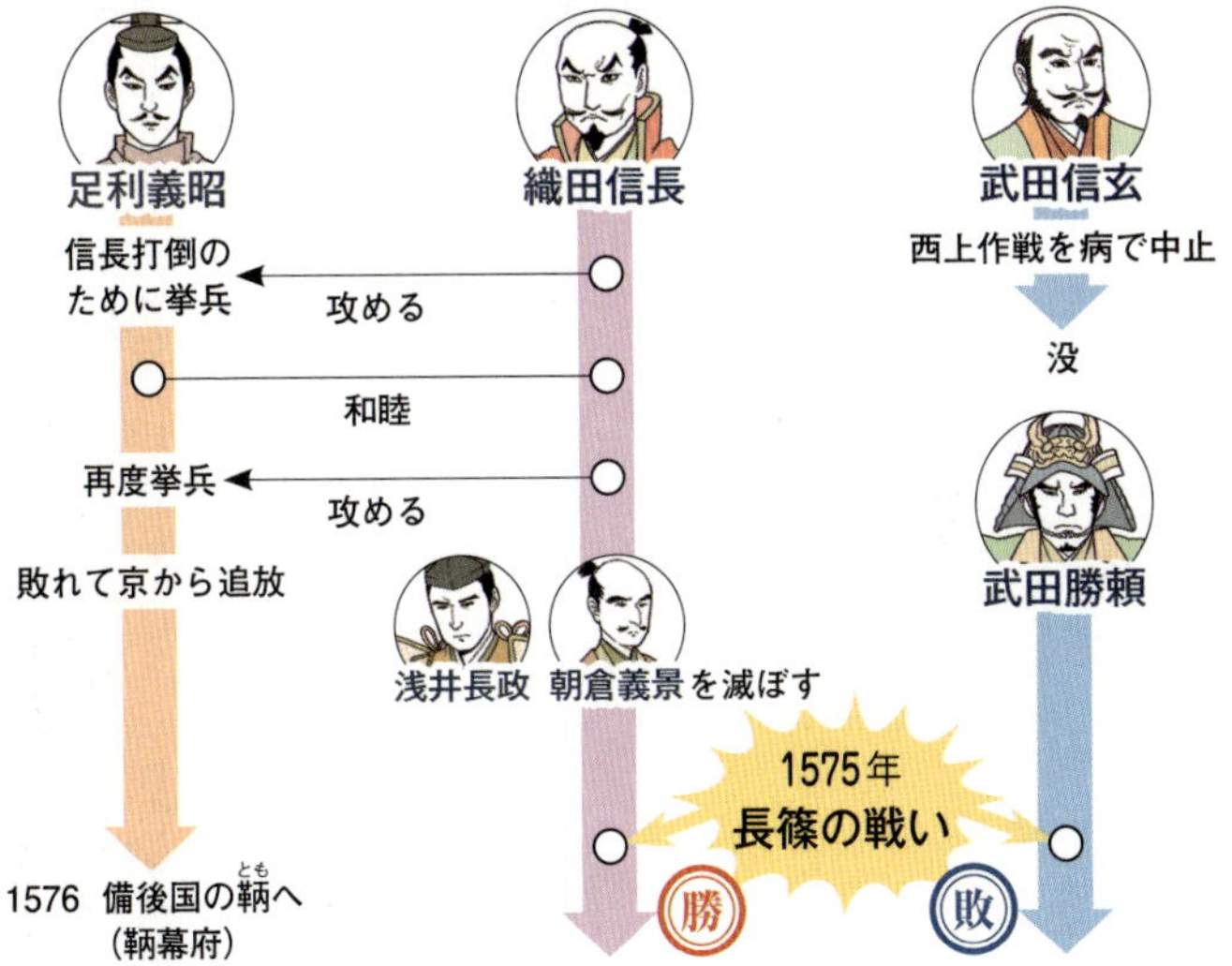

▲近年の研究では、足利義昭は京を追われたあとも、将軍としての実質を保っており、織田信長もそれを認めていたのではないかと考えられている。

くなって、織田信長は一気に有利になった。今度こそ**浅井長政**を討つべく、織田信長は**小谷城**を包囲する。

そこに**朝倉義景**の軍が、浅井の救援にやってきた。織田信長はこの朝倉軍を叩き、追撃して、戦陣に加わっていた因縁の**斎藤龍興**をも討ち取った。そして越前の**一乗谷城**に逃げた朝倉氏を滅ぼしたのである。

さて、小谷城の浅井長政に、織田信長は降伏を勧告した。使者になったのは、**木下藤吉郎**あらため**羽柴秀吉**《はしばひでよし》。しかし、浅井長政はこれを拒んだ。浅井氏もここに滅亡し、あとには信長の妹である**市**と、**浅井三姉妹**と呼ばれるその娘たち――**茶々**《ちゃちゃ》、**初**《はつ》、**江**《ごう》が遺《のこ》された。

武田信玄の後継者を打ち破った
長篠の戦いの真実

1574年	伊勢長島の一向一揆を鎮圧
1575年	長篠の戦い 越前の一向一揆を鎮圧

武田勝頼を撃破

1574年、**伊勢長島《いせながしま》の一向一揆《いっこういっき》**を容赦なく殲滅《せんめつ》した**織田信長**の前に、新しい敵が進み出てくる。甲斐の武田氏を継いだ**武田勝頼**である。彼は家中を立て直すと、三河に侵攻し、**西上作戦**（166ページ参照）で奪われた領地の回復をはかっていた**徳川家康**に対して反撃した。

1575年、織田信長と徳川家康の連合軍は、武田軍に包囲された**長篠城《ながしのじょう》**（現・愛知県新城市《しんしろ》）の救援に向かい、設楽原《したらがはら》で戦闘に入る。名高い**長篠《ながしの》の戦い**である。

旧戦術と新戦術の戦い？

この戦いは俗に、「旧来の騎馬戦術で戦う武田方を、鉄砲の三段撃ちという新戦術を採用した織田方が破った」などといわれるが、近年の研究では、これは正確ではないとされている。

武田軍も鉄砲をある程度導入していたが、堺を押さえた織田信長は敵方を圧倒的に上回る量の鉄砲を用意しており、それが勝因のひとつになった、というのが実際のところらしい。また、鉄砲の三段撃ちについては、3列の鉄砲隊が交代射撃することは不可能だとの指摘もある。

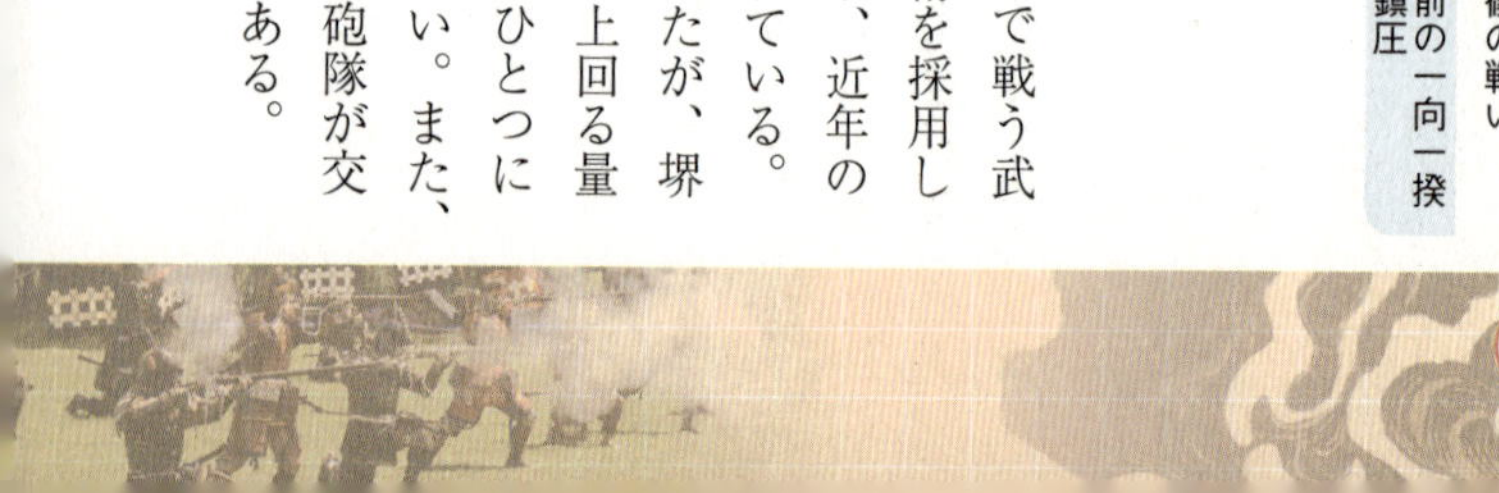

Point 織田信長は、武田氏を継いだ武田勝頼を長篠の戦いで破り、その前後、一向一揆も徹底的に攻撃した。

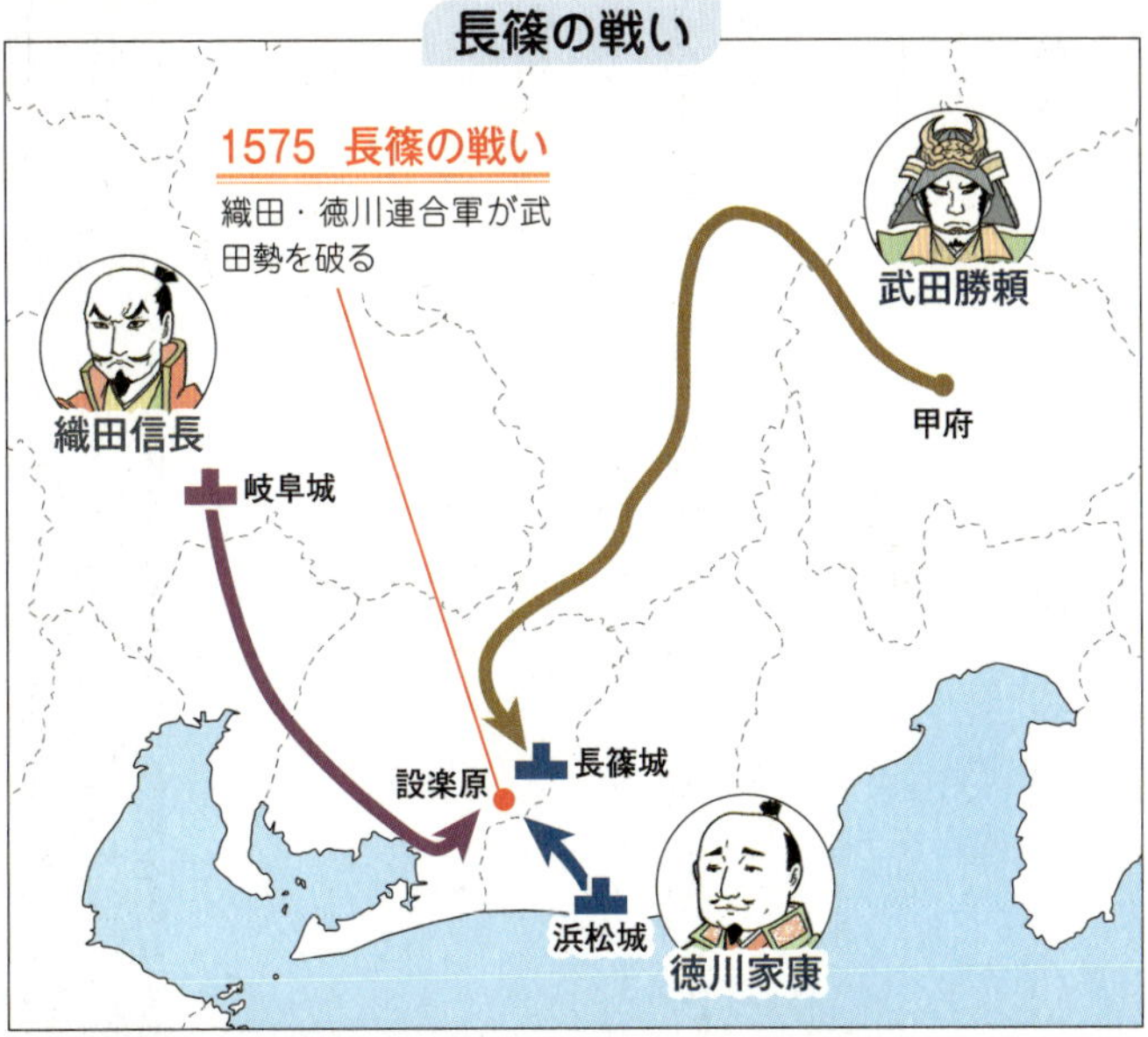

▲織田信長と徳川家康の連合軍は、長篠の戦いで、当時東国最強クラスだと考えられていた武田軍を破った（なお、徳川軍の動きは上図よりも複雑だが、すべて図示すると煩雑になるため、ここでは簡略に示した）。

越前の一向一揆を鎮圧

長篠の戦いで武田軍を打ち破り、東国屈指の勢力を弱体化させた織田信長は、越前の旧朝倉領で前年から起こっていた一向一揆の鎮圧に乗り出した。

そしてこれも壊滅させ、**加賀《かが》の一向一揆**（64ページ参照）の一部まで制圧して岐阜に戻ると、本願寺**顕如**が織田信長に和議を申し出た。信長の武力を恐れるがゆえの、形式的で一時的な歩み寄りでしかなかったが、これによって束《つか》の間《ま》の平和が実現する。

安土城の信長

交通の要衝を押さえて各方面軍を編成

◉「天下人」の城

1575年、朝廷から高い官位を授かった**織田信長**は、嫡子**織田信忠**《おだのぶただ》に家督を譲り、尾張と美濃の2国と、これまで拠点にしていた**岐阜城**を与えた。織田家のことは息子に任せ、自分は「**天下人**《てんかびと》」（天下を支配する者）の道を歩んでいこうというのである。

そして翌年から、「天下人」の新しい本拠地としての城を、安土《あづち》（現・滋賀県近江八幡市）に築きはじめる。琵琶湖《びわこ》東南岸のこの地は京都に近く、東国や北陸へも陸路がつながり、琵琶湖の水運も利用できる、交通の要衝《ようしょう》だった。

1579年、日本で最初といわれる本格的な天守《てんしゅ》が完成した**安土城**《あづちじょう》に、織田信長は仮の住まいから移り住んだ。城下《じょうか》には、自由に商工業を営むことができ、各種の税が免除される**楽市**《らくいち》**・楽座**《らくざ》が規定された。

◉織田信長の家臣団

三好政権や**室町幕府**を倒していく中で、織田信長は力のある人材を家臣に取り込んでいった。**明智光秀**、**松永久秀**、**荒木村重**《あらきむらしげ》などである。

1575年	織田信長、信忠に家督を譲る
1576年	安土城の築城開始
1580年	中国方面軍などが成立

Point 織田信長は、交通の要衝・安土に城を築き、各方面軍を組織して、「天下人」として活動するようになった。

安土城と信長の軍団

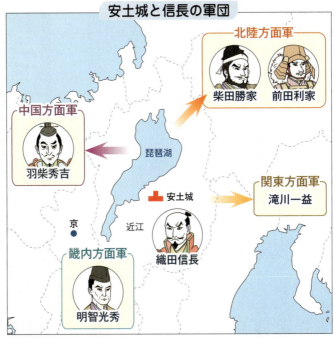

▲各方面軍を編成することで、織田信長は、自ら出陣しなくても各地の平定を進められるようになった。

また、安土城建設の頃から織田信長は、各地の平定を効率よく進めるため**各方面軍**を編成し、有力な家臣に指揮を執らせるようになっていった。

北陸方面軍には、古参の**柴田勝家**や**前《まえ》田《だ》利《とし》家《いえ》**らが配属され、**関東方面軍**は**滝川一益**らに任された。**畿内方面軍**を任され、遊《ゆう》軍《ぐん》としても活動するのは、**明智光秀**らであった。

そして**中国方面軍**は、**羽柴秀吉**が指揮することとなったのである。

12 石山戦争の終結

第3次信長包囲網を各個撃破

◉足利義昭と第3次信長包囲網

1573年に京から追放された、**室町幕府**最後の将軍**足利義昭**は、堺や紀伊《きい》を経て備後《びんご》(現・広島県東部)に落ち、1576年、西国の大大《だいだい》名**毛利輝元**《みょうもうりてるもと》(120ページ参照)に保護される。

幕府再興の夢を捨てきれない足利義昭は、各地の勢力に呼びかけ、**第3次信長包囲網**を形成した。中国の毛利勢、北陸の**上杉謙信**、そして前年に信長と講和したばかりの**石山本願寺**などが包囲網に加わった。**織田信長**は、これらの多くの敵を相手に戦いを続けた。

◉毛利・上杉・本願寺との戦い

1576年の**第1次木津川口**《きづがわぐち》**の戦い**(現・大阪府大阪市)では、毛利輝元や**村上水軍**に完敗したが、2年後の**第2次木津川口の戦い**では雪辱《せつじょく》を果たした。

また、播磨国《はりまのくに》(現・兵庫県南西部)の**三木城**《みきじょう》(現・兵庫県三木市)城主**別所長治**《べっしょながはる》が毛利と手を結んだため、**羽柴秀吉**がこれを攻めた。「**三木の干殺し**《ひごろし》」と呼ばれる徹底的な長期包囲戦で三木城を落とすと、中国方面軍を西進させ、毛利勢力に対抗した。

1576年	第3次信長包囲網
1578年	第2次木津川口の戦い
1580年	石山戦争、終結

Point 足利義昭の呼びかけで、第３次信長包囲網が形成されるが、織田信長は戦い抜き、石山本願寺を降伏させた。

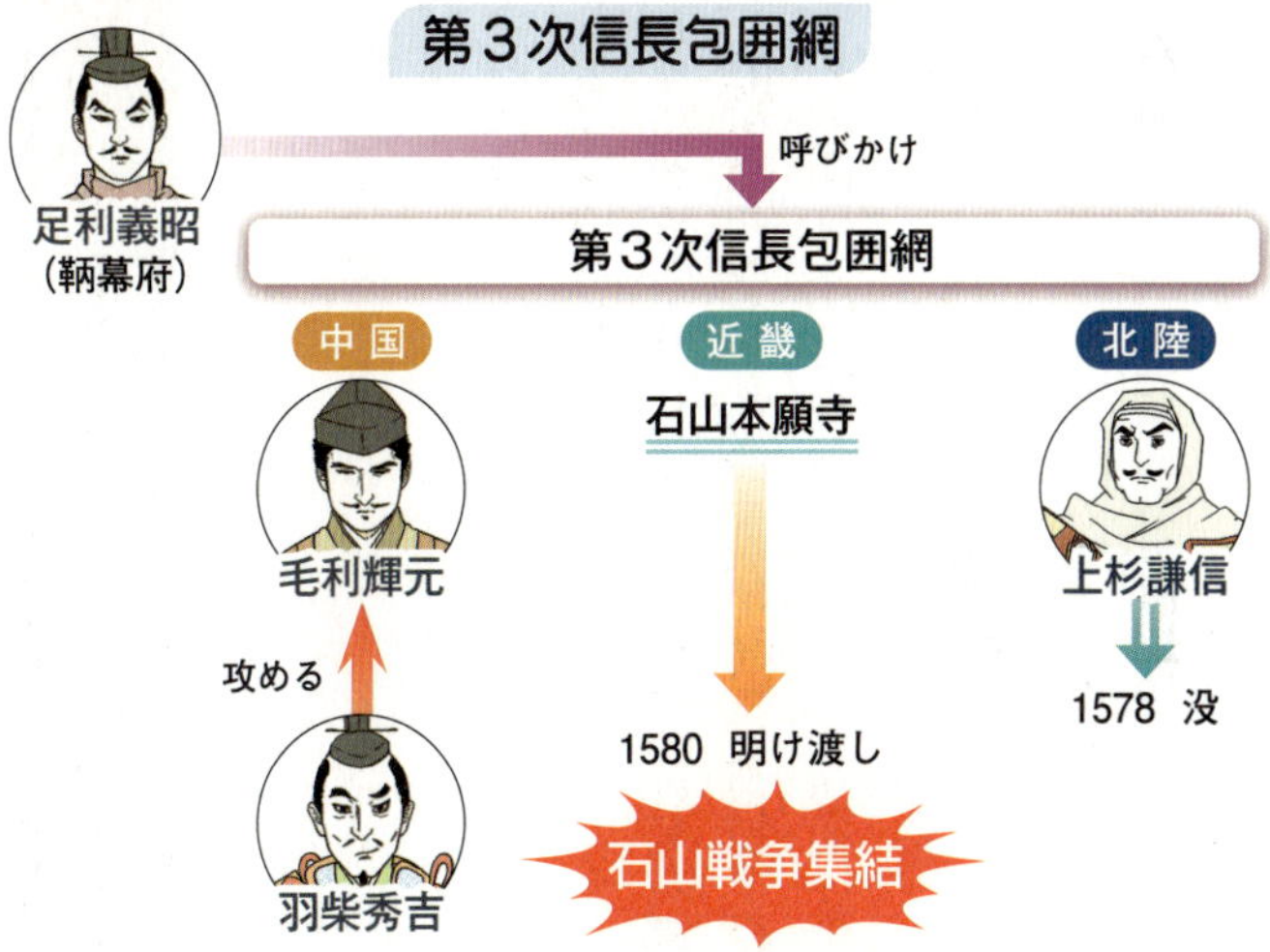

▲第３次信長包囲網に参加したのは、各地の非常に強い武将・勢力だった。

北陸方面では、織田勢は1577年に**手取《てどり》川《がわ》の戦い**で上杉謙信に敗れたとされるが、1578年に謙信が没すると（176ページ参照）、侵攻して越中の西半分を制圧した。

1577年には**松永久秀**の、翌年には**荒木村重**の謀反があった。松永久秀は爆死の形で自害。荒木村重は、**有岡城《ありおかじょう》の戦い**（現・兵庫県伊丹《いたみ》市）に敗れるも、逃亡して生き延びた。

傭兵《ようへい》集団**雑賀衆《さいかしゅう》**をも味方に引き入れた石山本願寺は手ごわかった。しかし、前述の第2次木津川口の戦いで毛利軍が敗れた結果、石山本願寺は補給を断たれてしまい、抵抗を続けられなくなる。1580年、朝廷の勅命により、石山本願寺は織田信長に明け渡された。**第1次信長包囲網**（164ページ参照）以来10年にわたった**石山戦争**が、ここに終結した。

上杉謙信の死と御館の乱

信長のライバルが消えて家督争いに

1578年	上杉謙信、没 御館の乱
1579年	上杉景勝、家督を継ぐ

上杉景勝 V.S. 上杉景虎

武田信玄の死後、織田信長に対抗できるほどの実力をもつ武将はだれかと考えると、関東の**北条氏政**（166ページ参照）、西国の**毛利輝元**、そして北陸の**上杉謙信**といったところだった。

北条氏政は、**甲相同盟**を結んだ武田氏の**西上作戦**が頓挫《とんざ》して以来、近畿方面には関心を示さず、関東支配のために動いている。そのため、**第3次信長包囲網**には加わっていない。

毛利輝元は、**羽柴秀吉**率いる織田の中国方面軍と戦いつづけていた。

そして上杉謙信は、1578年に急死してしまった。織田信長の強力なライバルが、またひとりいなくなったのだ。

上杉謙信には実子がなく、**長尾《ながお》氏《し》**からの養子**上杉景勝《うえすぎかげかつ》**と、**越相同盟**（160ページ参照）の締結にあたって**北条氏**から養子に来た**上杉景虎《うえすぎかげとら》**（北条氏政の弟）の、どちらが跡を継ぐかでお家騒動が勃発する。**御館《おたて》の乱**である。

北条氏と武田氏のもくろみ

北条氏政は、上杉景虎への援軍を送り、同盟

Point 織田信長のライバル・上杉謙信が没し、そののちの家督争いの余波で、北条氏は織田信長に臣従した。

御館の乱

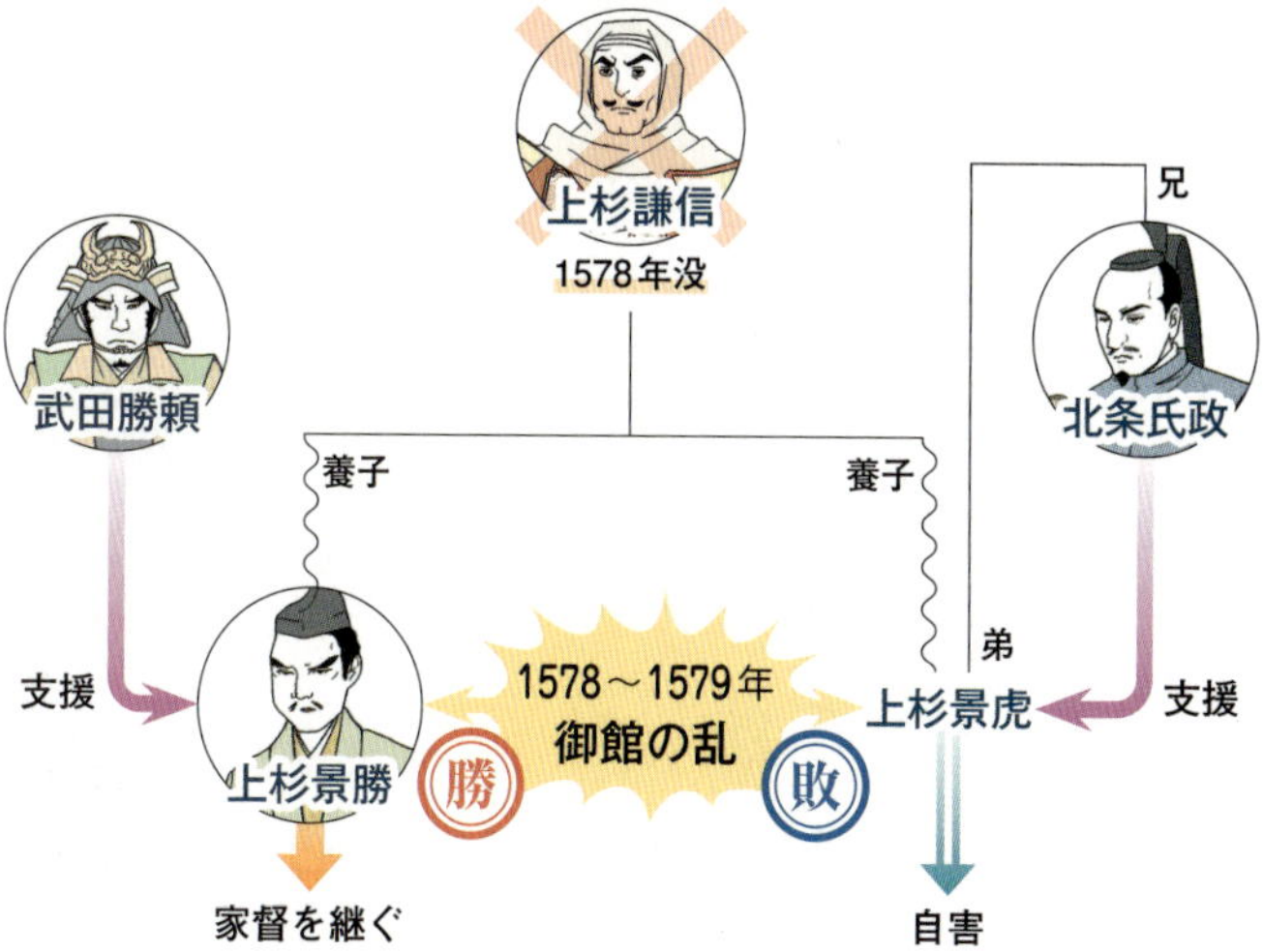

▲越後の上杉氏の御館の乱は、東国諸勢力を巻き込む内紛になった。

していた**武田勝頼**にも加勢を依頼した。しかし、北条氏の勢力拡大を警戒する武田氏は、上杉景勝側についた。

北条氏政は、裏切った武田との**甲相同盟**を破棄し、三河の**徳川家康**と同盟を結ぶ。そして駿河の武田領に侵攻した。

また、御館の乱の混乱を知った**織田信長**は、軍を派遣して越中を切り取った。

1579年、武田氏の支援を受けた上杉景勝が、乱に勝利して上杉氏の家督を継いだ。そして、北条氏に援助されていた上杉景虎は、自害して果てた。

翌年、北条氏政は、織田信長に申し出てその軍門に降っている。

本能寺の変

天下統一を見ずに革命児は散った

1581年	織田信長、馬揃を行う
1582年	三職推任
	本能寺の変

全国制覇は時間の問題か

1580年に北条氏を支配下に置き、**石山本願寺**との戦いにも終止符を打ったことで、**織田信長**は事実上、包囲網を崩壊させた。

1581年、**安土城**と京で華やかな**馬揃**《うまぞろえ》というイベントを行った信長は、なおも家臣たちに各地の平定を続けさせる。息子の**織田信雄**（当時は北畠信意《きたばたけのぶおき》）は、伊賀国《いがのくに》（現・三重県西部）を平定。同じく息子の**織田信忠**は、**滝川一益**とともに**武田勝頼**を破り、武田氏を滅ぼした。

そして目覚ましいのが、**羽柴秀吉**の活躍である。参謀《さんぼう》の**黒田孝高**《くろだよしたか》を派遣して淡路《あわじ》を平定させつつ、自分は中国方面の毛利勢力を攻める。1581年に**鳥取城**《とっとりじょう》（現・鳥取県鳥取市）を落とし、翌年には**備中高松城**《びっちゅうたかまつじょう》（現・岡山県岡山市）の水攻めを始めた。

信長の夢、果てる

1582年には、織田信長に、**征夷大将軍**か**太政大臣**《だいじょうだいじん》（律令官制のトップ）か**関白**《かんぱく》（天皇の執政を補佐する役割）の地位を与えようという動き（**三職推任**《さんしょくすいにん》）が起こっていた。

Point 天下統一事業を進めていた織田信長は、家臣の明智光秀に裏切られ、本能寺の変で命を落とした。

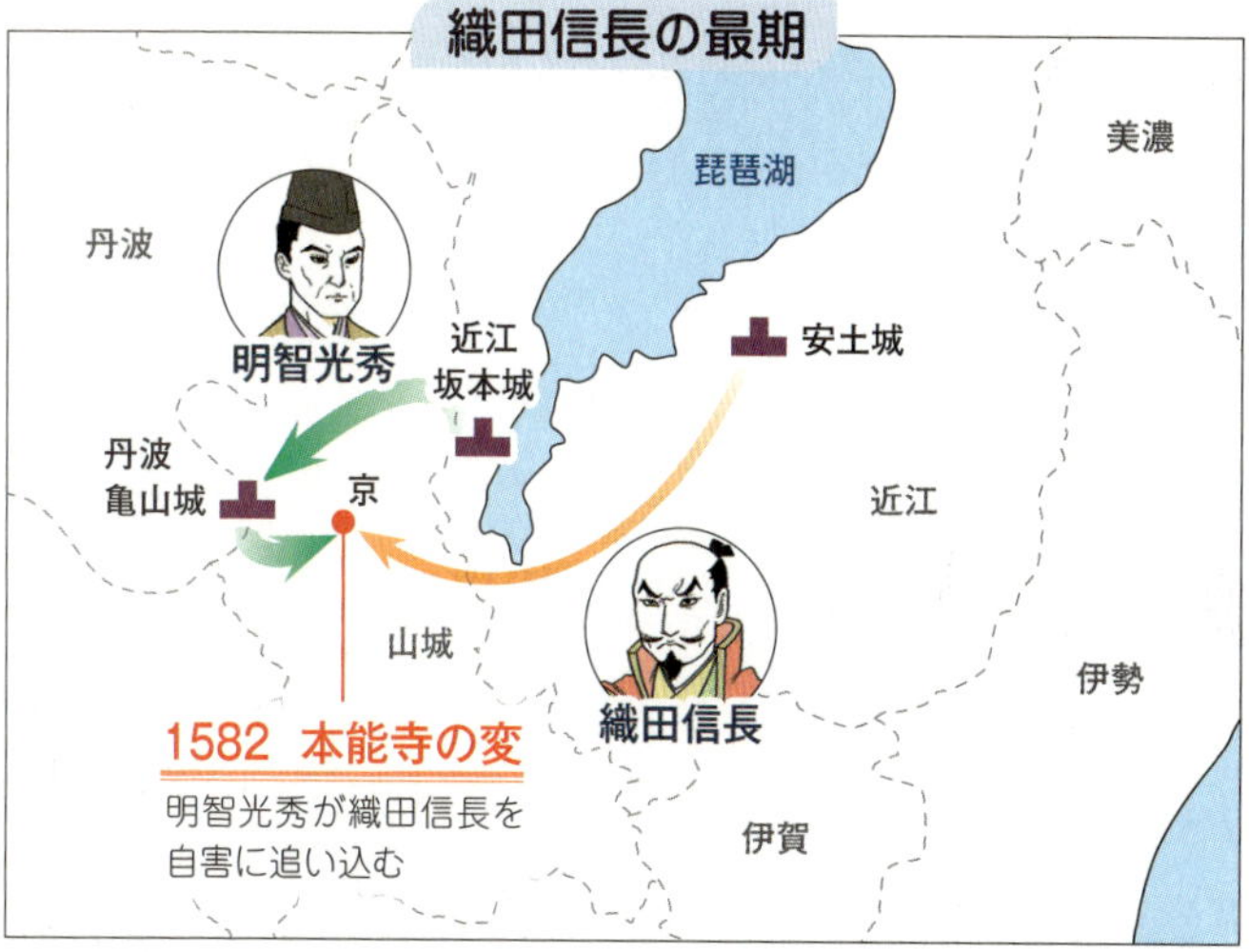
織田信長の最期
美濃
琵琶湖
丹波
明智光秀
近江
坂本城
安土城
丹波
亀山城
京
近江
山城
伊勢
織田信長
1582 本能寺の変
明智光秀が織田信長を
自害に追い込む
伊賀

▲明智光秀は、1568 年の上洛（158 ページ参照）ののち、幕府と信長の双方に仕える時期を経て、織田信長の重臣のひとりになっていた。

そんな中、羽柴秀吉の備中高松城攻めが難航する気配を感じた織田信長は、**明智光秀**らに、羽柴秀吉の応援に駆けつけるよう命じた。そして自らも中国攻めに加わろうと、わずかな手勢とともに安土城を出た。

織田信長は、京の本能寺《ほんのうじ》（現・京都府京都市）に宿泊した。そこに、明智光秀の軍勢が押し寄せ、攻撃を始める。突然の謀反、**本能寺《ほんのうじ》の変**である。

圧倒的な兵力差に、信長の小姓《こしょう》たちは次々に討ち取られ、本能寺は炎に包まれた。織田信長は弓と槍で戦ったが、やがて覚悟を決めて奥へと下がり、自害した。

天下統一をめざした織田信長の夢は、半ばにして終わりを迎えた。信長の嫡子**織田信忠**も、京で自害に追い込まれた。

織田信長と「裏切り」

明智光秀の裏切りで命を落とした**織田信長**だが、それまでにも、いくつもの裏切りを経験している。有名なものを取り上げよう。

まず、妹の**市**を嫁がせた**浅井長政**の裏切りである（162ページ参照）。その理由ははっきりわかってはいないが、一説には、「祖父の代から朝倉氏と同盟関係があったため、その義理には背けないと父から説得され、**朝倉義景**の敵である織田信長に刃《やいば》を向けた」といわれている。

次に、**松永久秀**の裏切り（175ページ参照）。これは、「織田信長を討つ好機だ」と考えたためだろうとされる。じつは松永久秀は1571年にも、信長が包囲網に苦しむ中、ひそかに**武田信玄**と通じて裏切っていた（そのときは、信玄が没したあとに信長に詫びて許しを得た）。

荒木村重の裏切り（175ページ参照）の理由は、信長包囲網側からの要請や、信長側近との対立など諸説あり、確定していない。

そして明智光秀の謀反の理由は、日本史上最も多くの説を生んできたとされ、現在でもさかんに〝新説〟が発表される。おもな説を列挙すると、怨恨説、天下取りの野望説、「朝廷のため」説、「足利義昭のため」説など。「黒幕の指示で行った」という陰謀《いんぼう》説にも人気がある（黒幕候補は、朝廷、足利義昭、そして徳川家康など）。はっきりした答えは出ていないが、近年の研究では、黒幕の存在はほぼ否定されている。

第8章

豊臣秀吉の光と影

豊臣秀吉とは何者か

史上最大の出世を遂げた「人たらし」

1537年	豊臣秀吉、生まれる
1554年頃	織田信長の家臣になる
1582年	備中高松城を攻める

農民から武士として出世

この章では、**織田信長**《おだのぶなが》の天下統一事業を引き継いで完成させる**豊臣秀吉**《とよとみひでよし》の活躍を中心に、1582年から1598年までの情勢を見ていく。まずは、豊臣秀吉と呼ばれることになる男が、どのような人物なのかを確認しておこう。

秀吉の出自については、もとは尾張《おわり》の農民の生まれだったとされる。**今川氏**《いまがわし》の武将に仕えたのち、織田信長の家臣となった。実力主義の信長のもとで彼は才覚を発揮し、驚異的な出世を遂げていく。名を**木下藤吉郎**《きのしたとうきちろう》といった。

木下藤吉郎は織田信長の美濃《みの》攻め（154ページ参照）に際して、1566年、拠点となる**墨俣城**《すのまたじょう》（現・岐阜県大垣市）を一夜で建築したという。しかし、この「一夜城《いちやじょう》」は伝説の類《たぐい》であり、実際に突貫《とっかん》工事で建てたにしても、数日かけてハリボテの砦を作り、あとで改修していったのだろうと考えられている。

負けない戦

1572年、木下藤吉郎は**羽柴秀吉**《はしばひでよし》と改名。この「羽柴」は、信長の古参家臣**丹羽長秀**《にわながひで》と**柴**《しば》

Point 農民出身の豊臣秀吉は、織田信長の家臣として、調略の才能を武器に出世していった。

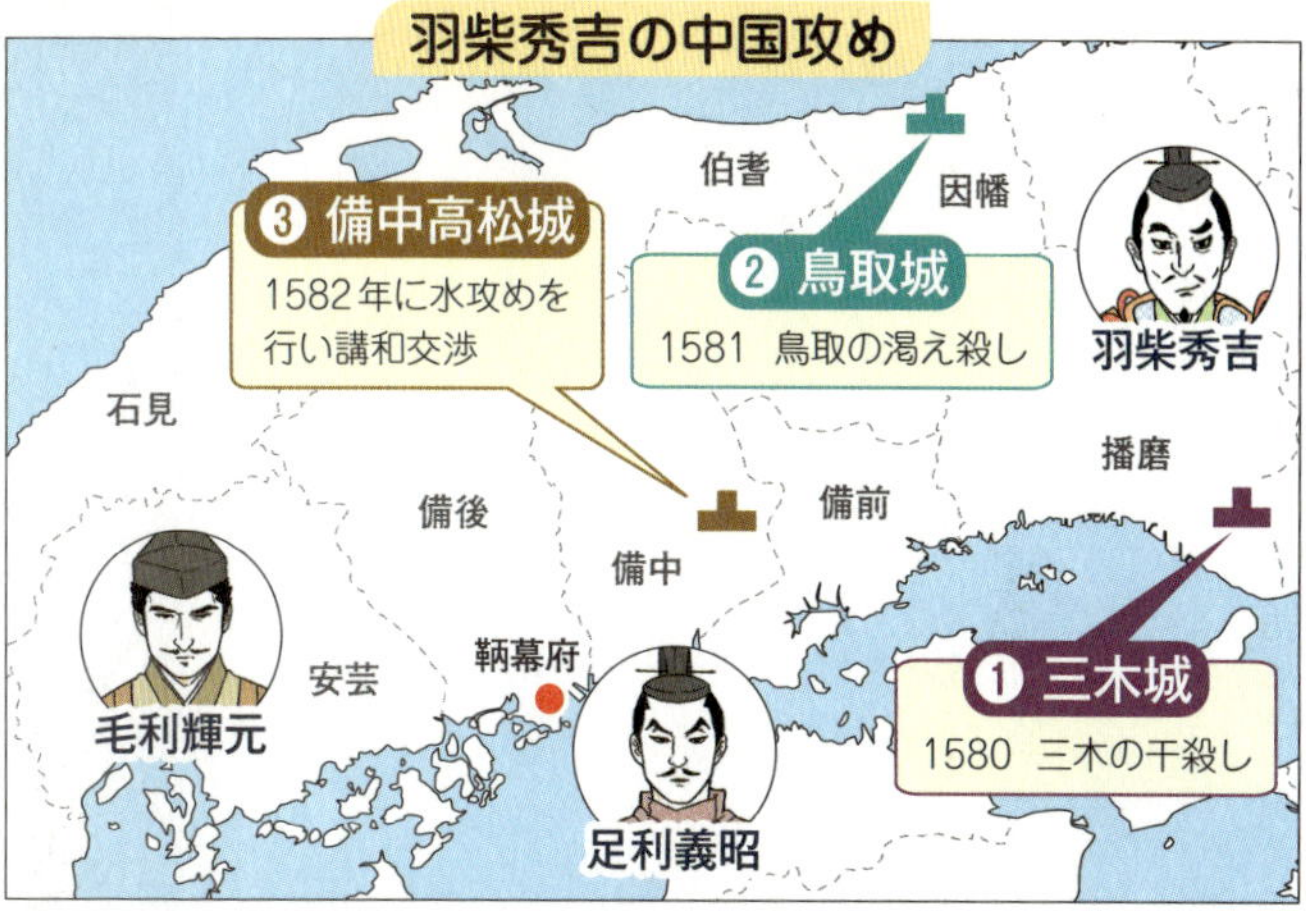
羽柴秀吉の中国攻め
③ 備中高松城
1582年に水攻めを行い講和交渉
② 鳥取城
1581 鳥取の渇え殺し
① 三木城
1580 三木の干殺し
伯耆
因幡
石見
播磨
備後
備前
備中
安芸
鞆幕府
羽柴秀吉
毛利輝元
足利義昭
▲羽柴秀吉は、足利義昭を擁する中国地方の毛利勢を攻めている最中、本能寺の変の一報を聞いた。

田勝家《たかついえ》への憧れから考案した姓だという。

秀吉は〝人たらし〟の天才で、調略に長《た》けていたという。戦う前に、敵方の武将を巧《たく》みに抱き込む。十分な外交戦略を取ったうえで、敵を圧倒する物量をそろえ、〝負けない戦《いくさ》〟をする。

1577年に織田の**中国方面軍**の司令官となった羽柴秀吉は、**毛利氏**《もうりし》の勢力を攻めた。**三木城**《みきじょう》を「**三木の干殺**《ひごろ》**し**」と呼ばれる包囲戦で落としたのち（174ページ参照）、**黒田孝高**《くろだよしたか》を参謀として、**鳥取城**《とっとりじょう》の兵糧《ひょうろう》攻め「**鳥取の渇**《かつ》**え殺**《ごろ》**し**」も成功させる（178ページ参照）。

さらに1582年、**備中高松城**《びっちゅうたかまつじょう》に対して、大規模堤防工事で川の水を誘導して水没させる「**高松城の水攻め**」を行った。そして講和の交渉を始めていた羽柴秀吉のもとに、**本能寺**《ほんのうじ》**の変**の知らせが届いたのである。

中国大返しと山崎の戦い

羽柴秀吉、驚異的スピードで明智光秀を討つ

1582年 本能寺の変
中国大返し
山崎の戦い

奇跡の行軍

主君**織田信長**の死を知った**羽柴秀吉**は、すぐに**明智光秀**《あけちみつひで》を討とうと決意した。

まずは信長の死の情報を隠しながら、条件を緩和して**備中高松城**との講和を急ぐ。そして和議を実現させると、素早く撤収を進め、京方面へと大軍を進めた。**中国大返し**《おおがえ》である。

いったん**黒田孝高**の**姫路城**《ひめじじょう》（現・兵庫県姫路市）に入って態勢を整えた羽柴秀吉は、摂津《せっつ》へ進んだ。**丹羽長秀**（182ページ参照）などの諸将や、織田信長の息子**織田信孝**《おだのぶたか》（神戸信孝《かんべのぶたか》、158ページ参照）も合流した。織田信長の弔《とむら》い合戦は、織田信孝を形式上の総大将に担ぎ、羽柴秀吉が実際に軍を指揮することになった。

一方の明智光秀は、安土を中心とする南近江《おうみ》を固めている間に、羽柴秀吉が驚異的なスピードで迫ってきていることを知った。まだ思ったように味方を集められていないが、戦わねばならない。明智光秀は京方面へ進軍した。

織田信長の仇を討つ

羽柴秀吉軍と明智光秀軍は、摂津と山城の国

Point 本能寺の変の情報を得た羽柴秀吉は、すぐに「中国大返し」を行い、山崎の戦いで明智光秀を討った。

秀吉の中国大返し

1582 山崎の戦い
羽柴秀吉らの軍が明智光秀軍を破る
伯耆
因幡
丹波
近江
坂本城
安土城
美作
播磨
近江
京
備中
高松城
備前
姫路城
摂津
明智光秀
羽柴秀吉
丹羽長秀、織田信孝らが合流

▲羽柴秀吉は、猛スピードで京方面に戻り、織田信長の仇討ちの実質的な総大将となった。

境でぶつかった。**山崎《やまざき》の戦い**(現・京都府長岡京《ながおかきょう》市と大山崎《おおやまざき》町《ちょう》)である。秀吉軍は3万6000、対する光秀軍は1万6000。数のうえで圧倒的に有利な秀吉軍は、仇討ちという大義名分があるため、士気も高かった。戦いはわずか1日で、羽柴秀吉の圧勝に終わった。

明智光秀は、居城である**近江《おうみ》坂本城《さかもとじょう》**(現・滋賀県大津市)まで落ち延びようとしたが、山中で農民に襲われ、竹槍で突かれて没したという。光秀が天下を取ったのは、わずか10日ほどだった。

清洲会議と賤ヶ岳の戦い

羽柴秀吉が柴田勝家と織田信孝を排除する

1582年	清洲会議
1583年	賤ヶ岳の戦い 柴田勝家、没

織田信長の跡継ぎはだれだ?

山崎の戦いののち、織田の重臣**柴田勝家**、**丹羽長秀**、**池田恒興**《いけだつねおき》、**羽柴秀吉**は、**織田信長**の跡継ぎなどについて、尾張《おわり》の**清洲城**《きよすじょう》で話し合った（**清洲**《きよす》**会議**）。

織田信長の嫡子**織田信忠**《おだのぶただ》はこの世にいないため（179ページ参照）、跡継ぎ候補は信忠のふたりの弟、**織田信雄**《おだのぶかつ》と**織田信孝**《おだのぶたか》である。信雄のほうが信孝よりも継承順位が高かったが、信孝のほうが器量があり、**山崎の戦い**の旗印でもあった。家臣きっての実力者である柴田勝家は、織田信孝を推した。

しかし、自分が信長の実質的な後継者になることをもくろむ羽柴秀吉は、まったく違う候補を立てた。織田信忠の遺児、3歳の**織田秀信**《おだひでのぶ》（当時は三法師《さんぽうし》）である。これなら、織田信長の嫡孫《ちゃくそん》ということで、継承順位の筋が通るが、むろんそれだけではない。幼い織田秀信なら、羽柴秀吉が意のままに操れるからである。

結局、山崎の戦いで実際に指揮を執った羽柴秀吉の意見が通り、織田秀信が信長の跡継ぎとされた。この会議以降、羽柴秀吉は、柴田勝家および織田信孝と、激しく対立するようになった。

Point 羽柴秀吉は、清洲会議で対立した柴田勝家を賤ヶ岳の戦いで破り、織田信長の実質的な後継者となっていく。

跡継ぎをめぐる争い

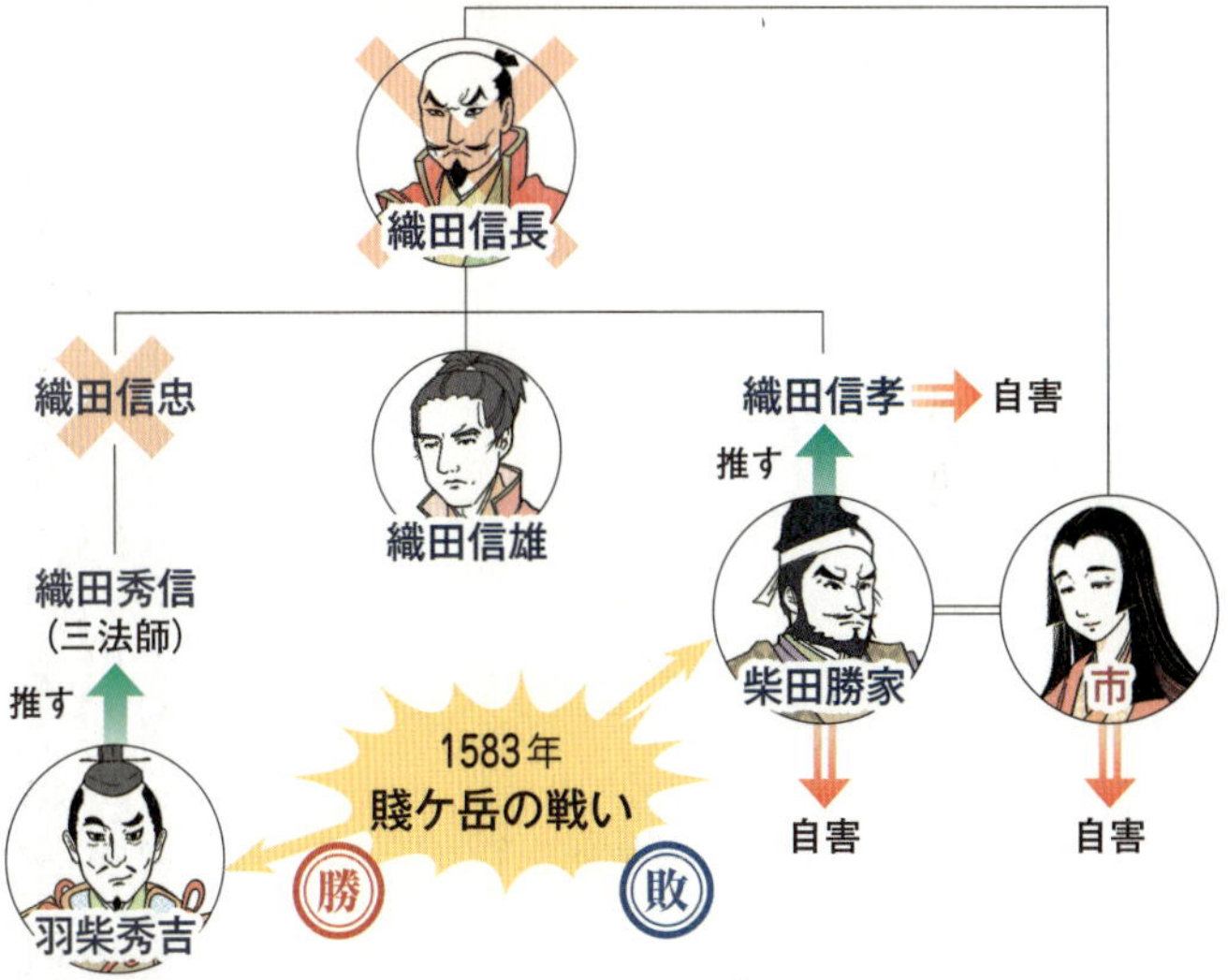

▲羽柴秀吉は、器量と人望のある織田信孝ではなく、幼い織田秀信を信長の跡取りとすることで、自分が実質的な後継者になることをもくろんだ。

◉羽柴秀吉 V.S. 柴田勝家

柴田勝家は、織田信長の妹の**市**《いち》（浅井《あざい》長政《ながまさ》の未亡人）と結婚し、また、織田信孝との関係を深めていく。

一方、羽柴秀吉は、織田信長の盛大な葬儀を主催し、自分が実質的な後継者であることをアピールした。

両者は1583年、**賤ケ岳《しずがたけ》の戦い**（現・滋賀県長浜《ながはま》市）で激突する。勝ったのは羽柴秀吉だった。敗れた柴田勝家は、居城である**北《きた》ノ庄城《しょうじょう》**（現・福井県福井市）に逃げ込んだのちに、市とともに自害。織田信孝も、尾張で自害した。

秀吉 V.S. 家康 小牧・長久手の戦い

戦闘で敗北しながらも有利な条件で講和

1583年	大坂城を築きはじめる 毛利輝元、羽柴秀吉に臣従
1584年	小牧・長久手の戦い

天下を狙う羽柴秀吉

織田家臣中の最大のライバルを倒した**羽柴秀吉**は、1583年、**石山本願寺**《いしやまほんがんじ》の跡地に、壮麗な**大坂城**《おおさかじょう》（現・大阪府大阪市）を築きはじめた。

そんな羽柴秀吉のもとに、ほんの少し前まで戦っていた敵である**毛利輝元**が、臣従を申し出てきた。さらに**丹羽長秀**も懐柔《かいじゅう》し、羽柴秀吉は「天下人《てんかびと》」への道を進んでいくことになる。

しかし、羽柴秀吉に反発する者たちもいた。

1584年、織田家をほぼ乗っ取られた**織田信雄**と、羽柴秀吉の独走を止めたい**徳川家康**《とくがわいえやす》が同盟を結ぶ。羽柴秀吉と、織田信雄を旗印に掲《かか》げた徳川家康は、一触即発《いっしょくそくはつ》の状態になった。

信雄・家康を抑える

そして、織田信雄の支城である**犬山城**《いぬやまじょう》（現・愛知県犬山市）を、秀吉方の**池田恒興**が奪ったのをきっかけに、**小牧**《こまき》**・長久手**《ながくて》**の戦い**が始まる。戦いの名称には尾張の地名が入っているが、実際は伊勢《いせ》や美濃《みの》など広範囲で戦闘が行われた。

徳川家康は、**小牧山城**《こまきやまじょう》（現・愛知県小牧市）で守りを固めた。攻めあぐねた羽柴秀吉は、池

Point 「天下人」への道を歩きはじめた羽柴秀吉は、小牧・長久手の戦いで、徳川家康を抑えた。

長久手での秀吉方の惨敗

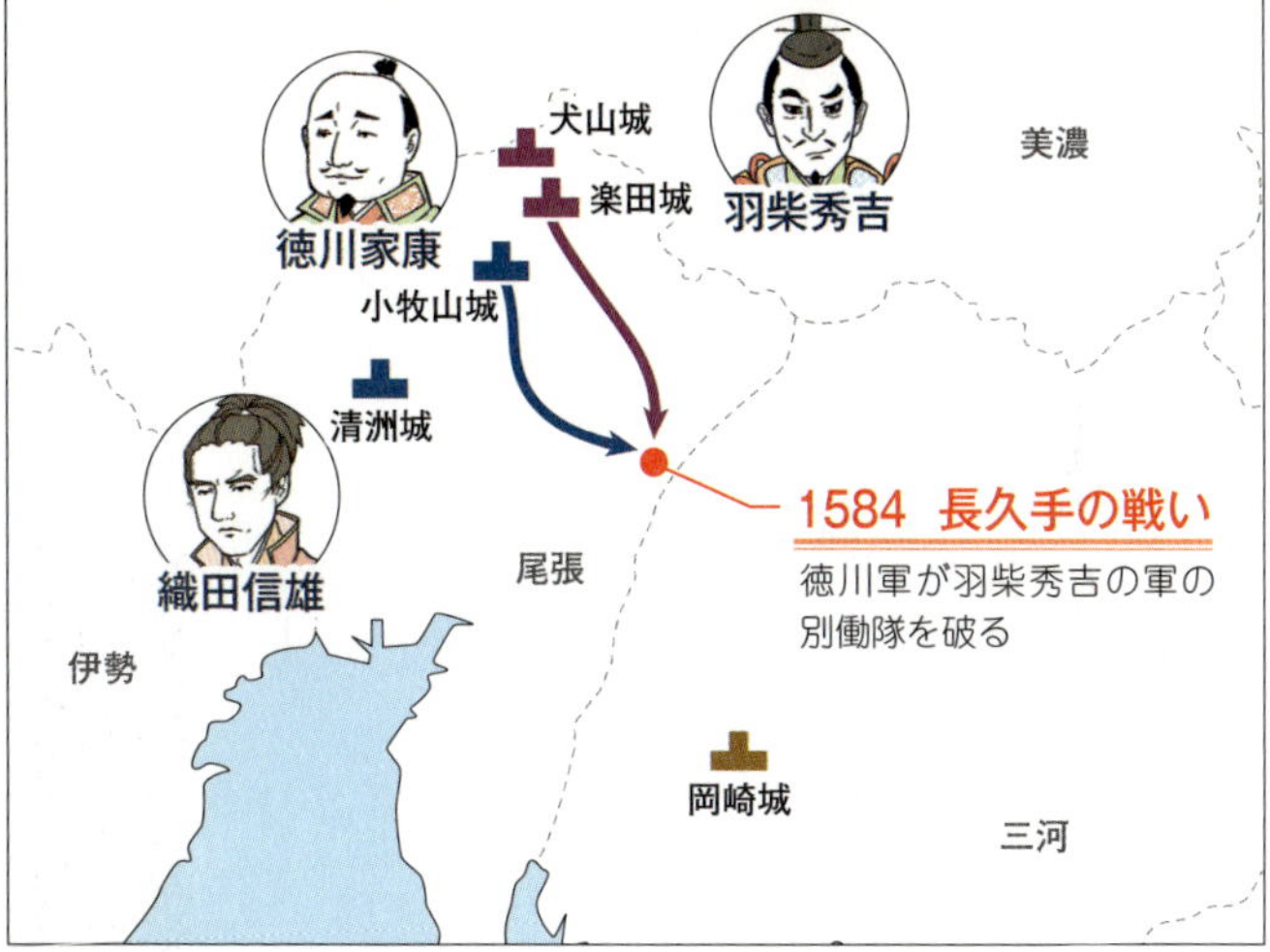

犬山城
楽田城
小牧山城
清洲城
岡崎城
徳川家康
羽柴秀吉
織田信雄
美濃
尾張
伊勢
三河
1584 長久手の戦い
徳川軍が羽柴秀吉の軍の別働隊を破る

▲長久手での敗戦は、「秀吉の唯一の大敗」ともいわれる。

田恒興の提案を受け、別働隊《べつどうたい》を出して家康の本拠地である三河を攻めることにした。しかしこれは、家康に読まれていた。別働隊は長久手《ながくて》（現・愛知県長久手市）で叩かれて壊滅、池田恒興も戦死した。

　こののち、羽柴秀吉は方針を変える。戦線を広げてある程度の勝利を得たうえで、重点的に北伊勢の織田信雄を攻め、有利な条件で単独講和に持ち込んだ。すると、徳川家康も旗印を失ってしまったので、講和に応じざるをえなくなった。

　織田信雄は羽柴秀吉に臣従した。また徳川家康は、息子の**結城秀康**《ゆうきひでやす》（当時は於《お》義丸《ぎまる》）を人質として秀吉に差し出す。羽柴秀吉は、戦闘には負けながらも、戦略的には勝利に近い結果を出したのである。

関白になった男

紀州と四国を平定しつつ最高の官職に就く

◉紀州・四国攻め

1584年、**羽柴秀吉**は朝廷から高い官位を授かり、事実上、**織田信長**の後継者として認められた。秀吉は以後、天皇の権威を利用して支配を広げていく。

四国の実力者**長宗我部元親**《ちょうそかべもとちか》（122ページ参照）は、**小牧・長久手の戦い**で、紀州《きしゅう》の傭兵《ようへい》集団**根来衆**《ねごろしゅう》や**雑賀衆**《さいかしゅう》と手を組み、**徳川家康**方を支援していた。羽柴秀吉は1585年、まずは紀州を攻めて平定した。さらに四国に大軍を送り込み、長宗我部を降伏に追い込んだ。

◉関白就任

これと前後して、羽柴秀吉は朝廷から、**右大臣**《うだいじん》への就任を打診された。しかし秀吉は、亡くなった織田信長が右大臣だったことから、縁起が悪いといってこれを断る。そこで朝廷は、太政官《だいじょうかん》（律令官制の最高機関）の人事を入れ替え、羽柴秀吉を**内大臣**《ないだいじん》に任命した。

ところがこの人事異動から、公家の**近衛信輔**《このえのぶすけ》と**二条昭実**《にじょうあきざね》の間で、「どちらが**関白**《かんぱく》の職に就くか」という争いが起こる。関白とは、天皇の補佐役であり、天皇に次ぐ高い地位である。

1585年
- 羽柴秀吉、紀州を攻める
- 羽柴秀吉、関白に
- 羽柴秀吉、四国を平定

Point 羽柴秀吉は、紀州や四国を平定しつつ、天皇の権威を利用できる関白に就任した。

秀吉軍の四国攻め

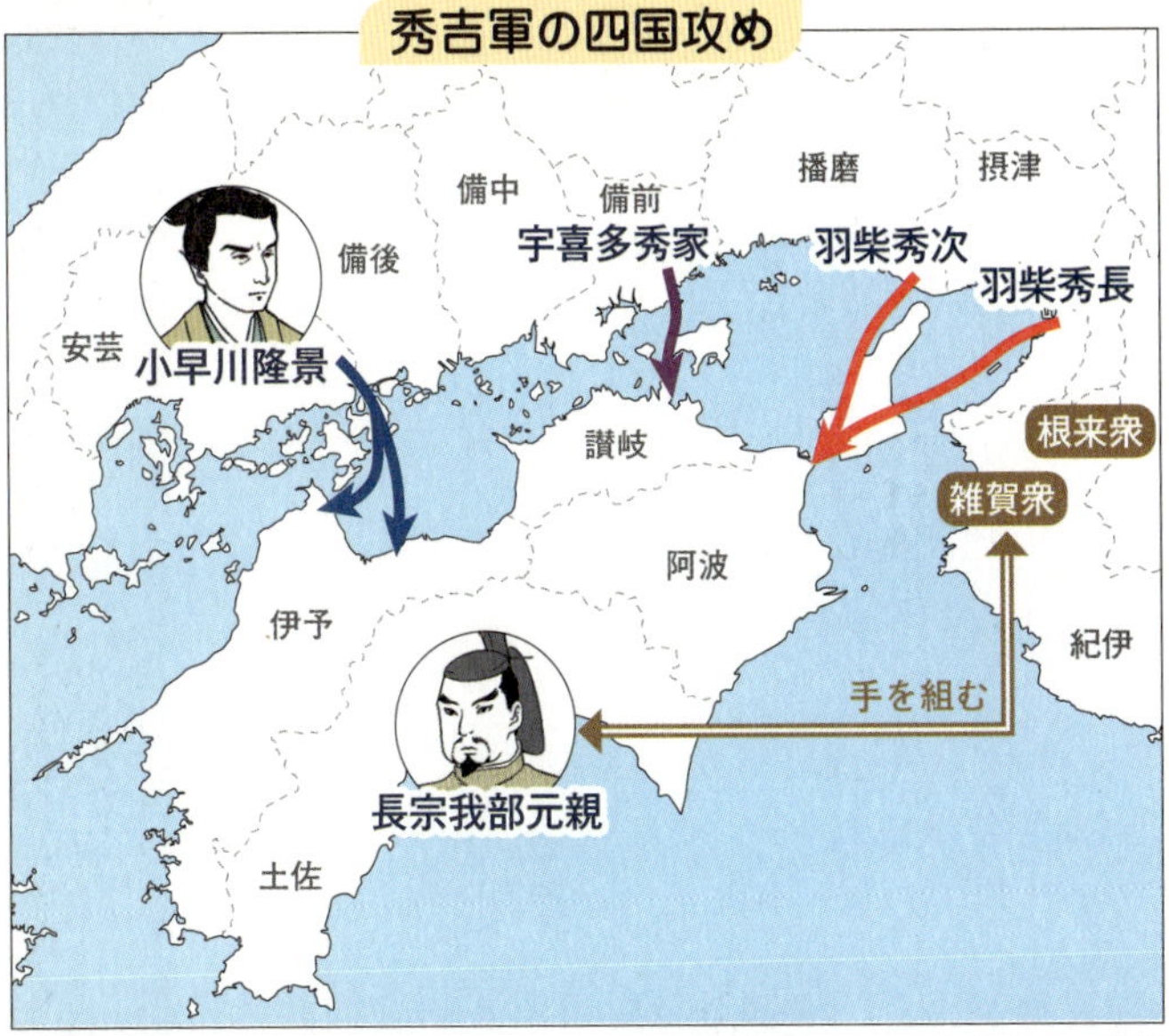

▲豊臣秀吉は、四国を統一しかけていた長宗我部元親に対し、多方向から軍勢を送り込んだ。長宗我部元親は降伏し、土佐一国を領地として認められた。

この問題について内大臣の羽柴秀吉は、「どちらが関白になっても、もう一方が傷つくだろう」と意見する。そして、秀吉と手を組んでいた**今出川晴季**《いまでがわはるすえ》（**菊亭晴季**《きくていはるすえ》）の工作もあり、なんと**羽柴秀吉が関白に就任**するのである。

本来、**藤原氏**《ふじわらし》の**五摂家**《ごせっけ》という決まった家柄の者でなければ関白にはなれないのだが、秀吉は五摂家のひとつ**近衛家**《このえけ》の養子となり、この条件もクリアした。

いわば漁夫《ぎょふ》の利で、天皇家以外の人間としては最高の地位を手にしたわけだが、これは最初から羽柴秀吉が仕組んだことだという説もある。

太政大臣 豊臣秀吉

徳川家康も臣従させて頂点に立つ

1586年	
	秀吉、豊臣姓を授かる
	徳川家康、秀吉に臣従
	豊臣秀吉、太政大臣に

徳川家康を懐柔

関白となった**羽柴秀吉**（当時は近衛家に入って藤原秀吉）に対して、1586年、豊後《ぶんご》の**大《おお》友宗麟《ともそうりん》**（112ページ参照）が恭順《きょうじゅん》の意を示してきた。

越後《えちご》の**上杉景勝《うえすぎかげかつ》**（176ページ参照）も、もともと秀吉とは良好な関係だったが、正式に臣下に組み込まれた。

また、織田家臣団の同僚だったが**賤ヶ岳の戦い**以来敵対していた越中《えっちゅう》の**佐々成政《さっさなりまさ》**も、秀吉に降伏した。

秀吉に従う大名たちは、**大坂城**へ出向いて秀吉に仕え、秀吉が与える職務に従事することを求められた。しかし、大坂城への出仕《しゅっし》をうながされても応じない大名がいた。**徳川家康**である。**小牧・長久手の戦い**で実力を思い知らされたこの男を、秀吉は恐れ、懐柔策を取った。妹の**朝日姫《あさひひめ》**を正室として嫁がせたうえ、母の**大政所《おおまんどころ》（なか）**までも人質として送ったのだ。

そこまでされては無下《むげ》にすることもできず、徳川家康は大坂城に出仕する。そして実質上、羽柴秀吉に臣従したのである。

なおこののち、朝日姫も大政所も、落ち着いた時期に大坂へ戻っている。

Point 秀吉は徳川家康を臣従させたのち、豊臣姓と太政大臣の地位を与えられた。

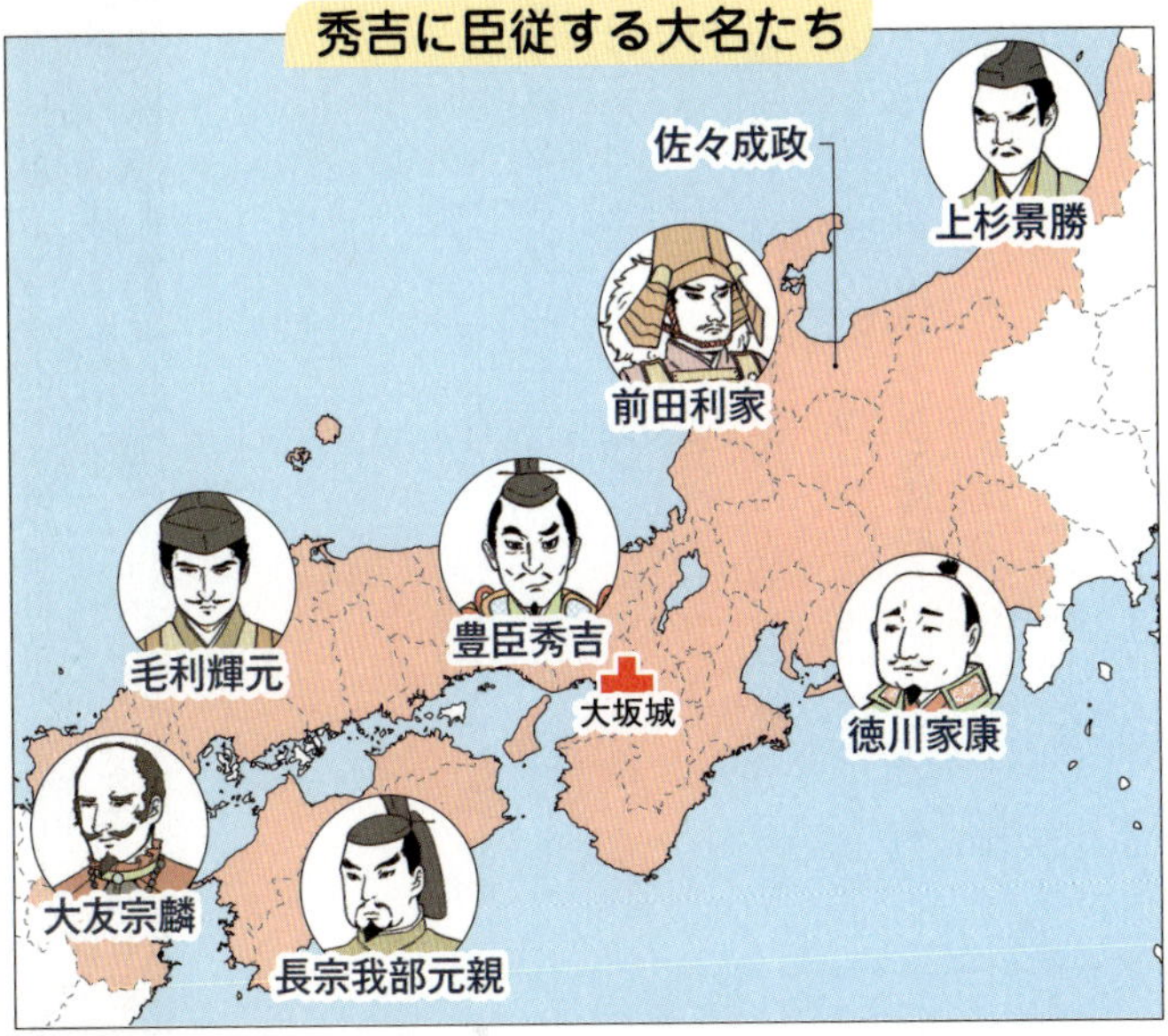

▲豊臣秀吉に従うようになった、おもな大名たち。

前代末聞の出世

同じ1586年、羽柴秀吉は**正親町《おおぎまち》天皇**から**豊臣《とよとみ》**姓を授かり、**豊臣秀吉**と名のるようになった。

そして同年の年末、**太政大臣**に就任する。これは、ふさわしい人物がいるときだけに置かれる、律令官制の最高位である。

武家の人間で太政大臣に就任したのは、秀吉の前には**平清盛《たいらのきよもり》**（1118〜1181年）と**足利義満《あしかがよしみつ》**（1358〜1408年）だけだった。農民の家に生まれて、ここまで上《のぼ》りつめた秀吉の出世は、前代《ぜんだい》未聞《みもん》のものだといえる。

九州・島津氏の平定

脅威となる勢力を天皇の名のもとに叩く

１５８５年	島津氏と大友氏に停戦命令
１５８６年	四国・中国勢の九州攻め
１５８７年	秀吉、島津氏を降伏させる

● 島津氏への警戒

九州では、16世紀半ばには**大友氏**《おおともし》・**龍造寺氏**《りゅうぞうじし》・**島津氏**《しまづし》の覇権争いが行われていたが、１５８４年までに、島津氏がほかを圧倒するようになった（１１０～１１５ページ参照）。

秀吉にとって、島津氏の力がこれ以上大きくなるのは都合がよくない。１５８５年、領土をめぐって争っている大友氏と島津氏に対して、とにかく「領土問題はこちらで裁定《さいてい》するから、とにかく戦いを止めよ」と、天皇の名のもとに停戦命令を出した。そのうえで関白秀吉は、劣勢《れっせい》だった大友氏に肩入れするような裁定を下すのである。

大友宗麟はむろん受け入れたが、**島津義久**《しまづよしひさ》には受諾《じゅだく》できる内容ではない。黙殺し、大友領へと侵攻した。秀吉はそうなることを読んでおり、これを口実として九州出兵に踏み切ったのだ。

● 島津氏を臣従させる

１５８６年、秀吉から命じられた四国の**長宗我部氏**と中国の**毛利氏**の大軍が、豊後《ぶんご》などに入った。しかしこの遠征軍は、各地で島津方に負けてしまう。業を煮やした秀吉は、１５８７年、

Point 豊臣秀吉は朝廷の権威を用いて、九州での争いに介入して島津氏を攻め、臣従させた。

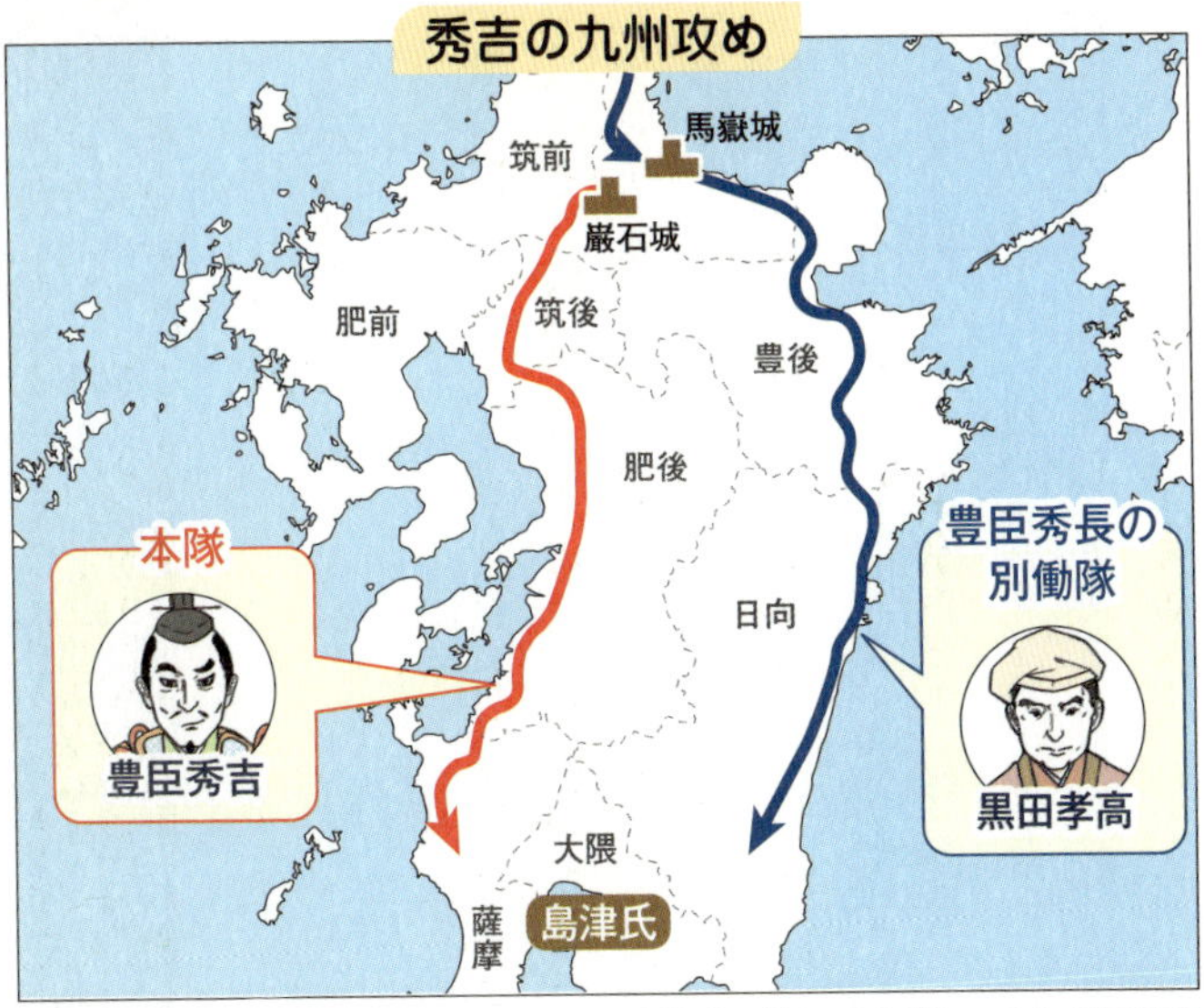

▲豊臣秀吉は、九州を統一しかけていた島津氏に対して出兵し、これを臣従させることで九州を平定した。

自らが大軍を率いて出陣した。

秀吉軍は、豊前《ぶぜん》から九州の西側を、南に向けて進撃していった。また、秀吉の弟の**豊臣秀長**《とよとみひでなが》（当時は羽柴秀長《はしばひでなが》）と参謀の**黒田孝高**が率いる別働隊は、東側を南下した。こうして島津を追い詰めていったのである。

勝てないと悟った島津義久は降伏を申し入れ、出家して豊臣秀吉の陣に駆け込むことで臣従を表明したという。

豊臣秀吉は島津義久を赦免《しゃめん》し、薩摩《さつま》の支配権を認めた。そののち、弟の**島**《しま》**津義弘**《づよしひろ》に大隅《おおすみ》を与え、日向《ひゅうが》の一部も島津領とした。このようにして秀吉は、九州統一に向かっていた島津氏の分断をはかったのである。

聚楽第の支配者

刀狩や検地などの政策で中央集権をめざす

1587年	聚楽第の完成
1588年	刀狩令
	海賊取締令

京の豪華な屋敷

豊臣秀吉は、各地の大名に臣従を誓わせ、従わない者には軍を差し向けるという形で、天下統一事業を進めていったが、そのとき口実として前面に押し出したのは、自身が**関白**としてトップに立つ**朝廷の権威**だった。

朝廷のトップとしては、天皇のいる京にも住居が必要である。そこで豊臣秀吉は、京に**聚楽《じゅらく》第《てい》**と呼ばれる豪華な屋敷を建てる。1587年にこれが完成すると、**北野《きたの》大茶会《おおちゃのえ》**を開いて祝った。また翌年には、**後陽成天皇《ごようぜいてんのう》**（1586年即位）を聚楽第に迎えている。

秀吉の政策

1588年、豊臣秀吉は**刀狩令《かたながりれい》**を発し、農民などから武器一切を取り上げた。目的は一揆を防ぐことだったが、ここから兵農分離が進んで身分制度が確立されることになり、下剋上の時代は終わりを告げる。寺社からも武器を接収したため、強力な武装勢力だった僧兵も消滅した。

同時に、**海賊取締令《かいぞくとりしまりれい》**も出された。**倭寇《わこう》**（98ページ参照）などの海賊行為を禁止することで、

Point 豊臣秀吉は、刀狩や太閤検地を行い、海賊行為やキリスト教を取り締まることで中央集権化をはかった。

豊臣秀吉の政策

《内政》

検地（太閤検地）
- 全国の生産力を把握
- 土地の権利を整理
- 年貢などの義務づけ

刀狩令（1588年）
- 農民らの武器を没収
- 一揆の防止

《対外政策》

バテレン追放令（1587年）
- 宣教師の国外追放
- 貿易は奨励したので不徹底
- 一般人の信仰は禁止せず

海賊取締令（1588年）
- 海上支配を強化
- 貿易を独占

（刀狩令・海賊取締令）同時に布告

▲豊臣秀吉は、武力による天下統一事業と同時に、中央集権的な政策を実施していった。

治安をよくするだけでなく、異国との貿易の利益も豊臣秀吉が独占することになった。

また、秀吉は以前から、**検地**《けんち》を実施していた。これは、土地の広さの表し方などを統一したうえで、土地の実態を調査し、村ごとに**石高**《こくだか》という米の生産量を割り出していく政策である。この結果、生産力を米の量に換算した**石高制**《こくだかせい》が確立され、また、農民に所有権と年貢《ねんぐ》などの義務が生まれた。豊臣秀吉は１５９１年、関白職から退いて**太閤**《たいこう》と称されるようになるが、秀吉の検地も、太閤になる前からのものを含めて、**太閤検地**《たいこうけんち》と呼ばれる。

宗教政策としては、九州出兵の際にキリスト教の浸透《しんとう》ぶりを見て警戒し、１５８７年に**バテレン追放令**（宣教師の国外追放）を出している。どれも**中央集権化**を進める政策だ。

小田原攻め　東国の平定

東国に名を馳せた北条氏を滅ぼす

1588年頃	北条氏、豊臣秀吉と和睦
1590年	小田原攻め　北条氏、滅びる

大軍が北条氏を追い詰める

ここまで各地の大名を臣従させ、天下統一事業を進めてきた**豊臣秀吉**。九州を平定したあと、東に目を向けると、関東には**北条氏**《ほうじょうし》がいた。

従来、北条氏は秀吉に楯突《たてつ》きつづけたと考えられていたが、近年の研究で、じつは**北条氏政**《ほうじょううじまさ》（176ページ参照）と彼から家督を継いだ息子の**北条氏直**《ほうじょううじなお》が1588年頃、秀吉と和睦していたことがわかってきた。

しかしやがて、北条氏と豊臣秀吉は決裂する。そして1590年、秀吉は各地の大名に命じて、北条氏を攻めさせるのである。

徳川家康は、北条の本拠地**小田原城**《おだわらじょう》に向けて東海道を進んだ。**前田利家**《まえだとしいえ》に**上杉景勝**、そして真田幸隆《さなだゆきたか》（141ページ参照）の息子**真田昌幸**《さなだまさゆき》は、北から北条領に侵入し、諸城を落としていった。また、**毛利輝元**の水軍が相模湾《さがみわん》を封鎖し、北条方の補給路を断《た》った。

北条氏の滅亡

小田原城内の北条方では、どのように戦うか諸将が議論したが、いっこうに結論が出ず、時

Point 豊臣秀吉は、大軍を関東に差し向けて小田原城を攻めさせ、北条氏を滅ぼした。

小田原攻めの軍勢

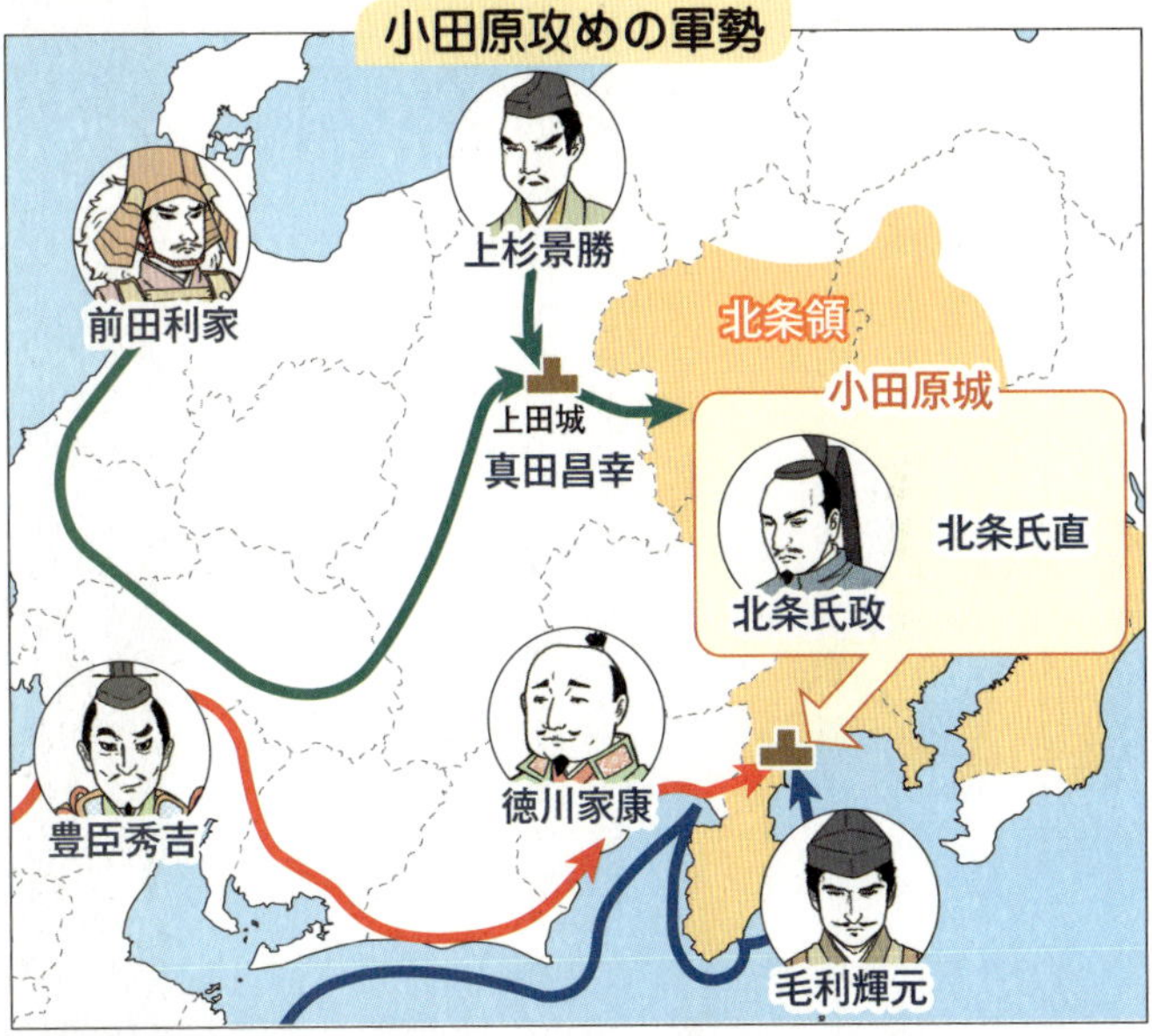

▲豊臣秀吉に従う強力な武将たちが、続々と北条攻めに参加した。北条氏は小田原城に籠城したが、最終的に降伏した。

間ばかりがすぎていったという。

ここから、うんざりするほど長引く話し合いを指す「**小《お》田《だ》原《わら》評定《ひょうじょう》**」という言葉が生まれた。

秀吉軍が小田原城を包囲して、徹底的な兵糧攻めを行うと、北条氏直はついに降伏して開城した。

このとき、北条氏直は「自分が切腹するので、ほかの者は助けてください」と申し出たが、秀吉はその潔《いさぎよ》さを買い、命を助けている。ただし、父の北条氏政らは切腹を命じられた。

東国最強クラスの実力を誇ってきた北条氏は、ここに滅んだのである。

ついに天下が統一される

東北から九州までをその手に収めた秀吉

1590年
奥州仕置
豊臣秀吉、天下統一を達成
徳川家康、関東へ国替

● 奥州仕置

豊臣秀吉は**小田原攻め**に際して、東北の諸大名にも参加を要請していた。そして、どういう反応をしたかによって、各大名のその後の処分を決めた。すぐに参陣した大名は、そのまま領国の統治を認めたが、参加しなかったり遅れてきたりした大名からは、領地を没収したのである。この領地の配分を、**奥州仕置**《おうしゅうしおき》という。

陸奥国《むつのくに》の**伊達氏**《だてし》（96ページ参照）当主**伊達政宗**《だてまさむね》は、若くして強い軍事力をもつ武将だった。彼は小田原攻めに遅参《ちさん》したが、秀吉の陣に駆け込んで服属を表明したため、軽い処罰ですんだ。

奥州仕置をもって、豊臣秀吉の天下統一（当時は「天下一統《てんかいっとう》」といわれた）は、いちおうの達成を見たのである。

● 徳川家康の国替

ただし、武力によって各地の大名との間に主従関係を作っても、それで統治が完成するわけではもちろんない。政権の秩序を安定させていかなければならない。

そのための一策として、豊臣秀吉は強い大名

Point 豊臣秀吉は、奥州仕置によって東北の領地を配分し、天下統一を達成した。

奥州仕置 概略図

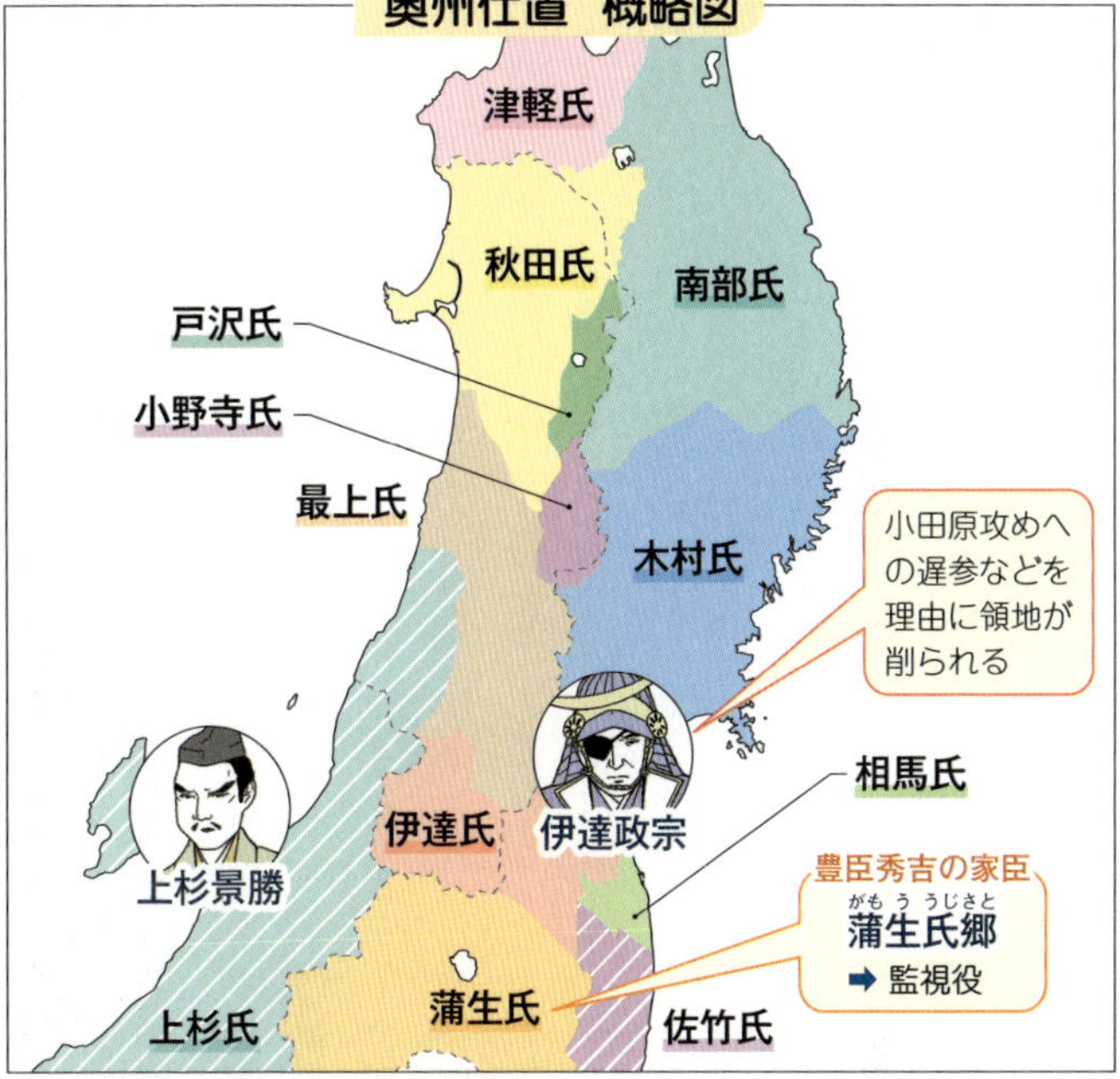
津軽氏
秋田氏
南部氏
戸沢氏
小野寺氏
最上氏
木村氏
小田原攻めへの遅参などを理由に領地が削られる
伊達政宗
相馬氏
上杉景勝
伊達氏
豊臣秀吉の家臣
蒲生氏郷《がもううじさと》
➡ 監視役
蒲生氏
上杉氏
佐竹氏

▲豊臣秀吉は、東北地方も支配下に置き、ここに天下が統一された。

の力を削《そ》ぐことにした。**徳川家康**に、北条氏の支配下にあった関東の7つの国を与え、その代わりに、以前からの領国（三河、遠江、駿河、甲斐、信濃）を取り上げたのである。

このような**国替**《くにがえ》（**転封**《てんぽう》）を、豊臣秀吉は以前から計画し、実行してきたらしいことがわかっている。大名は、「天下人」の一存によって領地や領民から切り離されるので、地方で独自の勢力を形成することが難しくなる。そして、中央の「天下人」へと権力が集中するのである。

朝鮮出兵 文禄の役

孤独な太閤は朝鮮に兵を送った

1591年 豊臣秀吉の身内に不幸が続く
1592年 文禄の役、始まる
1593年 和平交渉が始まる

◉天下統一の次は海外進出

天下を統一した**豊臣秀吉**を、1591年、不幸が襲う。弟の**豊臣秀長**と、幼い嫡子の**鶴松**《つるまつ》が、相次いで没したのである。それだけでなく、非常に親密だった茶人《ちゃじん》**千利休**《せんのりきゅう》との仲が決裂し、秀吉は利休を切腹させている。

その翌年、豊臣秀吉は驚くべき行動に出る。海外進出である。中国の**明**《みん》を征服するため、まずは朝鮮を支配下に入れようと、朝鮮半島に大軍勢を送ったのである。これを**文禄の役**《ぶんろくのえき》という。

最初は、戦国時代を経て実戦慣れした秀吉軍が優勢だった。**宇喜多秀家**《うきたひでいえ》が首都漢城《ハンソン》を、**小西行長**《こにしゆきなが》が平壌《ピョンヤン》を攻略し、**加藤清正**《かとうきよまさ》は国境を越えて明へと侵攻する。

しかし、**李舜臣**《イスンシン》率いる朝鮮水軍の活躍や各地のゲリラ活動により、秀吉軍の旗色《はたいろ》は悪くなる。そこへ明からの援軍も来て、膠着《こうちゃく》状態となった。

1593年、いったん休戦となり、明と秀吉軍との間で和平交渉が行われる。ここで、小西行長ら日本側の交渉担当者は、豊臣秀吉の無駄な怒りを買わず穏便《おんびん》にことを進めるため、「明が降伏しました」と秀吉に伝えた。さらに、明側でも同じことが起こっていた。このすれ違いは、のちに新たな戦いを生んでしまう。

Point 豊臣秀吉は、明の征服をめざして朝鮮に出兵したが、戦線が膠着し、一時休戦した。

文禄の役 概略図

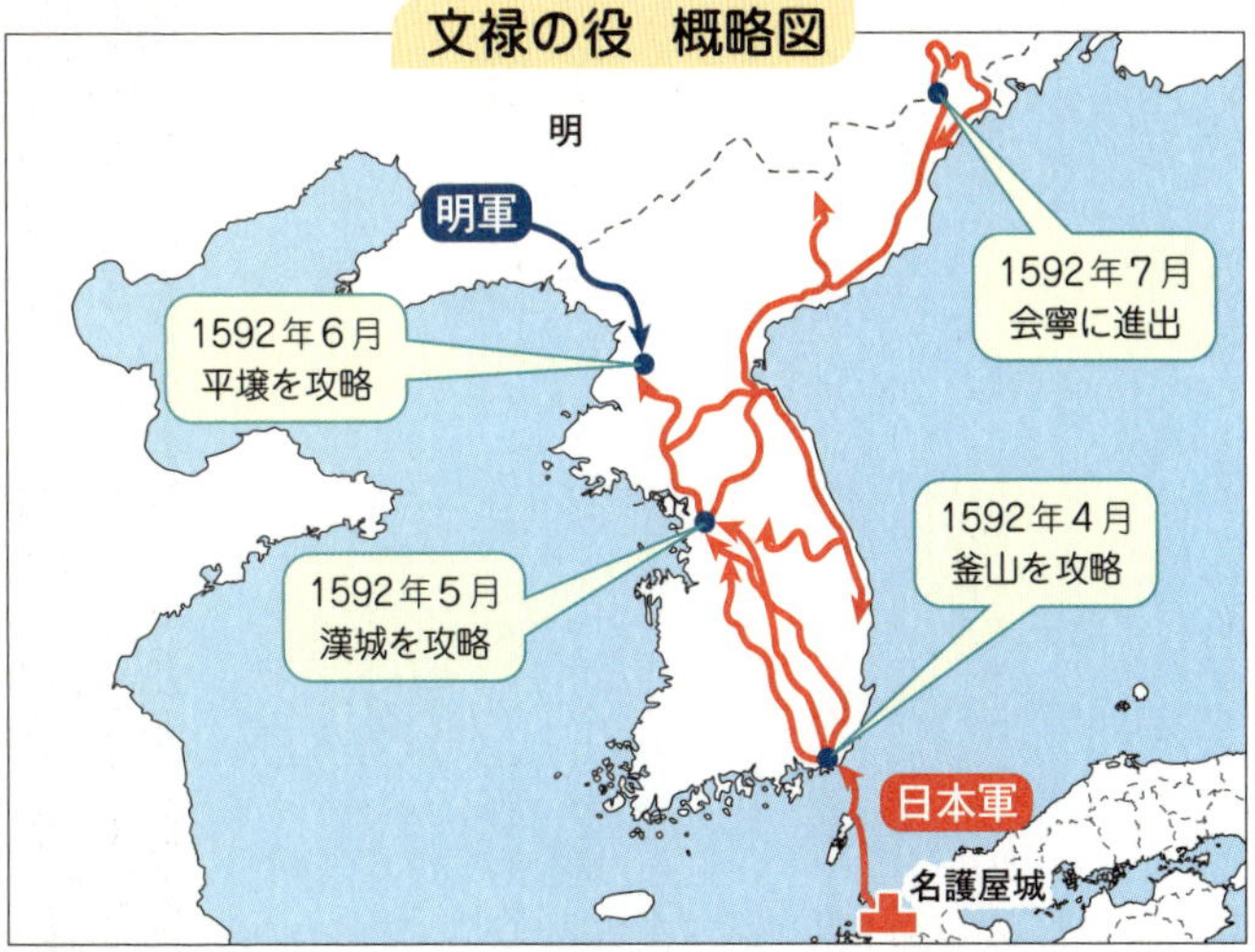

▲文禄の役では、日本軍は大きな戦果をあげもしたが、戦線を拡大しすぎて補給が追いつかなくなるなど、次第に苦しくなり、講和の道が探られた。

なぜ朝鮮に出兵したのか

この朝鮮出兵については、「老いて孤独になった豊臣秀吉が、混乱の末に無謀《むぼう》な夢を見てしまった」というような意味づけがされてきた。しかし近年、当時の国際秩序の中に豊臣政権を位置づけることで、合理的に解釈できるのではないかという研究も行われている。

中でも、歴史学者の平川新《ひらかわあらた》が提唱した新説が注目されている。豊臣秀吉は、**大航海時代**《だいこうかいじだい》（124ページ参照）のスペインやポルトガルにアジア侵略論があることを知り、これに対抗するため明の征服をめざしたのではないか、というのだ（『戦国日本と大航海時代』）。賛否両論あるが、刺激的な説だといえよう。

後継者をめぐる悲劇

秀吉は息子の秀頼にすべてを遺そうとした

1591年	豊臣秀次、秀吉の後継者に
1592年	豊臣秀頼、誕生
1595年	豊臣秀次、切腹

◉秀次事件

文禄の役のさなかの1592年、**豊臣秀吉**の母**大政所**が没したが、翌年、秀吉の妻**淀殿**《よどどの》（**浅**《あさ》**井**《い》**三姉妹**〔169ページ参照〕のひとり**茶々**《ちゃちゃ》）が男児を産んだ。**豊臣秀頼**《とよとみひでより》（当時は拾《ひろい》）である。

豊臣秀吉はすでに1591年、関白職と家督を甥の**豊臣秀次**《とよとみひでつぐ》に譲っていた。しかし新たに息子が生まれると、そちらに跡を継がせたくなった。1595年、豊臣秀吉は秀次に謀反の濡《ぬ》れ衣《ぎぬ》を着せ、切腹させる。なお、秀次には奇行があったとする俗説があるが、後世の創作である。

豊臣政権の後継者

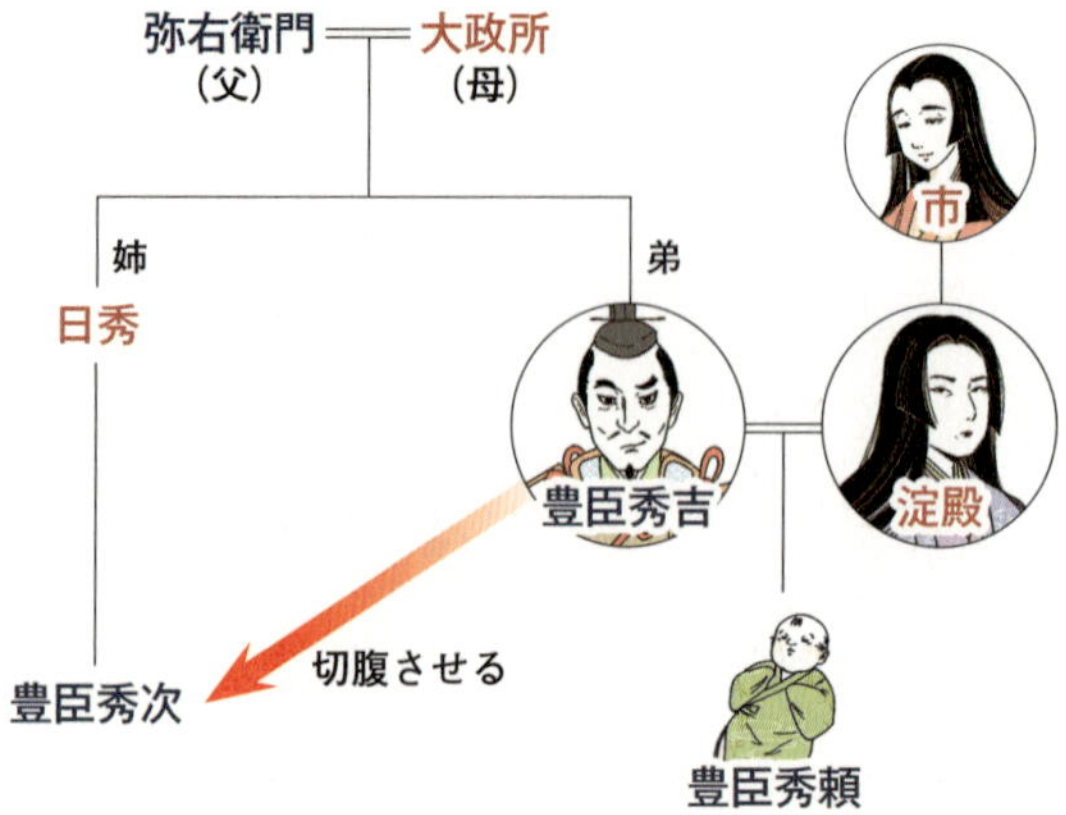

▲豊臣秀吉は、息子の秀頼に跡を継がせるため、甥の秀次を切腹に追い込んだ。

Point 息子・豊臣秀頼に跡を継がせるため、豊臣秀吉は甥の秀次を死なせ、五大老・五奉行を定めた。

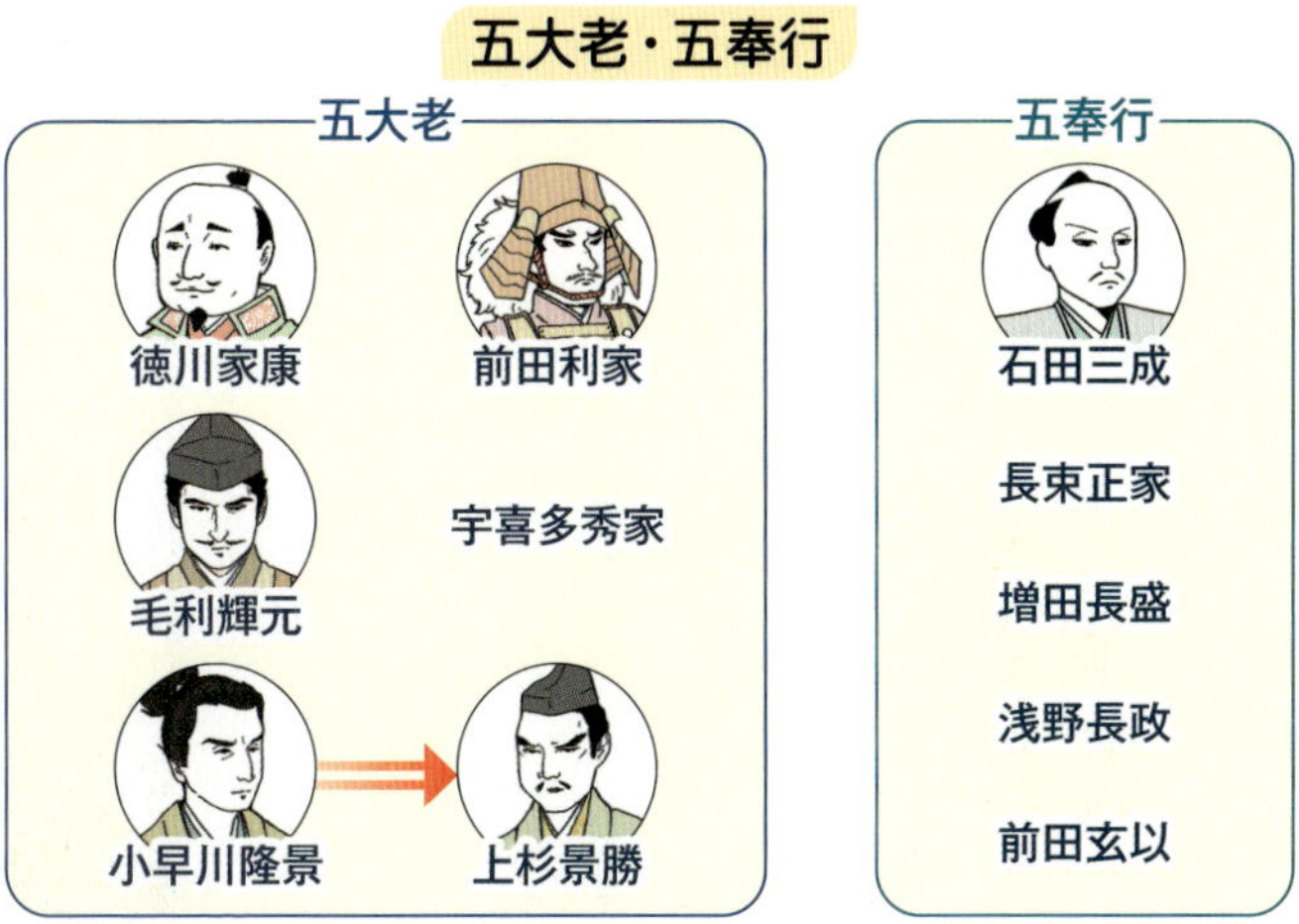

▲豊臣秀吉は、自分の死後のことを大老・奉行たちに託した。大老は最初から６人で、小早川隆景の死によって「五大老」になったとする説も有力である。

五大老と五奉行

豊臣秀吉には死期が近づいていた。それを感じはじめた秀吉は、自分の死後に秀頼を支え、豊臣政権を維持するような体制を築いておこうと考えた。１５９５年あたりから定められていったとされる。

まず、顧問《こもん》として国政を支える有力な大名を選んだ。**徳川家康**、**前田利家**、**毛利輝元**、**宇喜多秀家**、**小早川隆景**《こばやかわたかかげ》の**五大老**《ごたいろう》である。ただし、小早川隆景が１５９７年に没すると、**上杉景勝**がここに加わる。

そして実際の政務を行う責任者として、**五奉**《ごぶ》**行**《ぎょう》を定めた。これは**石田三成**《いしだみつなり》、**長束正家**《なつかまさいえ》、**増田**《ました》**長盛**《ながもり》、**浅野長政**《あさのながまさ》、**前田玄以**《まえだげんい》である。

慶長の役と秀吉の死

大きな傷を残して権力者は世を去った

１５９７年　慶長の役、始まる
１５９８年　醍醐の花見
豊臣秀吉、没

再度の朝鮮出兵

１５９６年、明《みん》との和平交渉が決裂した。交渉役の忖度《そんたく》のせいで、**豊臣秀吉**の認識と明《みん》の皇帝の認識が違っているのだから、当然である。

翌年、豊臣秀吉は再び、**小西行長**や**加藤清正**らを指揮官として大軍を朝鮮半島に送る。**慶長《けいちょう》の役《えき》**である。

「前回は戦場を広げすぎたせいで苦戦した」という反省のもと、今回は朝鮮半島南部に目標をしぼって制圧しようとした秀吉軍は、最初は戦《せん》果《か》をあげた。しかし、明と朝鮮の連合軍の激しい反撃に、次第に押し返されていった。

秀吉、没する

朝鮮で苦しい戦いが行われていた１５９８年の春、豊臣秀吉は、京の**醍醐寺《だいごじ》**（現・京都府京都市）に１０００人以上の家臣やその家族を呼び、呑気《のんき》に桜を見る会を開き、自分の築いた権力に酔いしれていた。**醍醐《だいご》の花見《はなみ》**である。

しかしそののち、秀吉は病の床につくようになった。秀吉は大名たちに「息子の**豊臣秀頼**への忠誠を尽くしてもらいたい」と遺言《ゆいごん》する（同

Point ２度目の朝鮮出兵のさなか、豊臣秀吉は没した。朝鮮遠征軍は撤退した。

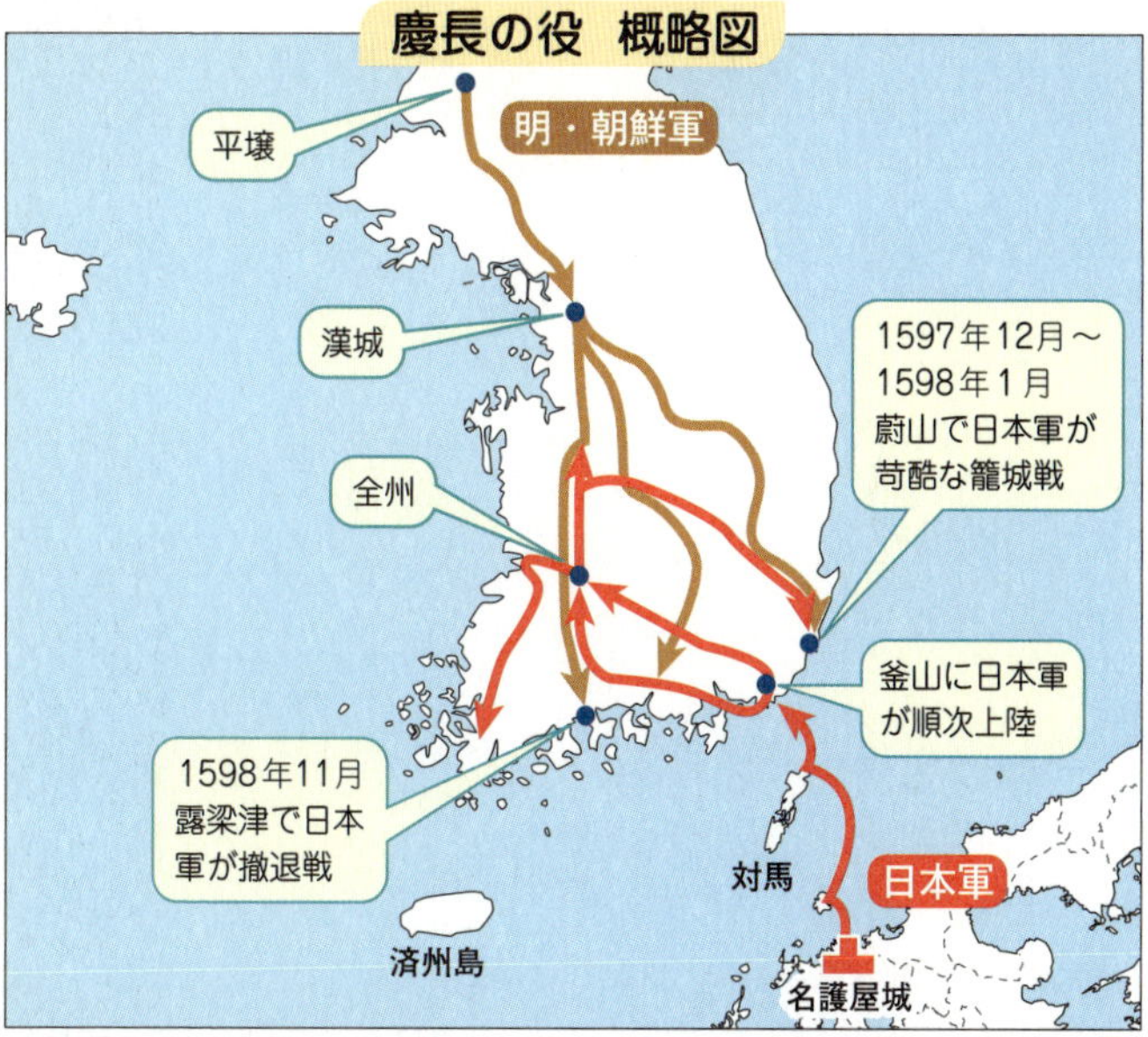
慶長の役　概略図
明・朝鮮軍
平壌
漢城
全州
1597年12月～
1598年1月
蔚山で日本軍が
苛酷な籠城戦
釜山に日本軍
が順次上陸
1598年11月
露梁津で日本
軍が撤退戦
対馬
日本軍
済州島
名護屋城

▲慶長の役では、明・朝鮮軍の反撃に、日本軍は苦戦を強いられた。そして秀吉の死ののち、日本軍は撤退した。

じことをのちに手紙にも書いている）。特に**徳川家康**には、幼い秀頼の後見《こうけん》となり、秀吉が築いた**伏《ふし》見《み》城《じょう》**（現・京都府京都市）で国政をつかさどるように懇願した。

同年、豊臣秀吉は没した。徳川家康らは、秀吉の死を伏せたまま朝鮮遠征軍に帰国を命じ、撤退を始めさせた。撤退戦は苛酷をきわめた。

朝鮮出兵は、朝鮮の人々を苦しめただけでなく、日本の大名たちにも大きな負担を強いた。また、朝鮮での戦略などをめぐって、**加藤清正**らと**石田三成**らとの間に、深刻な対立が生まれていた。

COLUMN 8

なぜ将軍ではなく関白なのか

織田信長にもできなかった天下統一を達成した**豊臣秀吉**だが、なぜ彼は「武家の棟梁《とうりょう》」たる**征夷大将軍**ではなく、**関白**となったのだろうか。

従来、「**足利義昭**《あしかがよしあき》がまだ『自分こそ正統な将軍である』と主張していたから」とか、「**源氏**《げんじ》の系統でなければ征夷大将軍にはなれない決まりがあるから」といった説明がされてきた（ちなみに、室町幕府の足利氏も源氏の系統である）。

しかし、近年の研究では、これらの説は根拠が弱いことが指摘されている。というのも、前例として朝廷と織田信長との間に、「征夷大将軍か太政大臣か関白のいずれかに任じよう」という**三職推任**《さんしょくすいにん》の話があった（178ページ参照）。朝廷は信長を、将軍にも太政大臣にも関白にも任ずることが可能だったと考えられるのだ。

ということは豊臣秀吉も、朝廷に手を回して将軍位を得ることはできたはずである。それでも関白を選んだのは、征夷大将軍よりも関白のほうが、官職としては高位であり、朝廷の権威を利用できるからではないか、という説がある。

では、江戸幕府を開く**徳川家康**は、なぜ征夷大将軍になったのか。これは、関白の位に豊臣政権のイメージがつきすぎていたからだろうとされる。これらの説は、中世史研究者・黒嶋敏《くろしまさとる》の著書『天下統一』で、コンパクトに説明されている。

第9章

戦いの時代に幕が下りる

豊臣政権の分裂

秀吉の死後に対立や専横が表面化

1599年	
	豊臣秀頼、大坂城に入る
	前田利家ら、徳川家康を責める
	前田利家、没

武人派と官僚派の対立?

豊臣秀吉《とよとみひでよし》亡きあと、幼い**豊臣秀頼**《とよとみひでより》をトップに据えた**豊臣政権**において、主柱となったのは加賀の**前田利家**《まえだとしいえ》だった。彼は**大坂城**《おおさかじょう》に豊臣秀頼を入城させ、秀頼が秀吉の後継者だと示した。

しかしこの政権は、内部に不安を孕《はら》んでいた。まず、政務を担当する**五奉行**《ごぶぎょう》の**石田三成**《いしだみつなり》らと、朝鮮出兵で活躍した**加藤清正**《かとうきよまさ》らとの対立がある。

これは、豊臣政権を主導的に運営する前者に対して、後者が反発したのだとされる。従来は、「朝鮮で実際に戦った武人派と、日本にとどまって補給などの手配を行った官僚派との確執」だといわれてきたが、近年の研究で、これは不正確であることがわかってきた。じつは石田三成は優秀な武人であり、朝鮮出兵でも大きな功績をあげていたのだ。

徳川家康 V.S. 前田利家

また、**伏見城**《ふしみじょう》に入った**徳川家康**《とくがわいえやす》の、勝手な行動も始まった。豊臣秀吉は生前、大名たちの策動を防ぐため、許可なく政略結婚することを禁じていたが、徳川家康はこれを無視して勝手な

Point 秀吉死後の豊臣政権では、前田利家が徳川家康を抑えていたが、その前田利家はすぐに病で没した。

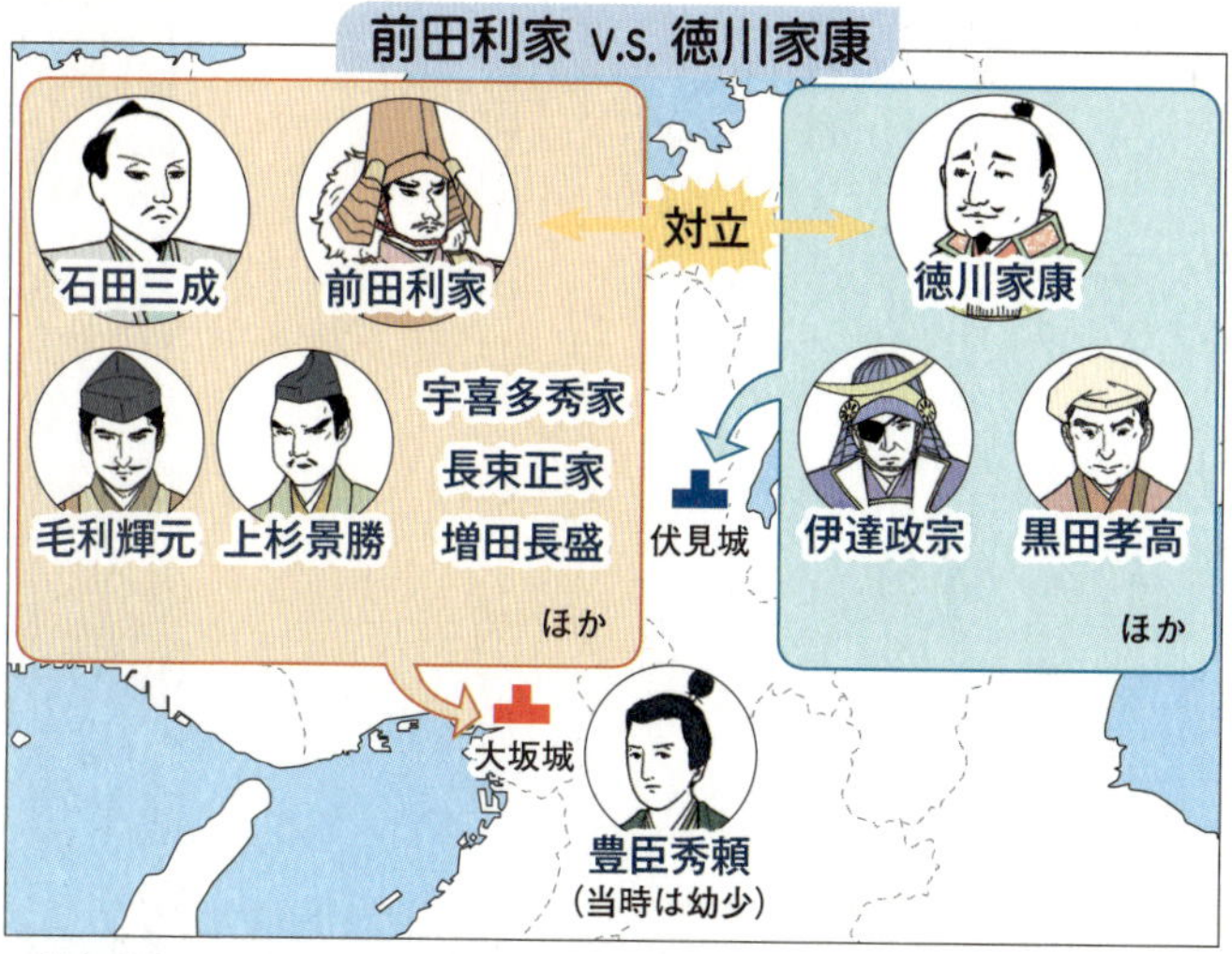

▲前田利家と石田三成から批判された徳川家康は、自分に味方する武将を集めたが、おもだった武将の多くが相手方に回ったため、戦いを避けた。

縁組みを行い、派閥を形成していったのだ。

1599年、前田利家や石田三成らは、徳川家康に使者を送ってとがめたが、徳川家康は強硬姿勢を見せる。豊臣政権は、**大坂城の前田利家側**と**伏見城の徳川家康側**に分かれ、緊張が走った。

しかし徳川家康は、自分以外の大老と奉行がみな相手方に回ったので、戦えないと悟る。前田利家も病気だったため、家康との対決を避けた。結局、徳川家康が伏見城を退去して向島《むかいじま》（現・京都府京都市）に移ることで両者は和解した。

しかしそれから間もなく、徳川家康を抑えられる存在だった前田利家が没してしまう。ここからバランスが大きく崩れていくのだ。

天下を狙う徳川家康

反対派は次々に抑え込まれていった

1599年	七将襲撃事件、石田三成が失脚
	徳川家康、伏見城に入る
1600年	前田利長に謀反の噂

七将襲撃事件

前田利家が没した次の夜、**加藤清正**ら7名の武将たちが、打倒**石田三成**の兵を挙げた。

この**七将襲撃事件**《しちしょうしゅうげきじけん》については従来、「この危機的状況に石田三成は、宿敵の徳川家康のもとへ逃げ込んだ」と語られてきたが、これは間違いであることがわかっている。

最新の研究によると、加藤清正らは、事前に**徳川家康**と通じていた。敵対勢力の動きを察知した石田三成は、いち早く大坂から**伏見城**へ逃れ、立てこもった。そこから、**大坂城**の**豊臣秀頼**を奉じて、徳川家康方を叩こうとしたのだろうと考えられている。

しかし、家康方が先に大坂城の秀頼を押さえた。戦えなくなった石田三成は、やむなく徳川家康の仲介を受け入れて、加藤清正らと和解。家康に有利な形で事態が収拾される。三成は奉行を辞任し、近江《おうみ》へ隠居することになった。

徳川家康、権力を握る

石田三成が失脚すると、徳川家康はすぐに向島から伏見城に入城し、政務を執るようになっ

Point 七将襲撃事件で石田三成が失脚。徳川家康は大坂城に入って豊臣秀頼の後見となり、反対派を排除していく。

大老・奉行を排除する家康

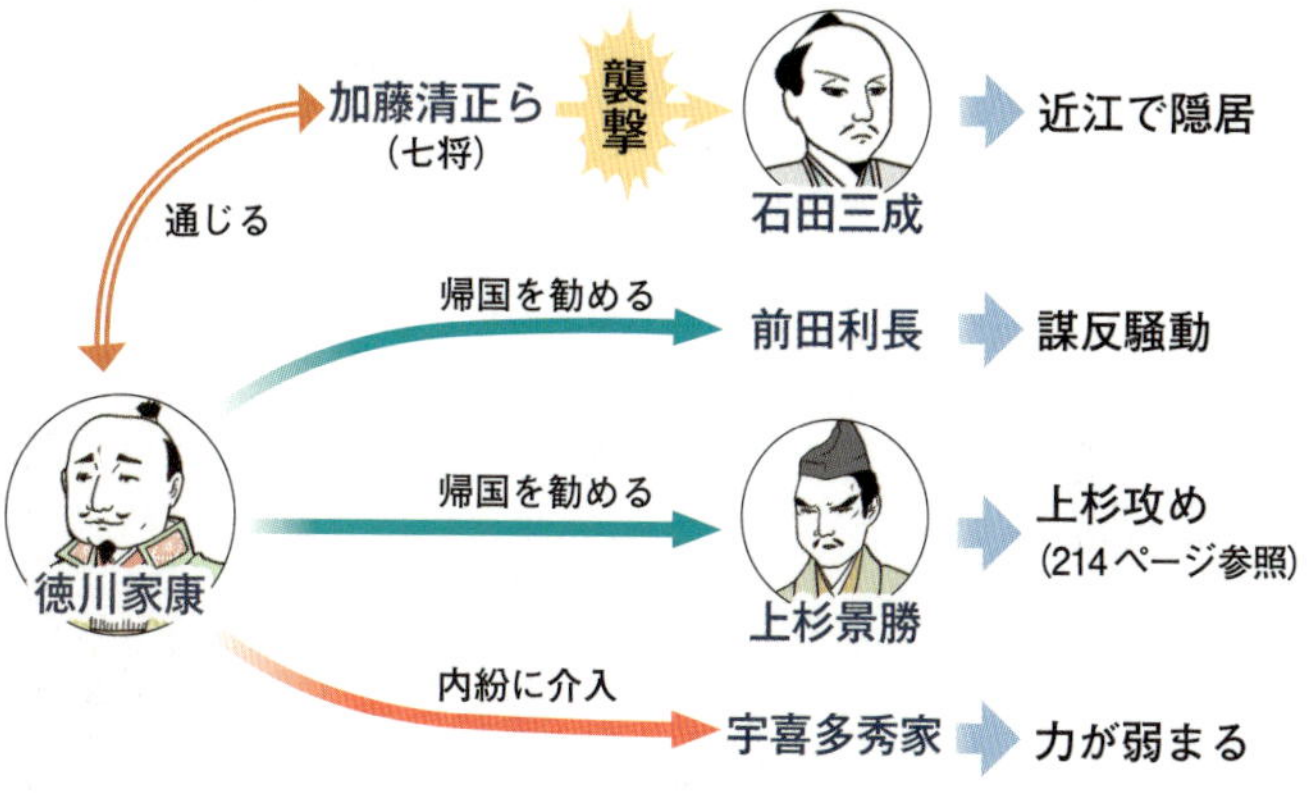

▲徳川家康は、自分以外の大老・奉行の力を削いでいった。

た。そして自分に権力を集中させるため、**五大老・五奉行**の体制を壊していく。前田利家の跡を継いで大老となった**前田利長**《まえだとしなが》と、同じく大老の**上杉景勝**《うえすぎかげかつ》に、「領国経営のために帰国してはどうか」と勧め、畿内《きない》から退去させたのである。

翌1600年、「前田利長が謀反を企てている」との噂が立った。徳川家康はこれを利用し、前田利長に圧力をかけて屈服させた。と同時に、この騒ぎに乗じて大坂城に居座り、豊臣秀頼の補佐役の地位も実質的に獲得した。

また、**宇喜多氏**《うきたし》の内紛に介入して、五大老のひとり**宇喜多秀家**《うきたひでいえ》の力を弱めてもいる。

さらに徳川家康は、**知行加増**《ちぎょうかぞう》を行った。秀頼の名のもと、豊臣家の直轄地を、自分が選んだ大名に与えたのである。豊臣家の経済力を削りつつ、諸大名に恩を売る、巧妙な手法だった。

03 直江状と上杉攻め

徳川家康は会津へ向けて出陣した

1598年	上杉景勝、会津に国替
1600年	上杉景勝、謀反の疑いを受ける 徳川家康、会津へ向けて出陣

家康、会津への出兵

五大老のひとり**上杉景勝**は、**豊臣秀吉**の**国替**《くにがえ》（201ページ参照）によって、1598年から会津《あいづ》（現・福島県西部）を領国とするようになった。しかし、豊臣秀吉の死に際して上洛したため、領国経営には本腰を入れられずにいた。

1599年、領国へ下った上杉景勝は、道路の整備や城の補強などにいそしんだ。すると1600年、「謀反のために領国を整えているのではないか」と、帰国を勧めた当の**徳川家康**が難癖《なんくせ》をつけてきた。「上洛して弁明せよ」という書状が、上杉景勝のもとに届く。

これに対して、上杉景勝の家臣の**直江兼続**《なおえかねつぐ》が返事を書いた。この名高い**直江状**《なおえじょう》は、徳川家康の指摘にいちいち鋭く反駁《はんばく》し、逆に非難を浴びせる内容だった。こうして上洛を拒否した上杉景勝に対して、徳川家康は征討軍を組織する。そして会津へ向けて大坂を出発したのである。

上杉攻めは石田三成への罠？

直江状については、文言《もんごん》のあまりの激しさなどから、後世の創作ではないかとの疑いも根強

Point 徳川家康は、上杉景勝の領国経営に難癖をつけて上洛を命じ、拒否されたことを口実に兵を東へ進めた。

徳川家康と上杉景勝

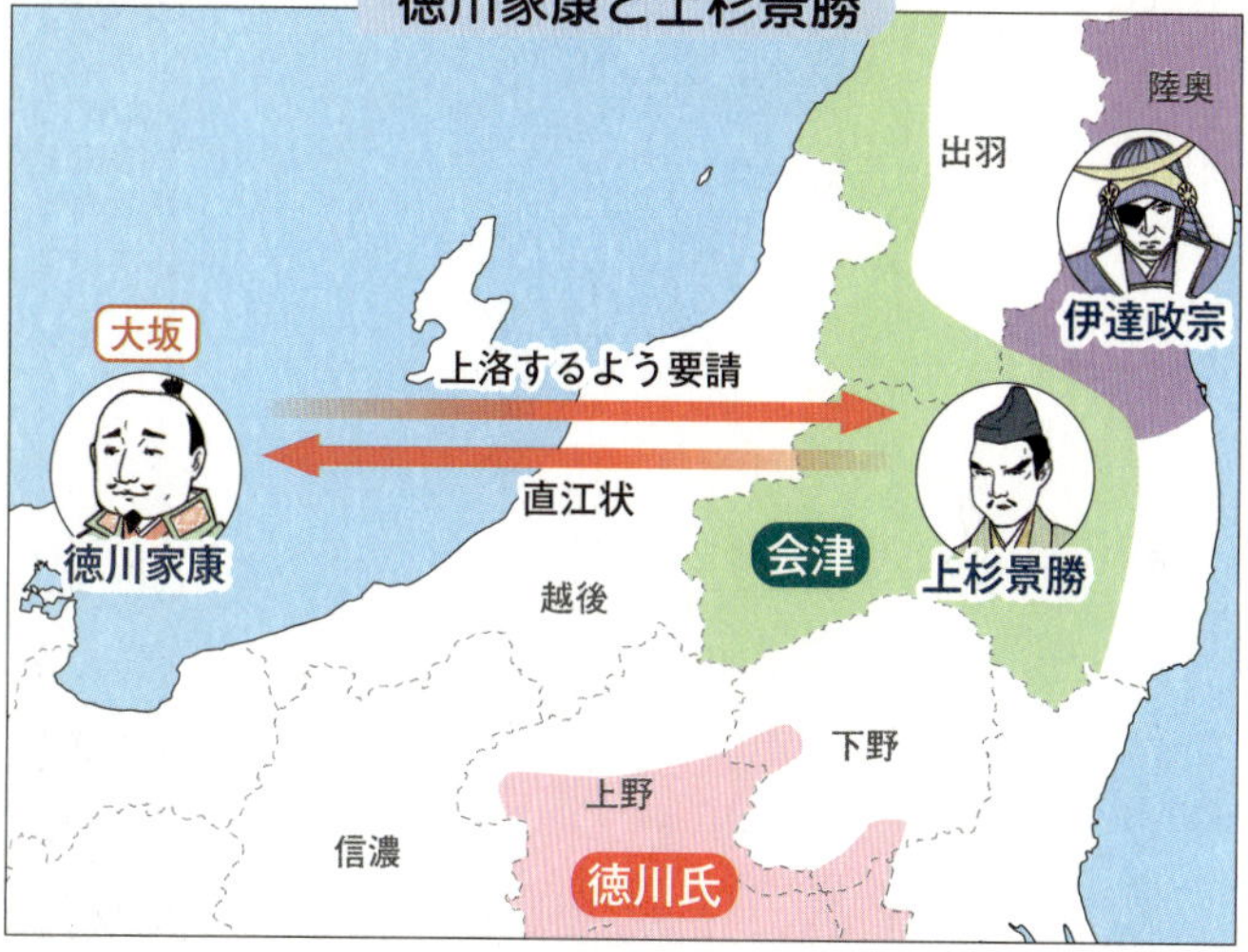

▲徳川家康は上杉景勝に、「謀反の疑いを晴らしたければ、上洛して弁明せよ」と求めたが、上杉側は「直江状」を送って拒否したとされる。

い。しかし、内容は歴史的事実と合致しており、同じようなものを家康が読んだのは確かだろうとされている。

ただし、徳川家康が会津出兵を決めたのは、直江状を読んで激怒したせいではない。もともと上杉景勝を攻めるつもりで挑発したのだというのが定説である。

また、「徳川家康が会津へ向けて出陣したのは、わざと大坂を留守にして、**石田三成**に謀反の兵を挙げさせる罠《わな》だった」という説があるが、近年の研究では、家康にとって三成の決起は想定外だったことがわかっている。徳川家康は、**七将襲撃事件**以来あまりに順調にことが進んだため慢心していたのだろうと、中世史研究者の呉座勇一は推測している（『陰謀の日本中世史』）。

三成の挙兵と小山評定

打倒家康の蜂起に家康の反応は？

1600年
徳川家康、江戸城に入る
毛利輝元、大坂城に入る
「内府ちがいの条々」

石田三成、立つ

1600年、**徳川家康**が上杉攻めのために畿内を離れると、近江の居城**佐和山城**《さわやまじょう》（現・滋賀県彦根《ひこね》市）に隠居していた**石田三成**は、徳川家康を倒すためのメンバーを集め、挙兵する。

その流れはいまだ不明な点が多く、研究者の間でも意見が分かれているが、ともあれ、外交僧**安国寺恵瓊**《あんこくじえけい》を介して連絡を受けた**毛利輝元**《もうりてるもと》が、三成方として大坂へ上り、**大坂城**に入ったことは大きかった。石田三成は、巨大な毛利軍を味方につけ、**豊臣秀頼**を旗印に確保したのである。

三成方は、主要メンバーの連名（ただし三成は入っていない）で、**内府**《ないふ》**ちがいの条々**《じょうじょう》と呼ばれる書状を作成し、諸大名に送った。徳川家康が行ってきた横暴な行為を弾劾《だんがい》し、豊臣秀頼のために家康を討とうと呼びかける檄文《げきぶん》である。

小山評定はあったのか？

一方、会津へ向かっていた徳川家康軍は、**江戸城**を経由し、下野国《しもつけのくに》の小山《おやま》（現・栃木県小山《おやま》市）に到着した。その前から謀反の兆候《ちょうこう》についての情報は入っていたが、ここへきて、**伏見城**

Point 徳川家康が畿内を離れている間に、石田三成は反家康の兵を挙げ、毛利輝元などを味方につけた。

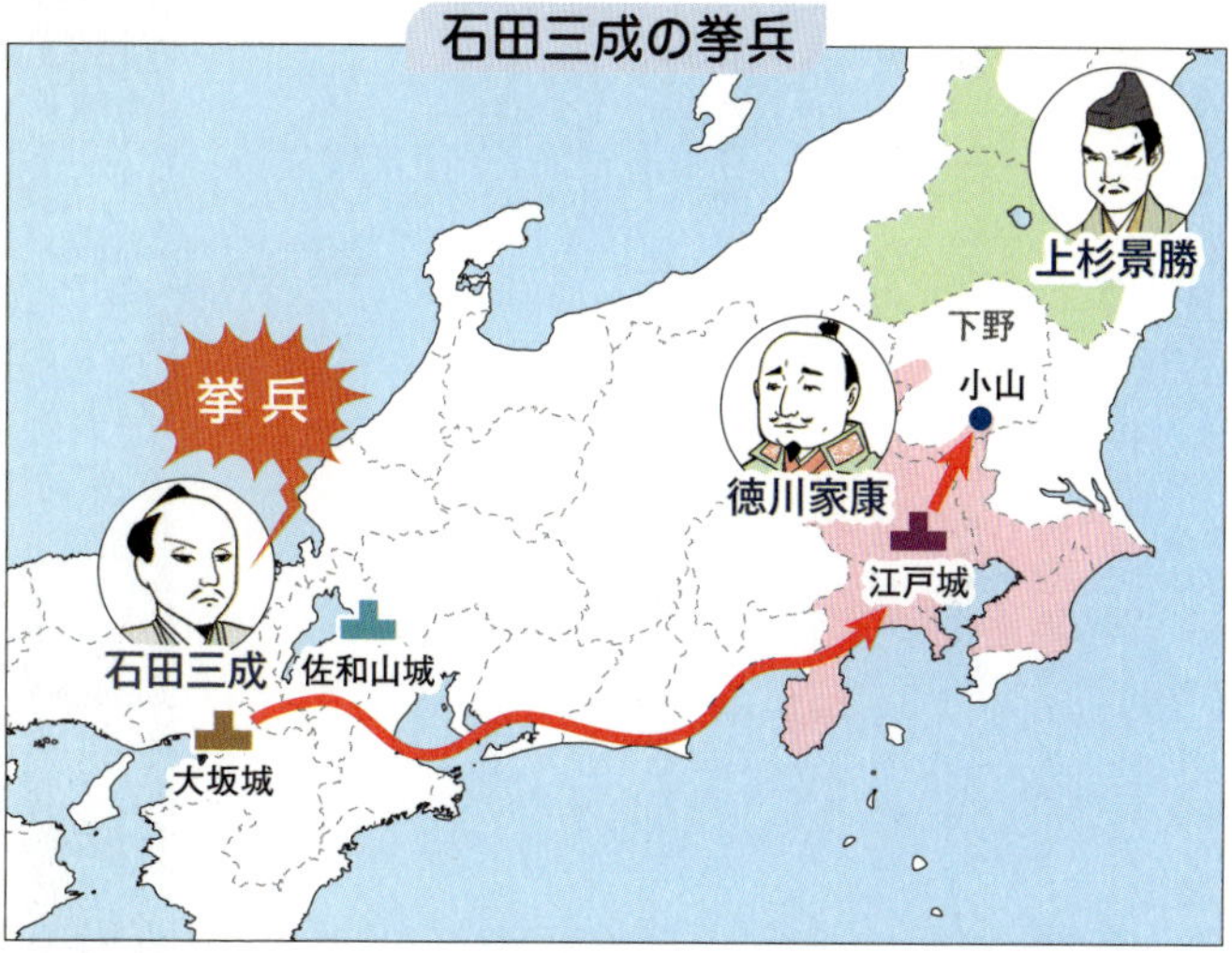

▲石田三成の挙兵の報を、上杉攻めの途上にある徳川家康は関東で聞いた。

が三成方に包囲されたとの知らせを受ける。

徳川家康は同行の武将たちを集め、今後どうするかを決める軍議を開いたとされる。**小山評定**《おやまひょうじょう》である。このとき豊臣秀吉子飼《こが》いの武将だった**福島正則**《ふくしままさのり》が「家康に味方する」と真っ先に宣言し、諸将が同調。上杉攻めは中止され、西へ戻って石田三成と戦うことになったという話は有名だ。

しかし近年、歴史学者の白峰旬《しらみねじゅん》が、小山評定が実際には行われなかったことを論証し（『新解釈　関ヶ原合戦の真実』）、その説は現在、受け入れられるようになってきている。小山評定のエピソードは、**関ヶ原**《せきがはら》**の戦い**（220ページ参照）に至るまでの物語が、後年だんだんと劇的に脚色されていく中で生まれた創作であるらしい。

05 東軍と西軍

決戦の舞台・美濃へ両軍が集結

1600年
徳川家康、江戸城にこもる
東軍、岐阜城を落とす
徳川家康、江戸城を出て西進

家康、戦いを決意

石田三成挙兵の報を受けた**徳川家康**は、**内府ちがいの条々**で痛いところを突かれて困っていた。彼は**江戸城**へ戻りつつ、**福島正則**らを尾《お》張《わり》の**清洲城**《きよすじょう》に送る。清洲城に大軍を集めることで西軍にできるだけプレッシャーをかけて、講和することをめざしたとも考えられている。

しかし、清洲城の武将たちは戦う気満々で、敵軍が拠点とした美濃《みの》の**岐阜城**《ぎふじょう》を攻め落とした。これを知って徳川家康は、決戦の方針に切り替え、自らも西進するのである。

西軍、関ヶ原に布陣

一方、「徳川家康が西に進んだ」との報を受けた**石田三成**は、拠点の**大垣城**《おおがきじょう》（現・岐阜県大《おお》垣《がき》市）を出て、**関ヶ原**《せきがはら》（現・岐阜県不破郡《ふわ》）に布陣した。兵力は約8万4000である。

普通、石田三成方は**西軍**と呼ばれ、徳川家康方は**東軍**と呼ばれる。これにはじつはあまり根拠がないのだが、一般によく浸透した呼称であるため、ここでもそう呼ぶことにする。

すぐに東軍も関ヶ原にやってきた。兵力、約7万4000。いよいよ、直接対決が始まる。

Point 徳川家康は、しばらく江戸城にこもったのち、戦いを決意して西進。石田三成も決戦のために関ヶ原へ。

関ヶ原の戦いへ

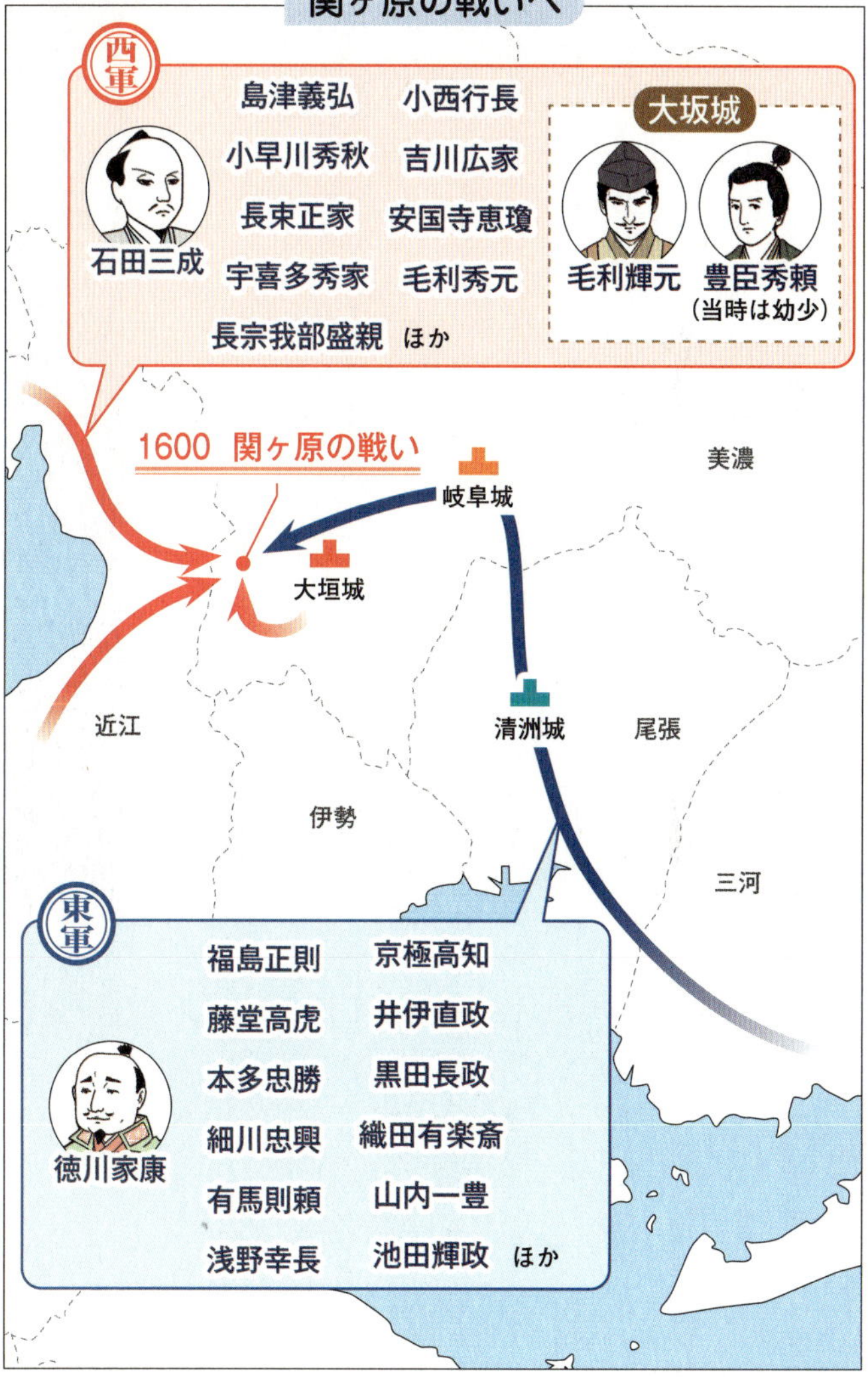

▲東軍と西軍のおもなメンバーと、関ヶ原に至るまでのそれぞれのルート。

関ヶ原 天下分け目の戦い

明暗を分けたのは裏切りと保身だった

1600年	関ヶ原の戦い 徳川家康、大坂城に入る 石田三成ら、京で処刑

裏切り、そしてあっけない幕切れ

関ヶ原の戦いは、1600年9月15日の午前8時ごろに始まったとされる。

まず、東軍が西軍の主力部隊に攻めかかった。**石田三成**は、離れた場所に陣取っている味方の**毛利勢**に対して、参戦を求める狼煙《のろし》を上げた。

しかし、毛利勢の**小早川秀秋**《こばやかわひであき》と**吉川広家**《きっかわひろいえ》は動かない。吉川広家隊が止まっているせいで、その後方の部隊も動けなかった。

もともと毛利勢は、メインの戦場から距離を置いて傍観し、安全を守るつもりだったともいわれる。さらに、小早川秀秋は合戦の前か、遅くとも合戦開始直後には、東軍に寝返っていた。

そして小早川秀秋が、西軍に対して攻撃を始めると、ほかの部隊も次々に寝返っていった。西軍はあっけなく壊滅し、戦いは東軍の圧勝に終わった。石田三成、**小西行長**《こにしゆきなが》らは捕らえられて京で処刑され、**宇喜多秀家**は流刑《るけい》となった。

ただし、戦いの実態は、まだわかっていないことが多い。この「天下分け目の戦い」に勝った側、そして生き残った側が、負けて消えていった石田三成らを卑小《ひしょう》な悪玉《あくだま》におとしめ、不都合なことの責任をなすりつけたからである。近年、確かな史料にもとづく研究が進んでいる。

Point 関ヶ原の戦いは、小早川秀秋の裏切りなどで東軍の勝利に終わり、石田三成らはのちに処刑された。

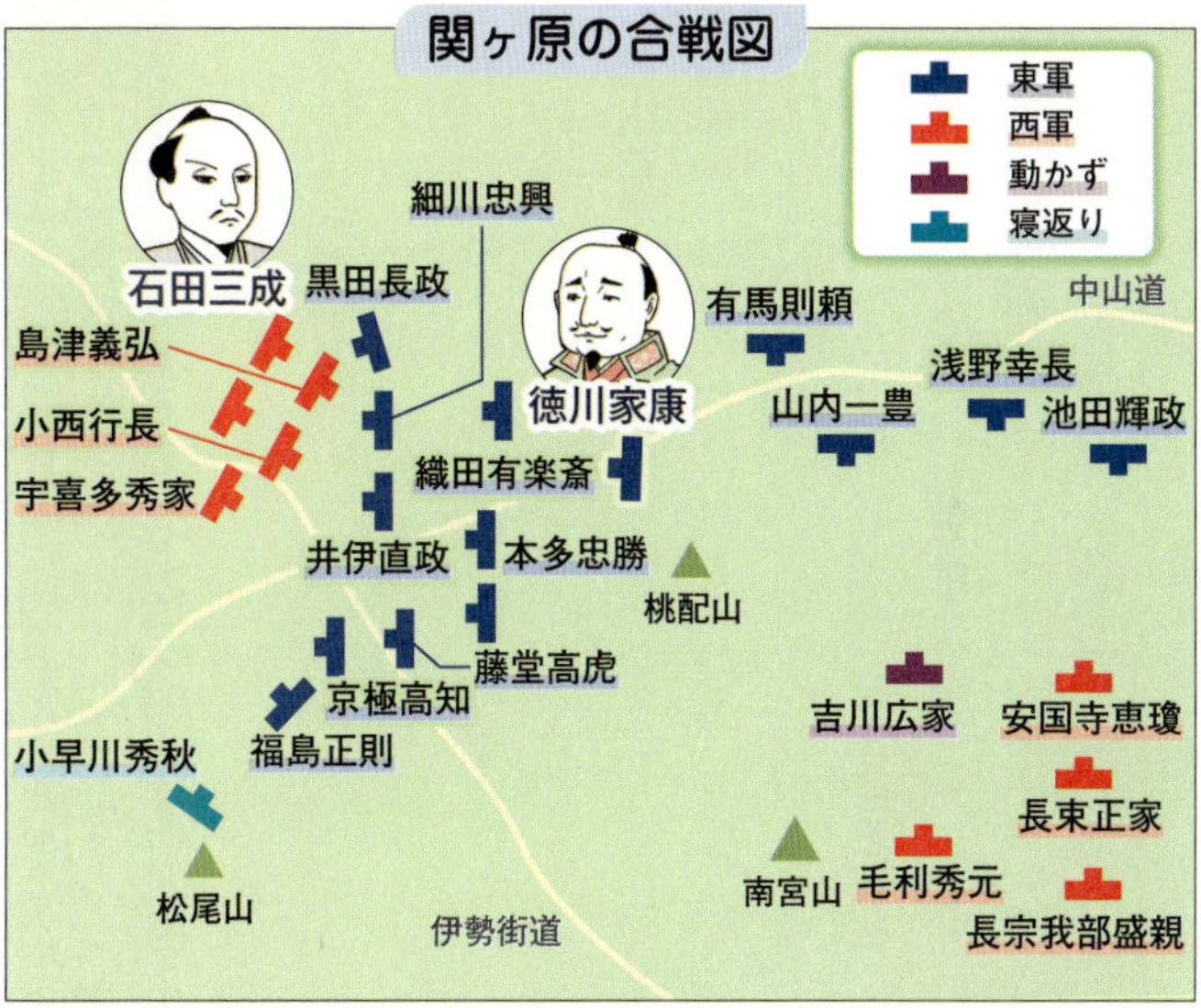

▲西軍の中で寝返りが起こったり、味方の進軍ルートをふさいでじっとしているグループがあったりしたため、実際に東軍と戦闘したのは、西軍の中でも一部だったとされる。

戦後処理

名目上、西軍の総大将は**毛利輝元**だったが、彼は関ヶ原に出陣せず、**大坂城**にいた。**徳川家康**は、毛利輝元と話をつけて退去させ、自分が大坂城に入ると、戦後処理を行った。

西軍に味方した大名は、処刑されたり改易《かいえき》（領地没収）されたりした。**毛利氏**は所領《しょりょう》を4分の1に縮小された。

逆に東軍に味方した大名については、領地を加増しつつ遠方に送るなど、徳川家康は巧みに支配体制を築いていったのだ。

戦いは関ヶ原だけではなかった

東軍と西軍は日本各地で衝突する

1600年
浅井畷の戦い
上田合戦
長谷堂城の戦い

長谷堂城の戦い

戦いは、関ヶ原だけで行われたのではなかった。各地で諸勢力が戦闘を行ったのである。

徳川家康に攻められそうになっていた会津の**上杉氏**は、家康軍が西へ去ったのち、家康と手を結んでいた出羽国《でわのくに》（現・山形県と秋田県）の**最上義光**《もがみよしあき》と戦った。最上義光は、甥の**伊達政宗**《だてまさむね》（200ページ参照）に援軍を要請した。上杉氏家臣の**直江兼続**（214ページ参照）は、**長谷堂城**《はせどうじょう》（現・山形県山形市）に猛攻をかけたが、関ヶ原で西軍が負けたことを知ると撤退した。

浅井畷の戦いと上田合戦

北陸では、家康に臣従する**前田利長**（213ページ参照）と、織田信長の家臣丹羽長秀《にわながひで》の息子**丹羽長重**《にわながしげ》が戦った。**浅井畷**《あさいなわて》**の戦い**である。ここでは西軍方である丹羽軍が勝ったが、関ヶ原の戦いのあと、丹羽氏は改易されてしまう。

徳川家康の息子**徳川秀忠**《とくがわひでただ》は、西軍に加担する**真田昌幸**《さなだまさゆき》（198ページ参照）の**上田城**《うえだじょう》（現・長野県上田《うえだ》市）を攻めた。この**上田合戦**《うえだかっせん》が長引いたせいで秀忠は関ヶ原の戦いに遅れたといわれている（これには異論も出ている）。

Point 関ヶ原の戦いの前後、日本各地の勢力が東軍方と西軍方に分かれて戦った。

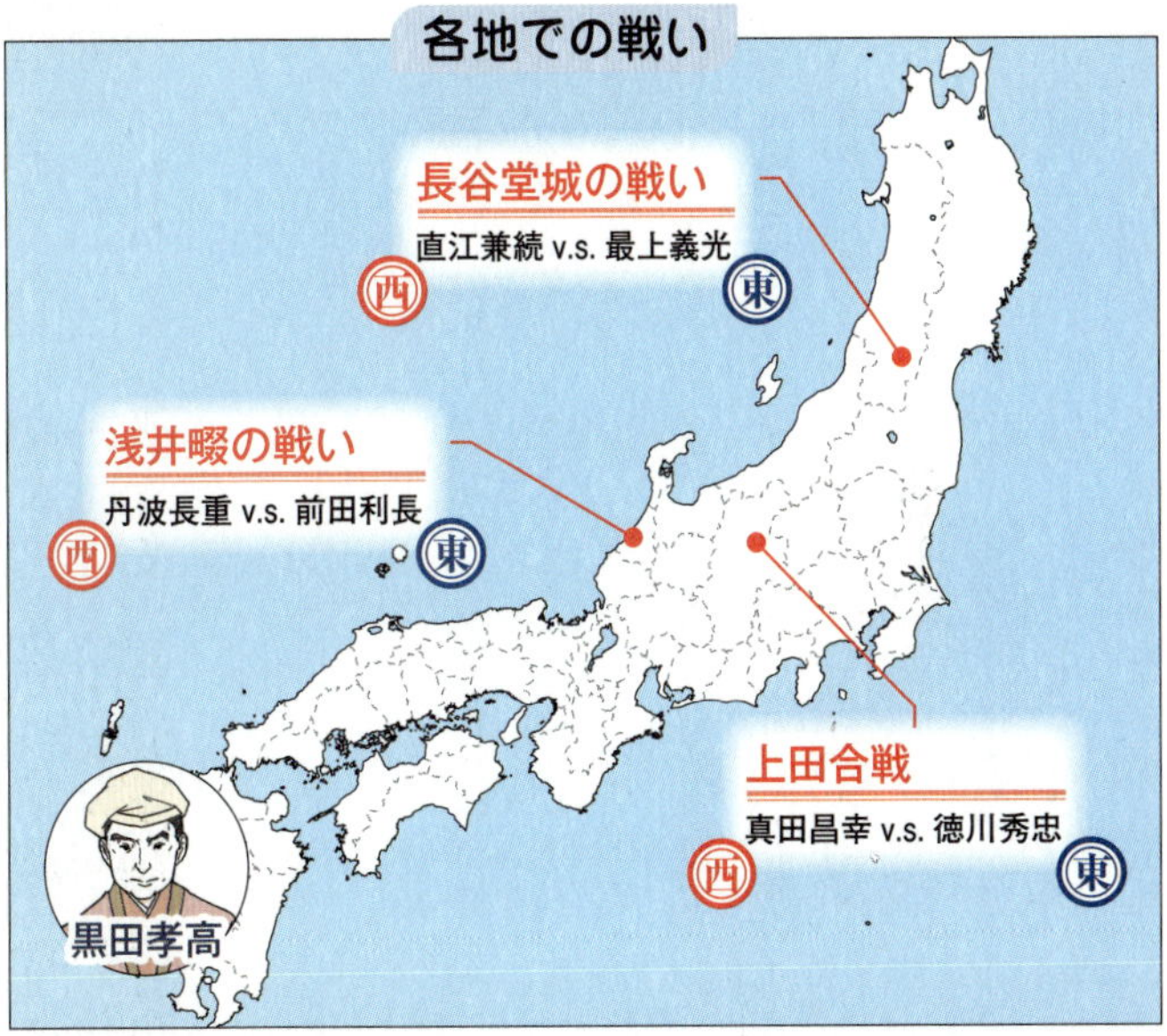
各地での戦い
長谷堂城の戦い
直江兼続 v.s. 最上義光
西
東
浅井畷の戦い
丹波長重 v.s. 前田利長
西
東
上田合戦
真田昌幸 v.s. 徳川秀忠
西
東
黒田孝高

▲「徳川秀忠は上田合戦で苦戦したせいで、関ヶ原の戦いに間に合わなかった」とよくいわれるが、関ヶ原への遅参の理由は、徳川秀忠の不手際だけではなく、東軍全体の作戦変更などもかかわっていたらしいことが、近年の研究でわかってきている。

九州の黒田孝高

九州では、かつて豊臣秀吉の軍師だった**黒田孝高**《くろだよしたか》が、これを機に領土の拡大をはかった。最初は東軍方の城を、続いて西軍方の城を、猛烈な勢いで落としていったのだ。

さらに黒田孝高は、**熊本城**《くまもとじょう》（現・熊本県熊本市）の**加藤清正**と合流し、西軍の**島津氏**を攻める。しかし、徳川家康と島津氏との和議が成立したとの知らせを受けると、家康からにらまれないよう、戦いをやめた。

08 江戸幕府と大坂城

東と西の二大権力は共存できるのか

1603年	徳川家康、江戸に幕府を開く
1605年	徳川秀忠、第2代将軍に
1611年	二条城の会見

◉徳川家康、幕府を開く

豊臣秀吉の天下統一から10年後の**関ヶ原の戦い**で、全国を統治するものとしての豊臣政権は、事実上崩壊した。

そして1603年、**徳川家康**が**征夷大将軍**に就任し、江戸に幕府を開く。

この時点で**江戸幕府**（**徳川幕府**）は、全国政権としての地位を確立していたわけでは必ずしもなかった。というのも、**大坂城**に**豊臣家**がいたからだ。「東日本の支配者は徳川の幕府、西日本の支配者は朝廷の権威とつながった豊臣家」という構図だったとする説がある（身分としては、徳川家康はまだ豊臣の家臣である）。

関ヶ原の戦いで、**石田三成**は**豊臣秀頼**を擁していたが、徳川家康も大義名分としては、豊臣家のために戦ったことにしている。豊臣家は、関ヶ原で負けたわけではないのである。

じつは、関ヶ原の戦後処理で、徳川家康は豊臣家の財産を大きく削っている。それでも家康は、「徳川に従うならば、豊臣家の存続は許そう」と考えていたようである。幕府が開かれたのと同じ1603年、息子**徳川秀忠**の娘**千姫**《せんひめ》を、大坂城の豊臣秀頼に嫁がせていることからも、それはうかがえる。

Point 徳川家康が征夷大将軍となり、しばらくの間、大坂の豊臣家と江戸の徳川幕府の二重権力状態が続いた。

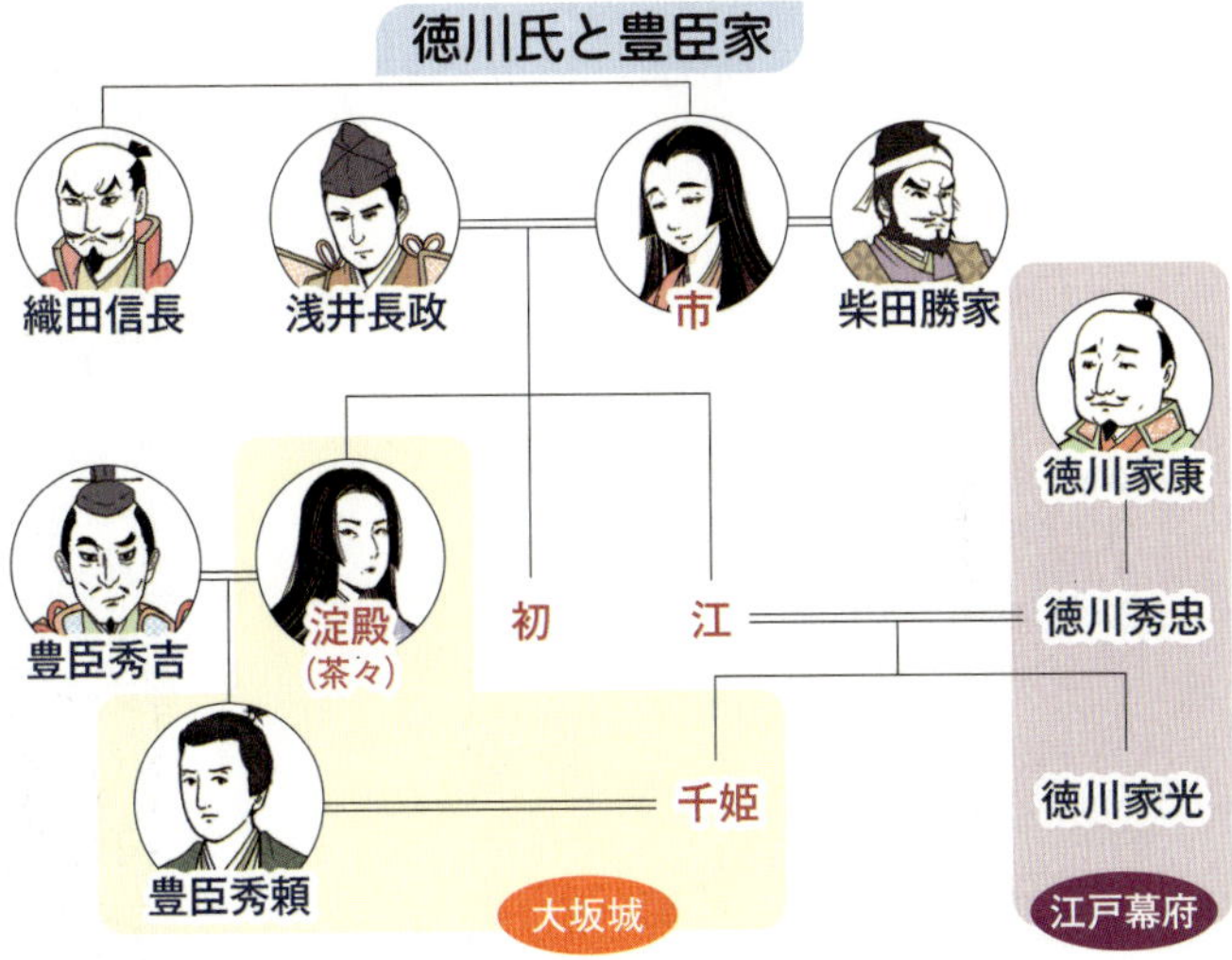

▲江戸幕府の最初期は、徳川と豊臣の二重権力状態だったとされる。

二条城の会見

1605年、徳川家康は、徳川秀忠に征夷大将軍の職を譲った。こうして、徳川氏が権力を継承していくことを世に示し、家康は**大御所**《おおごしょ》として実権を握りつづけた。

そして1611年、京の**二条城**《にじょうじょう》で、徳川家康と豊臣秀頼の会見が行われた。家康が秀頼に徳川氏の優位を見せつけるために開催したものだという説があるが、「このとき、成長した秀頼の姿を見て、家康は警戒心を抱いたのではないか」との見方もある。というのも、会見のあと、豊臣家を慕《した》う家臣たちが次々に没するのを見計《みはか》らい、家康が豊臣家に圧力をかけるからである。

大坂冬の陣

方広寺の鐘が、徳川と豊臣の戦いの引き金に

1614年	
方広寺鐘銘事件	大坂城に牢人が集まる
	大坂冬の陣

方広寺鐘銘事件

豊臣秀吉は生前、奈良の東大寺《とうだいじ》にならって京に**方広寺**《ほうこうじ》（現・京都府京都市）を創建し、大仏も造立《ぞうりゅう》したが、地震で大仏殿は大破した。**豊臣秀頼**はこれの復興に当たり、一度火災で失いながらも、1614年に再建《さいこん》する。

そこに奉納《ほうのう》された釣鐘《つりがね》が、思わぬ事態を呼んだ。鐘には、「国家安康」「君臣豊楽」の銘文《めいぶん》があった。これについて**徳川家康**が、自分の名の「家」と「康」を引き離して徳川氏を呪詛《じゅそ》し、豊臣家が君主となることを願うものではないかと、物言いをつけたのである。

この有名な**方広寺鐘銘事件**《ほうこうじしょうめいじけん》は、徳川家康のこじつけによる難癖だとする見方が一般化している。しかし、歴史学者の笠谷和比古《かさやかずひこ》は、問題の銘文が、文学的な遊び心として意図的に「家康」や「豊臣」をもじったものであることを立証している（『関ヶ原合戦と大坂の陣』）。つまり、豊臣家の落ち度でもあったというのだ。

家康、大坂城を攻める

この問題がこじれ、徳川家康は豊臣方に、**大**

Point 方広寺鐘銘事件をきっかけに、徳川家康は大坂城の豊臣家を攻め、大坂冬の陣が始まった。

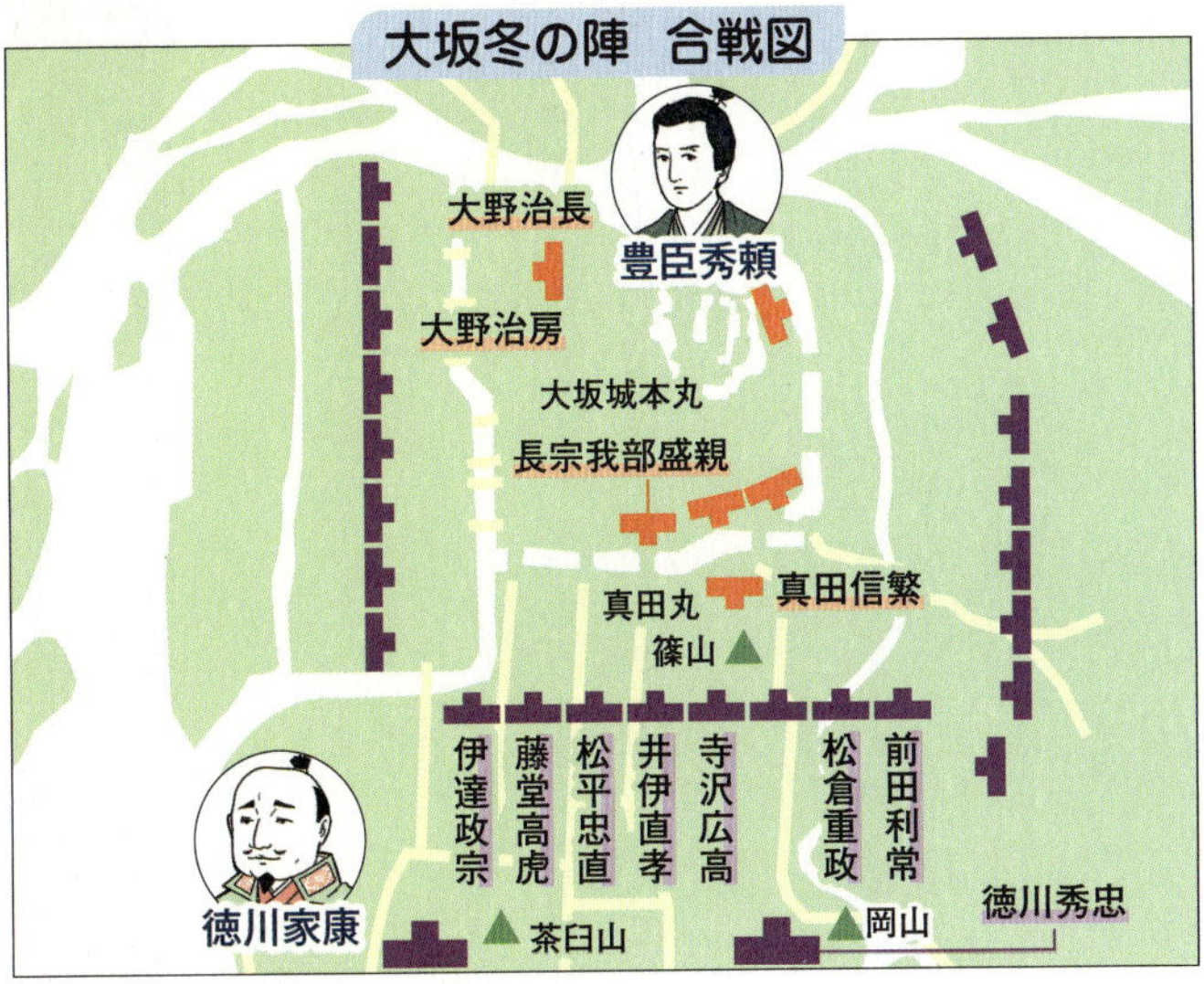

▲徳川軍は、圧巻の布陣で大坂城を取り囲んだ。

坂城の明け渡しなどを命じた。豊臣秀頼やその母**淀殿**《よどどの》は、これに応じない。すると家康は口実を得たと、挙兵に踏み切った。1614年、**大坂冬の陣**である。

徳川方には、全国のほとんどの有力武将がつき、圧巻の布陣となった。それに対し、豊臣方に集まったのは**牢人**《ろうにん》（主家のない武士）ばかり。戦う前から豊臣方の劣勢は明らかだった。頼りになるのは、真田昌幸（222ページ参照）の子**真田**《さなだ》**信繁**《のぶしげ》（**真田幸村**《さなだゆきむら》）ら何人かの武将と、難攻不落の大坂城。しかし、戦闘で豊臣方は善戦した。

徳川家康は兵糧攻めに切り替え、城の天守閣《てんしゅかく》に大砲を撃ち込んで、籠城《ろうじょう》する豊臣方を追い込んでいった。

戦乱の時代から、新しい時代へ

大坂夏の陣 そして元和偃武

１６１４年	徳川方と豊臣方、講和
１６１５年	大坂夏の陣
	豊臣家、滅びる

● 和議から再びの戦い

追い込まれた豊臣方は、１６１４年の末、徳川方と和議を締結する。その条件として**徳川家康**は、**大坂城**の防御力の要である堀を、すべて埋めてしまった。

そして１６１５年、徳川家康は豊臣方に対して、再び難癖をつけた。「まだ牢人を召《め》し抱《かか》えているのは、もう一度徳川と戦うつもりなのではないか」というのである。

ここから徳川家康は、豊臣家に**国替**を迫る。豊臣方はこれを拒否して、交渉は決裂。再び戦いが始まった。**大坂夏の陣**である。

● １５０年の戦いの連鎖に終止符

堀がない裸城《はだかじろ》では、前のような籠城戦もできないということで、豊臣方は周辺部へ打って出た。**真田信繁**が戦略を立て、猛烈な攻撃によって、一時は徳川方を圧倒する。

しかし、徳川方の15万もの大軍は、５万の豊臣方を押し返していった。大坂城は炎上し、**淀殿**と**豊臣秀頼**は命を落とした。こうして、豊臣秀吉が築いた豊臣家は、わずか2代で滅んでし

Point 徳川家康は大坂夏の陣で豊臣家を滅ぼすと、徳川幕府の体制を整えたのち、世を去った。

大坂夏の陣　合戦図

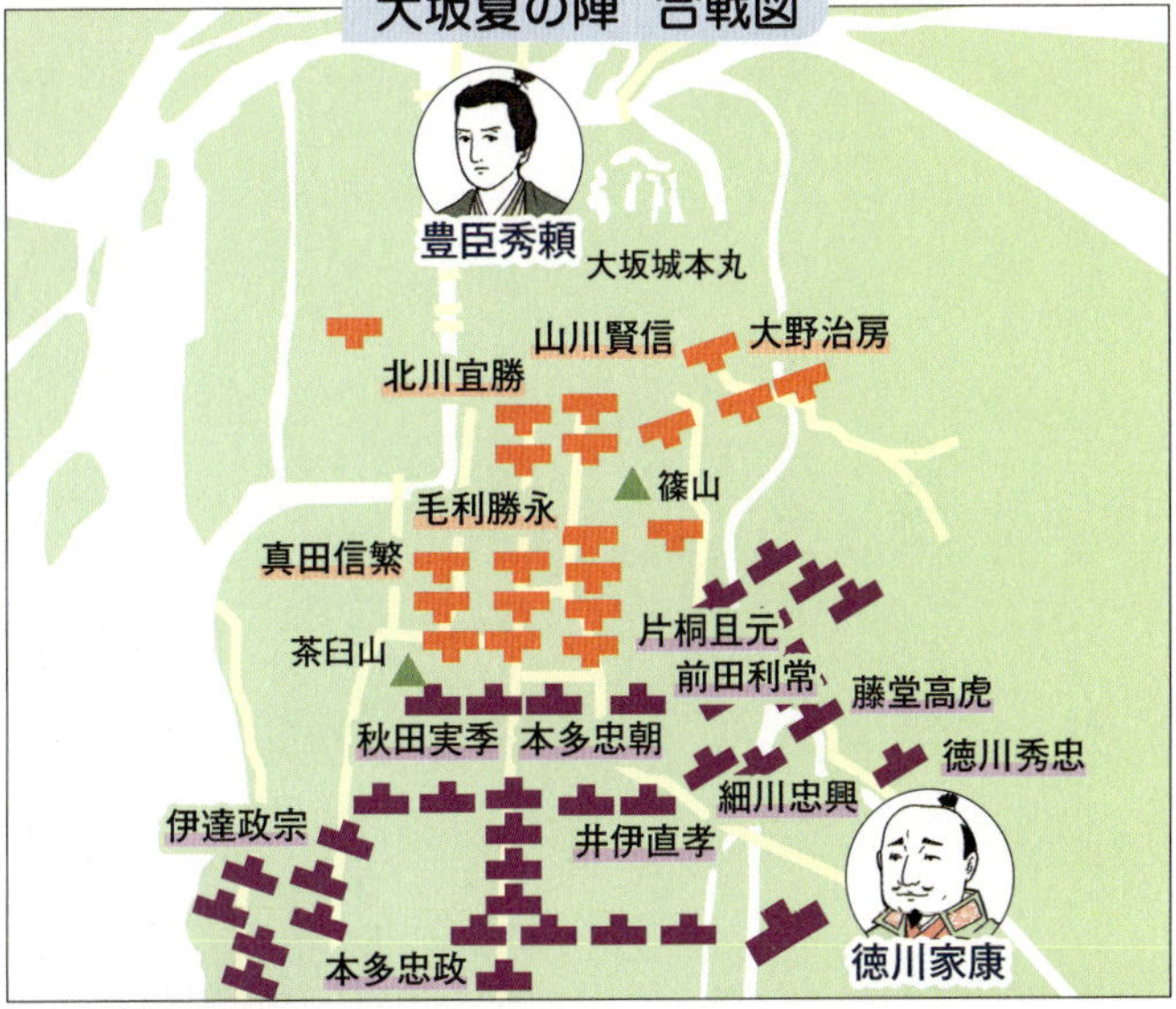

▲堀を埋められた大坂城では籠城戦ができないため、豊臣方は城の外に打って出たが、奮闘むなしく敗れた。

まったのである。

大坂夏の陣の終結により、**応仁《おうにん》の乱**以来150年もの間続いてきた戦乱状態が、ようやく終息した。これを**元和偃武《げんなえんぶ》**という。徳川家康はそれを見届けると、最後の力を使って、徳川幕府の体制を整える。

まず、**一国一城令《いっこくいちじょうれい》**を発して、大名の城を領国内にひとつと定めた。次に、**徳川秀忠**の名で**武家諸法度《ぶけしょはっと》**を発布。これは大名を取り締まる根本法典である。そして**禁中並公家諸法《きんちゅうならびにくげしょはっ》度《と》**を定めて、朝廷にまでも影響を及ぼせるようにした。こうして新しい時代の土台を作った徳川家康は、翌1616年に没したのだった。

Postscript

令和の人々はなぜこうまで戦国に惹かれるのか

平成最後の年、平成を代表する新メディアであるインターネットから新たな言葉が生まれ、そして広く伝えられた。「上級国民」という言葉である。

一億総中流社会と呼ばれた昭和が過去になって久しい。

「降る雪や明治は遠くなりにけり」

と詠んだのは、明治に生まれ昭和期に活躍した俳人中村草田男《なかむらくさたお》だが、まさに令和の現代において、昭和は数字的にはもちろん、社会構成という点でも遠い時代となった観がある。

政治や芸能、スポーツや経済においてさえ二世がもてはやされ、階層の固定化が顕著な時代。「ワーキング・プア」「働いたら負け」などという言葉に代表されるように市井《しせい》の人々の閉塞感《へいそくかん》もまた大きい。

もっともこの国の歴史を振り返ってみれば、そもそもが現存する世界史上最長の王朝である皇室を抱くように、血統がものを言う時代が大半を占めている。むしろ戦後の高度経済成長期が、勤勉努力と学力体力で逆転可能だった例外期だと言ってもいい。そしてそんな例外期が日本史上にはあと2つ。もうおわかりだろう。それが幕末維新期と戦国時代である。もっ

とも下剋上と言っても、その実態は数世代を経てのものであったりして、正真正銘の無位無官から成り上がった人物など数えるほどしか存在せず、ましてそこから天下人になったとなると秀吉のみ。それでもそこには可能性がありカタルシスがある。

やり場のない理不尽への憤《いきどお》り、持って行き場のない悲しみ、目指そうにも努力しようにも見えない道標や目標、これら溜《た》めに溜められた想いが、堰《せき》を切ったように解放され、アンシャン・レジームを押し流す。このダイナミクスこそ、令和の社会に生きる人々を惹きつけてやまない戦国時代の醍醐味《だいごみ》と言えよう。

かつて日本は、外部とのかかわりにおいて、二度の大転換を経験した。一度目は幕末の強制開国、二度目は先の大戦後の占領。しかし意外なことに、長い目で見れば、どちらの後も日本は大躍進を遂げている。しかしながら第三の開国ともいわれるグローバル化の受け入れは、日本に停滞と没落しか産まなかった。果たしてそれは一時的なものなのか、それとも。

日本の歴史を振り返ると、パラダイムシフトを引き起こす英雄は、時の政治文化の中心地から遠く離れた場所から出現していることが多い。東京一極集中が進む中、果たして救国の英雄は現れるのか、そんな想像も、曲《まが》りなりにも平和な時代だからこそ許される妄想なのだろう。

監修　後藤武士

索引

＊初出、または特に参照するべきページは、太字にしてあります。
＊見出しや図のみに載っているページも含みます。
＊同一人物の異なる名前も、1項目に統合して示しています。また、姓名のうち名のみが載っているページも含みます（例：「秀吉」→「豊臣秀吉」の項目に含める）。

▼あ

赤松満祐 …… **39**
明智光秀 …… **158-159**, 163, 172-173, 179-180, 184-185
浅井三姉妹 …… **169**, 204
浅井長政 …… **154-155**, 162-165, 169, 180, 225
浅井畷の戦い …… **222-223**
朝倉孝景 …… **50-51**, 53, **58**, 84
朝倉義景 …… **158-159**, 162-165, 169, 180
浅野長政 …… **205**
足利成氏 …… 12, 14-15, 30, **40-41**, 42-43, 45, 54, 56-57, 66, 92
足利高基 …… 12, 17, **127**
足利茶々丸 …… 12, 15, **74-75**
足利晴氏 …… 12, 18, **127**, 128-131, 133, 153
足利藤氏 …… 12, 20, **153**
足利政氏 …… 12, 16, **92-93**
足利政知 …… 12, 14, 30, **42-43**, 54, 68-69, 74
足利持氏 …… 12, 14, **38-39**, 42, 54
足利義昭（覚慶も含む） …… 13, 21, 24, **156-157**, 158-159, 161-169, 174-175, 180, 183, 208
足利義明 …… 12, 16-18, 31, **95**, 128-131
足利義氏 …… 12, 19-22, **153**
足利義勝 …… 13-14, **40**
足利義澄 …… 12, 15-16, **68-69**, 70-71, 74, 78-81, 83
足利義稙（義材、義伊も含む） …… 13, 15-16, **68-69**, 70-73, 78-84
足利義維 …… 13, 17, **84-85**, 100-101, 156-157
足利義輝 …… 13, 18-20, **106-107**, 108-109, 144, 147, 156-157
足利義教 …… 13-14, **38-39**, 40
足利義晴 …… 13, 17-18, **83**, 84-85, 101-102, 106-107
足利義尚 …… 13-15, **46-47**, 49-53, 60-65, 68-69, 76
足利義栄 …… 13, 21, **156-157**, 159
足利義政 …… 13-14, **44-45**, 46-53, 60-63, 68-69, 76
足利義視 …… 13, **46-47**, 49-53, 68-69
小豆坂の戦い
　第1次―― …… **134**
　第2次―― …… 19, **136-137**
安宅冬康 …… **107**, 109
安土城 …… 22, **172-173**, 178-179, 185
姉川の戦い …… 21, **164-165**
尼子経久 …… 17, 25, **72-73**, 81, 86-87, 116-117
尼子晴久 …… **116-117**, 119-120
尼子義久 …… **120-121**
荒木村重 …… **172**, 175, 180
有岡城の戦い …… **175**
有田中井手の戦い …… 16, **86-87**
阿波細川家 …… **78**, 80, 90-91, 100
安国寺恵瓊 …… **216**, 219, 221

▼い

イエズス会 …… **124**
五十子の戦い …… **42-43**
池田恒興 …… **186**, 188-189

石田三成 …… **205**, 207, 210-221, 224
石山御坊 …… 15, 17, 35, **65**, 102
石山戦争 …… 21, **164**, 174-175
石山本願寺　⇨　本願寺
伊勢貞親 …… **46-47**, 48
伊勢宗瑞 ……
15-16, 25, **54-55**, 66-67, 74-75, 92-93, 95-96, 126, 131
伊勢長島の一向一揆　⇨　一向一揆
市 …… **154**, 169, 180, 187, 204, 225
一条兼定 …… **122-123**
一乗谷城 …… **162-163**, 165, 169
一領具足 …… **122**
一揆 …… **29**, 35, 61, 163, 196-197
厳島の戦い …… 20, **118-119**
一向一揆 ……
35, **65**, 94, 101-103, 165, 171
伊勢長島の―― …… 35, **170**
越前の―― …… 35, **170-171**
加賀の―― …… 15, 35, **64-65**, 171
一向宗 …… **34-35**, 64-65, 102-103
犬山城 …… **188-189**
稲生の戦い …… 20, **147**
今川氏真 …… **148**, 152-153, 160-161
今川氏親 …… 16, **54-55**, 67, 75, 126
今川氏輝 …… **126-127**, 128
今川範忠 …… **39**, 42, 54
今川義元 ……
25, **128-129**, 132-139, 144-145, 148-149
今山の戦い …… 21, 111, **112-113**, 115

▼う／え

上杉顕定 …… 16, 33, **66**, 75, 92-95
上杉顕実 …… 33, **95**
上杉景勝 ……
176-177, 192-193, 198-199, 201, 205, 211, 213-215, 217
上杉景虎 …… **176-177**
上杉謙信（長尾景虎も含む）……
19-20, 25, 33, 141, **142-143**, 144-145, 152-153, 160-161, 166, 174-177
上杉定正 …… 33, **66**, 75, 92
上杉朝興 …… 33, **93**, 96, 126-128
上杉朝定 …… 33, **128-129**, 132-133
上杉朝良 …… 33, **92-93**
上杉憲実 …… **38-39**, 40
上杉憲忠 …… **40-41**
上杉憲房 …… 33, **94-95**
上杉憲政 ……
33, **129**, 132-133, 142-143, 145
上杉房能 …… 16, **94-95**
上杉政憲 …… **54-55**
上田合戦 …… **222-223**
上田城 …… **199**, 222
上田原の戦い …… 19, **140-141**
宇喜多秀家 ……
191, **202**, 205, 211, 213, 219-221
永享の乱 …… 14, 25, **38-39**, 40, 42
永正の錯乱 …… 16, 25, **78-79**, 83, 90
永禄の変 …… 20, **156-157**
江口の戦い …… 19, **106-107**
越前の一向一揆　⇨　一向一揆
越相同盟 …… **160**, 166, 176
江戸城 …… 17, 57, **96-97**, 216-219
江戸幕府（徳川幕府も含む）……
224-225, 229
江ノ島合戦 …… 14, **40-41**, 54, 56
延暦寺 ……
21, **34-35**, 82, 102-103, 164-167

▼お

扇谷上杉家 ……
18, **32-33**, 41, 54, 56-57, 66-67, 75, 92-93, 95-97, 126-128, 132-133, 142
奥州仕置 …… **200-201**
応仁の乱 ……
14-15, 24-25, 27, 38-39, 46, **48-49**, 51-53, 54-56, 58, 60-62, 64, 68, 72, 76, 90, 98, 100, 229
大内政弘 …… **50-51**, 53, 72
大内義興 …… 15-16, 25, **72-73**, 79-81, 87
大内義隆 ……
18, **87**, 89, 110-111, 116-119
大内義長 …… **118-119**

大垣城 …… **136-137**, 218-219
正親町天皇 …… 20, 22, **108**, 168, 193
大坂城 ……
188, 192-193, 210-213, 216-217, 219-221, 224-229
大坂夏の陣 …… 22, 24-25, **228-229**
大坂冬の陣 …… 22, **226-227**
太田資清 …… **41**, 54
太田道灌 …… 15, **54-55**, 56-57, 66-67
大友宗麟 ……
25, **112-113**, 114-115, 118-121, 192-194
大友義鑑 …… **88-89**, 112-113
大政所 …… **192**, 204
小笠原長時 …… **140**, 142-143
小川御所 …… 52, 60, **68-69**
沖田畷の戦い …… 22, **114-115**
桶狭間の戦い ……
20, 25, 145, **148-149**, 153
小鹿範満 …… **54-55**, 66-67
御館の乱 …… **176-177**
小谷城 …… 163, **164-165**, 169
織田信雄 …… **162**, 178, 186-189
織田信孝 …… **158**, 184-187
織田信忠 …… **172**, 178-179, 186-187
織田信友 …… **146**
織田信長 ……
19-22, 24-25, 35, 123, **134-135**, 136, 138-139, 146-150, 152-155, 157-159, 161-180, 182-187, 190, 208, 222, 225
織田信秀 …… 17, **134-135**, 136-139, 147
織田信広 …… **138-139**
織田信光 …… **146-147**
織田信行 …… **147**
織田秀信 …… **186-187**
小田原城 ……
15, **75**, 92, 145, 161, 198-199
小山評定 …… **216-217**
小弓公方 ……
12, 16-18, **31**, **95**, 97, 128-131

▼か

加賀の一向一揆 ⇨ 一向一揆
嘉吉の変 …… 14, **38-39**, 40
刀狩令 …… **196-197**
月山富田城 …… **72**, 120
第１次——の戦い ……
18, **116-117**, 118-119
第２次——の戦い …… 20, **120-121**
桂川原の戦い …… 17, **84-85**, 103
河東 …… **128-129**, 132-133
第１次——一乱 …… 18, **128**
第２次——一乱 …… 18, **132-133**, 142
加藤清正 ……
202, 206-207, 210, 212-213, 223
金ヶ崎の退き口 …… **162-163**
鎌倉公方 ……
12, 14, 27, **30-31**, 32, 38-43, 153
河越城 …… **92-93**, 129, 132-133
河越夜戦 …… 18, **132-133**, 142
河内十七箇所 …… 18, **100**, 104-105
川中島の戦い ……
19-20, 143, **144-145**, 146, 152
勘合貿易 …… **98**
関東管領 ……
20, 27, **32-33**, 38-41, 66, 94-95, 130, 132, 142, 144-145, 153
関白 ……
22, **178**, **190-191**, 192, 194, 196-197, 204, 208
管領 ……
26-27, 32, 42, 44-49, 53, 60, 78, 80

▼き／く／け

菊池義武 …… **88**, 112-113
木沢長政 …… 18, **100-101**, 104-105
木津川口の戦い（第１次、第２次）
…… **174-175**
木下藤吉郎 ➡ 豊臣秀吉
岐阜城 ……
154-155, 159, 171-172, 218-219
享徳の乱 ……
14-15, 25, 33, **40-41**, 43, 56-57, 60, 66, 92
清洲会議 …… 22, **186-187**

清洲城 ……… **146**, 149, 154-155, 186, 189, 218-219
清洲同盟 ……… 20, **152-153**, 154
キリスト教 ……… 19, 112, **124**, 150, 197
国替 ……… **200-201**, 214, 228
黒田孝高 … **178**, 183-184, 195, 211, 223
慶長の役 ……… 22, **206-207**
検地 ……… **196-197**
元和偃武 ……… **228-229**
顕如 ……… **164**, 171

▼こ

甲越和与 ……… **161**, 162
甲駿同盟 ……… 18, **128-129**
甲相駿三国同盟 ……… 19, **144-145**, 149, 152
甲相同盟 ……… **166-167**, 176-177
国府台合戦（第１次）……… 18, **130-131**
古河公方 ……… **12**, 15-22, **30-31**, **42-43**, 56-57, 66, 92-95, 97, 127-133, 153
御前衆 ……… **100-101**, 104-105
五大老 ……… **205**, 213-214
後土御門天皇 ……… 15, **49**, 51
後奈良天皇 ……… 17, 19-20, **108**, 144
小西行長 ……… **202**, 206, 219-221
後花園天皇（後花園上皇も含む）……… 14, **38**, 49, 51
小早川隆景 ……… 20, **117**, 120-121, 191, 205
小早川秀秋 ……… 219, **220-221**
五奉行 ……… **205**, 210, 213
小牧・長久手の戦い ……… 22, **188-189**, 190, 192
小牧山城 ……… **154-155**, 188-189
後陽成天皇 ……… 22, **196**
御霊合戦 ……… 14, **48-49**, 53

▼さ

雑賀衆 ……… **175**, 190-191
斎藤龍興 ……… **154-155**, 159, 169
斎藤道三 ……… 19, **136-137**, 139, 146-147, 154
斎藤妙椿 ……… **58**
斎藤義龍 ……… **146-147**, 154
堺公方 ……… 13, 17, **85**, 100-101, 156
堺幕府 ……… 17, 25, **84-85**, 100-101
相模の永正の乱 ……… 25, **94-95**, 142
佐々成政 ……… **192-193**
里見義堯 ……… **130-131**
真田信繁 ……… **227**, 228-229
真田昌幸 ……… **198-199**, 222-223, 227
真田幸隆 ……… **141**, 198
三職推任 ……… **178**, 208
三法師 ➡ 織田秀信
三浦の乱 ……… 16, **98**

▼し

塩尻峠の戦い ……… 19, **140-141**
志賀の陣 ……… **165**
賤ヶ岳の戦い ……… 22, 25, **186-187**, 192
七将襲撃事件 ……… **212-213**, 215
柴田勝家 ……… **147**, 163, 173, 182, 186-187, 225
斯波義廉 ……… **45**, 47-51, 53
斯波義敏 ……… 43, **45**, 46-47, 49, 51
斯波義統 ……… **146**
島津家久 ……… **114-115**
島津貴久 ……… 18, 20, **88-89**, 114
島津義久 ……… 22, 25, **114**, 194-195
島津義弘 ……… **195**, 219, 221
島津四兄弟 ……… **114-115**
四万十川の戦い ……… 22, **122-123**
聚楽第 ……… **196**
少弐資元 ……… 18, 87, **88-89**, 110-111
少弐冬尚 ……… 20, **110-111**
証如 ……… **101**
舎利寺の戦い ……… 18, **106-107**
駿相同盟 ……… **126-127**

▼す／せ／そ

陶興房 ……… 17-18, **110-111**
陶隆房（晴賢も含む）……… **116**, 118-119

杉興運 …… **87**, 89
西上作戦 …… 21, **166-167**, 168-170, 176
関ヶ原の戦い ……
22, 24-25, 217, **220-221**, 222-224
僧兵 …… **34**, 196
十河一存 …… **90**, 107, 109

▼た

太原雪斎 …… **128**, 136
太閤 …… **197**, 202
――検地 …… **197**
大航海時代 …… **124**, 203
醍醐の花見 …… **206**
太政大臣 …… **178**, 192-193, 208
大寧寺の変 …… 19, 111, **118-119**
太平寺の戦い …… 18, **104-105**
大物崩れ …… 17, **85**
高松城の水攻め …… **183**
滝川一益 …… **158**, 173, 178
武田勝頼 …… **154**, 168-171, 177-178
武田信玄（晴信も含む）……
18, 21, 25, **131**, 132-133, 140-145, 152-154, 160-161, 166-170, 176, 180
武田信虎 ……
16, 18, **96-97**, 126-127, 129, 131
武田義信 …… **152**
竹千代 ➡ 徳川家康
立河原の戦い …… 16, **92-93**
伊達稙宗 …… 17, **96-97**
伊達政宗 ……
200-201, 211, 215, 222, 227, 229
田手畷の戦い …… 17, **87-89**

▼ち／て

茶々 ➡ 淀殿
中国大返し …… **184-185**
長享の乱 ……
15-16, 25, 33, **66-67**, 74, 92-93
朝鮮出兵 …… **202-203**, 206-207
長宗我部元親 ……
25, **122-123**, 190-191, 193
長禄合戦 …… **44-45**
鉄砲 …… 18, **124**, 150, 170
手取川の戦い …… **175**
天下人 …… **172-173**, 188-189, 201
天下布武 …… **154**
天台宗 …… **34-35**
殿中御掟 …… **162**
天文法華の乱 …… 18, 35, **103**

▼と

砥石崩れ …… 19, **140-141**
富樫政親 …… **64-65**
徳川家康
（竹千代、松平元康も含む）……
18-19, 21, 25, **134-135**, 136, 138-139, 148-149, 152-155, 158-161, 164, 166-167, 170-171, 180, 188-190, 192-193, 198-201, 205, 207-208, 210-229
徳川幕府 ➡ 江戸幕府
徳川秀忠 …… **222-223**, 224-225, 227, 229
戸田康光 …… **135**
鳥取の渇え殺し …… **183**
都鄙合体 …… 15, **56-57**
鞆幕府 …… **169**, 175, 183
豊臣秀次（羽柴秀次も含む）……
191, **204-205**
豊臣秀長（羽柴秀長も含む）……
191, **195**, 202
豊臣秀吉
（木下藤吉郎、羽柴秀吉も含む）……
22, 24-25, 123, **146**, 150, 163, 169, 173-176, 178-179, **182-183**, 184-208, 210-211, 214, 217, 224-226, 228
豊臣秀頼 ……
204-205, 206-207, 210-213, 216, 219, 224-229

▼な

内府ちがいの条々 …… **216**, 218
直江兼続 …… **214**, 222-223
直江状 …… **214-215**
長尾景虎 ➡ 上杉謙信

長尾景仲 …… **41**, 42, 56
長尾景春 …… 14, **56-57**
長尾為景 …… 16, **94-95**, 142
長尾能景 …… **93**, 94
長篠の戦い …… 21, 169, **170-171**
長良川の戦い …… 20, **146-147**
長束正家 …… **205**, 211, 219, 221
南蛮貿易 …… **124**

▼に／ね／の

二階崩れの変 …… 19, **112-113**
西陣南帝 …… **51**
二条城 …… **159**, 225
――の会見 …… **224-225**
如意ヶ嶽の戦い …… 16, **80-81**
韮山城 …… **75**
丹羽長秀 …… **182**, 184-186, 188, 222
寧波の乱 …… 17, **98**
根来衆 …… **190-191**
信長包囲網
第１次―― …… 21, **164-165**, 175
第２次―― …… 21, **166**
第３次―― …… **174-175**, 176

▼は／ひ／ふ

羽柴秀吉 ➡ 豊臣秀吉
長谷堂城の戦い …… **222-223**
畠山義就 …… **44**, 48-49, 51, 53, 61, 69
畠山政長 …… **44**, 46, 48-49, 51, 53, 61, 69-71
バテレン追放令 …… **197**
花倉の乱 …… 17, **128**
花の御所 …… 49, **50**, 52
馬場頼周 …… **110-111**
比叡山延暦寺 ➡ 延暦寺
備中高松城 …… **178-179**, 183-185
日野富子 …… **46-47**, 49, 51, 60, 68-71, **76**, 78
平島公方 …… 13, **101**, 156-157
福島正則 …… **217**, 218-219, 221
武家諸法度 …… **229**
伏見城 …… **207**, 210-212, 216
船岡山合戦 …… 16, **80-81**
分倍河原の戦い …… 14, **42**, 56
フランシスコ・ザビエル …… **124**
文正の政変 …… 14, **46-47**, 53
文禄の役 …… 22, **202-203**, 204

▼ほ

方広寺鐘銘事件 …… **226-227**
奉公衆 …… **26-27**, 62
北条氏綱 …… 17, **96-97**, 126-131
北条氏直 …… **198-199**
北条氏政 …… **166-167**, 176-177, 198-199
北条氏康 …… 25, **130-131**, 132-133, 142-145, 152-153, 160-161, 166
北条早雲 ➡ 伊勢宗瑞
房相一和 …… **130**
防長経略 …… **119**
法華一揆 …… 17, 35, **102-103**
法華宗 …… **34-35**, 102-103
細川氏綱 …… 18, **106-107**, 108
細川勝元 …… **42**, 44, 46-53, 58
細川京兆家 …… **78**, 80, 85, 90-91, 103
細川澄元 …… **78-79**, 80-85, 90-91
細川澄之 …… **78-79**
細川高国 …… 25, **78-79**, 80-85, 100-101, 106
細川晴国 …… **102-103**
細川晴元 …… 18, 25, 35, **84-85**, 100-108, 156
細川政元 …… 25, **52-53**, 63, 68-71, 74, 78-79, 82-83, 90, 100
堀越公方 …… **12**, 14-15, **30-31**, **42-43**, 54, 57, 68, 74-75
本願寺 …… **34-35**, 64-65, 101, 164, 171, 174
石山―― …… 17, 35, 65, **102-103**, 164-165, 174-175, 188

山科―― 15, 35, 65, **102-103**
本圀寺の変 **159**
本能寺の変 22, 25, 123, **178-179**, 183-185

▼ま／み

前田玄以 **205**
前田利家 **173**, 198-199, 205, 210-213
前田利長 **213**, 222-223
鈎の陣 15, **62-63**, 64-65
増田長盛 **205**, 211
松平清康 17, **96-97**, 134-136
松平広忠 135, **136-137**, 138-139
松平元康 ➡ 徳川家康
松永久秀 **109**, 156-158, 172, 175, 180
松永久通 **156-157**
三方ヶ原の戦い 21, **166-167**
三木の干殺し **174**, 183
三増峠の戦い 21, **160-161**
耳川の戦い 22, 113, **114-115**
三好三人衆 **156-157**, 158-159, 164-165
三好長慶 18-20, 25, 90, **104-105**, 106-109, 156
三好政長 **100-101**, 104-107
三好元長 **84-85**, 100-102, 104-105
三好之長 **78-79**, 80-85

▼む／め／も

村上水軍 **119**, 174
村上義清 **140-141**, 142-143
室町幕府 21, 24-25, **26-27**, 28, 30, 49, 86, 155, 168-169, 172, 174, 208
明応の政変 15, 24-25, 38, **70-71**, 74, 78
毛利隆元 **116-117**, 120
毛利輝元 **120-121**, 174-176, 183, 188, 198-199, 205, 211, 216-217, 219, 221
毛利の両川 **117**
毛利元就 17-18, 21, 25, **86-87**, 116-121
門司城 20, **120**
――の戦い **120-121**
守山崩れ 17, **134-135**

▼や／ゆ／よ

野洲河原の戦い **163**
山崎の戦い 22, **184-185**, 186
山科本願寺 ⇨ 本願寺
山城国一揆 15, **60-61**
山中の戦い 17, **126-127**, 128
山名宗全 39, **47**, 48-53
山内上杉家 **32-33**, 41-42, 56-57, 66-67, 74, 92-95, 97, 129, 132-133, 142, 145, 153
結城合戦 14, **38-39**, 42
遊佐長教 **105**, 106-107
吉崎御坊 14, 35, **64-65**
吉田郡山城 87, **116**
――の戦い **116-117**
淀殿（茶々も含む） **169**, **204**, 225, 227-228

▼ら／り／れ／ろ

楽市・楽座 **172**
楽市令 **150**
龍造寺家兼 **89**, 110-111
龍造寺隆信 20, 25, **110-111**, 112-115
霊山城 **108**
――の戦い 19, **109**
両細川の乱 16, **78-79**, 82, 85, 90
蓮如 14-15, 35, **64-65**
六角定頼 **101**, 102-106
六角高頼 **62-63**, 69, 101
六角義賢 **102**, 108, 158-159, 163
六角義治 **158**, 163

▼わ

倭寇 **98**, 196

❖ 参考文献 ❖

後藤武士『読むだけですっきりわかる戦国史』（宝島社）
後藤武士監修『図説　一冊で学び直せる日本史の本』（学研）
石井進ほか『詳説日本史　改訂版』（山川出版社、文部科学省検定済教科書）
佐藤次高ほか『詳説世界史　改訂版』（山川出版社、文部科学省検定済教科書）

池上裕子ほか編『クロニック戦国全史』（講談社）
石田晴男『応仁・文明の乱』（吉川弘文館）
市村高男『東国の戦国合戦』（吉川弘文館）
小和田哲男『秀吉の天下統一戦争』（吉川弘文館）
小和田哲男監修『地図で読み解く戦国合戦の真実』（小学館）
小和田哲男監修『知識ゼロからのCGで読む戦国合戦』（幻冬舎）
小和田哲男監修『戦況図解　信長戦記』（三栄書房）
笠谷和比古『関ヶ原合戦と大坂の陣』（吉川弘文館）
神田千里『一向一揆と石山合戦』（吉川弘文館）
菊地正憲『オールカラーでわかりやすい！　戦国史』（西東社）
黒嶋敏『天下統一』（講談社）
黒田基樹『関東戦国史』（KADOKAWA）
呉座勇一『応仁の乱』（中央公論新社）
呉座勇一『陰謀の日本中世史』（KADOKAWA）
五味文彦ほか『詳説日本史研究』（山川出版社）
志村有弘『図解雑学　豊臣秀吉』（ナツメ社）
詳説日本史図録編集委員会『山川　詳説日本史図録』（山川出版社）
白峰旬『新解釈　関ヶ原合戦の真実』（宮帯出版社）
全国歴史教育研究協議会編『日本史用語集　ＡＢ共用』（山川出版社）
全国歴史教育研究協議会編『世界史Ｂ用語集　改訂版』（山川出版社）
武光誠監修『図解　戦国史　大名勢力マップ　詳細版　増補改訂版』（スタンダーズ）
谷口克広『信長の天下布武への道』（吉川弘文館）
中公新書編集部編『日本史の論点』（中央公論新社）
東京都歴史教育研究会監修『一冊でわかる　イラストでわかる　戦国史』（成美堂出版）
中野等『文禄・慶長の役』（吉川弘文館）
永原慶二『戦国時代』（講談社）
日本史史料研究会監修『室町幕府全将軍・管領列伝』（星海社）
平川新『戦国日本と大航海時代』（中央公論新社）
福島克彦『畿内・近国の戦国合戦』（吉川弘文館）
藤田達生『天下統一』（中央公論新社）
三池純正『改訂新版　敗者から見た関ヶ原合戦』（洋泉社）
矢部健太郎監修『超ビジュアル！　日本の歴史大事典』（西東社）
山本浩樹『西国の戦国合戦』（吉川弘文館）
吉田龍司ほか『戦国武将事典』（新紀元社）
渡邊大門『進化する戦国史』（洋泉社）
和田裕弘『織田信長の家臣団―派閥と人間関係』（中央公論新社）

＊歴史年代や用語表記などについては、基本的に監修者の著作（特に『読むだけですっきりわかる戦国史』）に準拠しましたが、異説がある場合、複数の研究者・論者の説を照合しながら、事項ごとに判断しました。

写真協力

- 名古屋市秀吉清正記念館
- 古美術もりみや
- 関ケ原町歴史民俗資料館
- Pixabay
- Wikimedia Commons
- 写真 AC
- イラスト AC

図説　一冊で学び直せる戦国史の本

2019年12月31日　第1刷発行

編集製作　ユニバーサル・パブリシング株式会社
デザイン　ユニバーサル・パブリシング株式会社
イラスト　ユニバーサル・パブリシング株式会社
編集協力　平林慶尚／吉橋航也

監　　修　後藤武士
発 行 人　松井謙介
編 集 人　長崎　有
企画編集　宍戸宏隆
発 行 所　株式会社 学研プラス
〒141-8415 東京都品川区西五反田 2-11-8

印 刷 所　岩岡印刷株式会社

この本に関する各種のお問い合わせは、次のところへご連絡ください。
- 本の内容については　Tel 03-6431-1506（編集部直通）
- 在庫については　Tel 03-6431-1201（販売部直通）
- 不良品（落丁、乱丁）については　Tel 0570-000577
学研業務センター
〒354-0045 埼玉県入間郡三芳町上富 279-1
- 上記以外のお問い合わせは　Tel 03-6431-1002（学研お客様センター）

©Gakken
本書の無断転載、複製、複写（コピー）、翻訳を禁じます。
本書を代行業者等の第三者に依頼してスキャンやデジタル化することは、たとえ個人や家庭内の利用であっても、著作権法上、認められておりません。

学研の書籍・雑誌についての新刊情報・詳細情報は、下記をご覧ください。
学研出版サイト　https://hon.gakken.jp/